Patricia Monaghan

Mein Magischer Garten

Bitte fordern Sie unser kostenloses Verlagsverzeichnis an:

Smaragd Verlag
In der Steubach 1
57614 Woldert (Ww.)
Tel.: 02684.978808
Fax: 02684.978805
E-Mail: info@smaragd-verlag.de
www.smaragd-verlag.de

Oder besuchen Sie uns im Internet unter der obigen
Adresse.

Titel der amerikanischen Originalausgabe
MAGICAL GARDENS
Copyright © 1997 Patricia Monaghan
Erstauflage Llewellyn Publications, St. Paul, MN 55164, USA
© der deutschen Fassung: Smaragd Verlag, 57614 Woldert (Ww.)
Deutsche Erstauflage September 2000
Zweiter Auflage September 2006
Titelbild: XPresentation, Boppard, nach dem Gemälde von
John Frederick Lewis *Im Garten des Bey*
Satz: DTP-Service-Studio, Rheinbrohl
Printed in Czech Republic
ISBN 10: 3-934254-15-2
ISBN 13: 978-3-934254-15-2

Patricia Monaghan

Mein
Magischer
Garten

Aus dem Amerikanischen
übertragen und bearbeitet von
Gina Hellmann

Smaragd Verlag

Liebe Leserin, lieber Leser,

wir haben dieses Buch mit sehr viel Engagement und Liebe aus dem Amerikanischen übertragen und für unsere Breitengrade bearbeitet.

Ein Teil der im Original angegebenen Pflanzensorten ist bei uns nicht unter dieser Bezeichnung erhältlich. Wir haben uns bemüht, diese Pflanzen durch sinnvolle Alternativen zu ersetzen und sie kursiv in Klammern angegeben.

Das sind jedoch nur Vorschläge, denn gefragt ist hier Ihre eigene schöpferische Kreativität in Ihrer Eigenschaft als Mitschöpferin und Mitschöpfer Ihres Lebens und Ihrer Umwelt.

Wir wünschen Ihnen bei der Gestaltung IHRES magischen Gartens viel Gespür, und schöpferische Freude bei den Zeremonien und Ritualen. Mögen Sie die Nähe der Natur genießen und sich eins mit allem fühlen.

Ihr Smaragd Verlag

Inhalt

Den Boden hegen und den Geist pflegen

Wenn Pflanzen für Sie ein wichtiger Bestandteil Ihres Lebens sind - warum wollen Sie sich dann mit ein paar Fleißigen Lieschen oder einer Einfassung aus Immergrün begnügen? Sie können sich einen Garten schaffen, der Ausdruck Ihrer Spiritualität und des Weges ist, den Sie gewählt haben und der die wunderbarsten Phantasien Wirklichkeit werden läßt - einen *magischen* Garten, dessen Früchte nicht nur Ihre Augen zum Glänzen und Ihre Geschmacksknospen zum Erblühen bringen werden, sondern der auch Ihren Geist nährt und lebendig erhält.

Mein magischer Garten zeigt Ihnen, wie Sie einen kleinen unscheinbaren Acker in einen magischen Garten verwandeln können und macht Sie nicht nur mit den praktischen Aspekten, sondern auch mit dem Mythos des Gärtnerns vertraut; verrät Ihnen Tips zur Pflege des Bodens; bringt Gartenrituale und Zeremonien; Meditationen für die Jahreszeiten und die „alten Wege"; hilft Ihnen, Ihren Garten zu weihen; veranschaulicht Pflanzen-Archetypen und -devas; läßt Sie den spirituellen Gewinn der Gartenarbeit entdecken; und enthüllt Ihnen schließlich sechzehn phantasievolle Gartenpläne, mit denen Sie den Garten *Ihrer* Träume schaffen können.

Vielleicht wird Ihr magischer Garten, verborgen hinter geheimnisvollen Mauern, zum Zaubergarten werden - aus dem wundersame Düfte dunkel blühener Blumen herüberwehen und Ihre Sinne betören. Vielleicht wählen Sie das pulsierende Rosa und das brennende Rot einer kraftvollen Liebeslaube, welche die Göttin Aphrodite gesegnet hat. Ob Sie sich lustvoll den heilenden goldenen Energien des Sonnengartens hingeben oder im Duft der blassen, vom Mondschein beschienenen Blüten eines Engelgartens meditieren - Ihr magischer Garten wird zur nie versiegenden Quelle der Inspiration werden.

Jeder Garten beginnt mit einem Traum im Winter... Legen Sie das Samenkorn der Magie in die Erde und verankern Sie die Wurzeln Ihres Geistes tief im geweihten Boden.

Das Buch der Gärten

In den dunklen Tagen
des Winters,
wenn sich das Buch
der Gärten verhüllt,
öffne diese Seiten
und erinnere dich -

An den balsamischen Duft des Grüns,
das im Frühling dein Auge entzückt,
an den warmen Duft der Erde
auf deiner Haut -

Erinnere dich an jenen Sonnentag,
an die Stille in der Hitze des Sommers,
erinnere dich an die Kühle des Herbstes,

Als sich das Licht mit der Finsternis vermählte, -
und gedenke der Gärten, die
in einem winterlichen Bette schlummern,
und wisse, daß auch in dir eine Same
schlummert,
der wachsen will und
blühen.

Einführung

Bevor es Gärten gab ...

*E*inst gab es keine Gärten - nicht einen einzigen in der ganzen grünen Welt. Es gab Pflanzen: Große Affenbrotbäume, die sich in den Himmel streckten; kräftige wilde Yams-Wurzeln und das Gras der Savannen. Jeden Tag rauschten die Blätter der Bäume im sanften Wind, die Yams-Wurzeln entwickelten unter ihren luftigen Kronen schweigend kräftige Knollen, und das Gras wippte mit schweren Köpfen unter der gleißenden Sonne. Nachts schöpften die Pflanzen neue Kraft, schliefen und wuchsen - als zartes Grün im silbrigen Mondlicht.

Damals, zu jener Zeit vor der Zeit, gab es auch schon Menschen auf der Erde, allerdings nur zwei an der Zahl: Die erste Frau, sie hieß Abuk, und der erste Mann, Garang. Sie waren es, die die Ahnen des Dinka-Volkes werden sollten, und aller Völker überhaupt, aber damals waren sie noch allein.

Alleine und hungrig wanderten sie durch die grüne Welt, lauschten dem Geschrei der Affen und dem Brüllen des Löwen in der Ferne. Streiften durch Wälder, vorbei an Bäumen, an denen sich Kletterpflanzen emporrankten, und über goldene Ebenen, immer auf der Wanderschaft, und immer, immer hungrig.

Sie darbten, weil sie nicht wußten, daß Pflanzen Nahrung waren. Sie lagerten unter einem reifen Brotbaum, ohne zu ahnen, daß sie mit seinen Früchten ihren Hunger stillen könnten. Die Yams-Wurzeln waren für sie nur Matten aus Grün; von dem köstlichen orangefarbenem Fleisch, das sich in der Erde verbarg, wußten sie nichts. Und die schwellende Saat, die zu Mehl gemahlen und zu Brot gebacken werden konnte - auch von ihr wußten die Menschen damals nichts. Und so wanderten sie - nicht gewahr, wie nah sie dem Ende allen Leids waren - über das fruchtbare, nahrungsbringende Land, während sich die scharfe Pein des Hungers in ihre Eingeweide grub.

Abuk und Garang glaubten, Nahrung würde direkt vom Himmel fallen. Einmal am Tag erschien der Schöpfer und streckte ihnen eine wolkige Hand entgegen, um jedem ein einziges Korn zu geben. Diese winzigen Rationen waren kaum genug, um das Leben zu erhalten; geschweige denn, um den Schmerz des Hungers zu vertreiben. Aber da sie nichts anderes kannten, das ihren Hunger stillte, blieb Abuk und Garong nichts anderes übrig, als weiter ziellos über die grünen Hügel und goldenen Felder der Erde zu streifen.

Abuk und Garang hatten mehr mit den Pflanzen gemeinsam, als sie ahnten, denn beide waren aus der Saat, vom Schöpfer gesät, entstanden. Mit einer Handbewegung hatte die Gottheit sie geschaffen: Zwei winzige Menschen, wunderbar geformt, in tiefem Schlaf, jeder nur so groß wie eine große Bohne. Er setzte sie in einen großen Topf mit Wasser, wo sie in Zeitaltern dicker und dicker und dicker wurden. Schließlich, als die Zeit gekommen war, nahm der Schöpfer den Deckel vom Topf; Abuk und Garong hatten sich zur Größe eines Erwachsenen entwickelt. Er kippte den Topf um; die beiden fielen heraus und wachten auf, überrascht von der neuen Umgebung, in der sie sich befanden.

Und so wanderten sie durch die frische grüne Welt, von ihrem Schöpfer abhängig für jeden Bissen Nahrung. So gingen viele Jahre ins Land - wenn man in der zeitlosen Welt, in der das erste Paar lebte, überhaupt von Jahren sprechen kann. Sie wurden weder dünner noch dicker, wurden nicht krank, starben nicht, wuchsen nicht. Sie blieben so, wie sie waren.

Abuk und ihr Partner wanderten ziellos herum und spürten die zehrende Pein ihres Hungers. Nur wenn sie schliefen, wurde der Hunger erträglicher. Aber vielleicht verbarg er sich auch nur in ihrem Träumen.

Einst träumte Abuk von einem Tiger, der so laut brüllte, daß sie sich die Ohren zuhalten mußte. Während er brüllte, streckte er seine riesige Zunge aus, immer und immer wieder, und traf sie mitten im Gesicht. Noch als sie zu Boden stürzte und bewußtlos wurde, hörte sie das Rumoren ihres Magens.

Nein, der Schlaf war auch kein Ort, an dem man sich vor dem Hunger verstecken konnte.

Eines Nachts hatte Abuk einen Traum, in dem sie aß, aß, aß und aß. Sie schien mit dem Essen überhaupt nicht mehr aufhören zu können. Im Traum war ihr Magen voll, wie eine kleine Kugel preßte er sich zwischen ihren Rippen hindurch, und wenn sie im Traum mit ihren Händen auf den Magen drückte, fühlte er sich hart an. Ein Gefühl ewigen Friedens strömte in ihren Körper - als ob nichts auf der Welt ihr jemals noch würde etwas anhaben können.

Aber als sie wach wurde und erneut die scharfen Stiche des Hungers spürte, wurde Abuk wütend: „Warum haben wir nicht mehr zu essen?", fragte sie Garang. „Wir könnten sieben Körner verdrücken und wären immer noch nicht satt!"

Garang senkte den Kopf, er wollte ihr nicht in die Augen blicken. Er verstand ihren Zorn nicht, denn auch wenn er am Verhungern war, so wollte er Gott nicht in Frage stellen. Er drehte den Kopf leicht zur Seite und machte deutlich, wie sehr er Abuks wütenden Ausbruch mißbilligte.

„Fein!", sagte sie. „Fein! Tu nur so, als ob du mich nicht hörst! Aber ich möchte verdammt noch mal wissen, warum wir nicht mehr zu essen bekommen!"

Sie wandte sich zum Himmel und begann zu schreien: „Du! Du da oben! Warum haben wir nicht mehr zu essen?" Garang schaute verlegen und angstvoll zur Seite. Nie hätte er zu träumen gewagt, so mit Gott zu sprechen!

Aber Abuk schrie weiter. „Tu nicht so, als ob du nicht da oben wärst! Tu nicht so, als ob du uns nicht hören könntest! Wir wollen mehr zu essen!"

Gott antwortete - wortlos.

Ein tödliches Schweigen umgab Abuk und Garang. Es dauerte lange an. Kein Vogel, der da sang. Kein Löwe, der da brüllte. Nicht eine Bewegung auf der ganzen Welt. Es war, als wenn alles erfroren wäre, tot, zu Stein geworden.

Garang begann vor Angst zu zittern. Die Welt - ihre Welt - war immer voller Geräusche gewesen, erfüllt von dem Zwitschern der Vögel, den Tönen der Pflanzen, dem Gesang von Wind und Wasser. In der plötzlichen Stille war nur das wütende Klatschen von Abuks Hand auf ihren nackten Oberschenkeln zu hören.

„Versuch ja nicht, mich einzuschüchtern!" schrie sie in das ehrfürchtige Schweigen. „Ich sage dir, wir wollen was zu essen!"

Immer noch keine Antwort, nur Schweigen.

Abuk legte ihre Hände auf die Hüften. Nie zuvor hatte sie um etwas gebeten, aber jetzt spürte sie in ihrer Brust eine heftige Entschlossenheit. Von irgendwo, dessen war sie sich sicher, schaute Gott zu ihr herunter, und sie wollte, daß er sah, wie unerbittlich und stark sie in ihrem Entschluß war, endlich satt zu werden.

Aus dem Augenwinkel nahm Abuk plötzlich eine leichte Bewegung wahr. Im selben Augenblick hörte sie einen Ton wie einen Seufzer. Sie folgte dem Ton mit ihren Augen und bemerkte einen Grashalm, der sachte hin und herschwang, als ob er ihr zuwinken würde.

Durch die plötzliche Bewegung des Grases angezogen, ging Abuk hinüber. In dem Schweigen und der Stille dieses zeitlosen Augenblicks sah sie - sah zum ersten Mal das Gras; nahm wahr, wie der dünne Halm sich graziös nach unten bog, durch das Gewicht seines samen-tragenden Hauptes zur Erde hinuntergezogen. Sie sah, wie sich die Saat löste und davonflog, getragen von einem winzigen Segel aus Fäden. Sie sah die Samen zur Erde gleiten und sich selbst aussäen, sah sie sprießen, sah ihre Blüte und sah sie erneut zu Samen werden. Das Wachsen einer ganzen Jahreszeit geschah in jenem endlosen Augenblick.

Und plötzlich wußte Abuk, was sie zu tun hatte.

Sie ging hinüber zu jenem Grashalm und, während sie mit der einen Hand den Halm festhielt, zog sie die andere - fest! - durch die Samen. Sie fielen in ihre Faust. Als sie die Hand öffnete, lagen dort mehr Samen, als Gott ihr hätte in den Mund stecken können. Vorsichtig streckte sie zwei Finger aus und nahm ein Samenkorn hoch. Sie legte es in den Mund und biß kräftig zu. Es füllte ihren Mund mit bitterer Süße. Noch eins, und noch eins, und noch eins aß sie. Mehr als die sieben, von denen sie einst geglaubt hatte, sie wären genug, verzehrte sie. Sie streckte die Hände aus und pflückte mehr, mehr, mehr, und immer mehr - und aß, bis ihr Magen voll war und sie sich satt und schläfrig fühlte.

Als sie aufblickte, sah sie, wie auch Garang, einige Schritte entfernt, seine Hände und seinen Mund mit Samen füllte. Und dann fiel ihr auf, daß Geräusche und Bewegung in die Welt zurückgekehrt waren. Die Himmel lächelten mit der Sonne um die Wette. Gott, so dachte sie, hatte ihr die Antwort auf ihre Bedürfnisse gegeben. Alle jenen endlosen Jahre der Wanderschaft wären viel früher zu Ende gewesen, hätten sie gewußt, daß der Hunger ein Zeichen war - ein Zeichen dafür, daß es an der Zeit war, um mehr zu bitten.

Und so lernte Abuk, wie sie sich und ihre vielen Kinder, die sie in den nächsten Jahren gebar, satt machen konnte. Gemeinsam sorgten sie für die Pflanzen, die sie ernährten. Und die Pflanzen lehrten Abuk, wo sie wachsen wollten und welche Bedürfnisse sie hatten. Als sie erkannte, was sie ihr beibringen wollten, lernte sie mehr und mehr, die Geschöpfe zu lieben und zu respektieren, die ihr ihre Samen, ihre Stiele - ihr ganzes Sein gaben, damit sie, Abuk, leben und wachsen konnte.

Und die Pflanzen achteten und liebten Abuk gleichermaßen. Als Abuk alt war und ihr Rücken gebeugt, wußte sie, daß die Zeit zu sterben gekommen war, aber sie war ohne Furcht.

Sie kehrte zurück zu der Stelle, an der sie einst das sich wiegende Gras gesehen hatte, und legte sich auf den Boden, um zu sterben. Langsam öffnete sich die Erde unter ihr, und als sie hineinsank, winkten die Gräser ein langsames und trauriges Lebwohl für Abuk, die erste Frau - die Mutter aller Gärten.

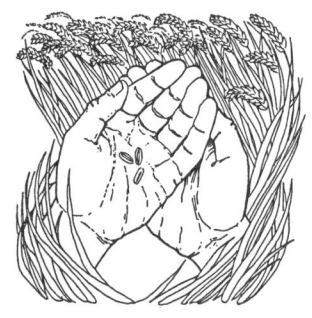

Blodewedd

Aus Bergprimel, Rose und Dorn -
aus Nesseln, im Schatten zur Blüte reifend,
aus Besenginster und Distel -
aus Frauenmantel bin ich geboren.
Neun Blumen gaben mir neun Kräfte,
neun Bäume und neun Kräuter mir die Form.
Mein Name ist Blodewedd.
Und Erde und Magie liegen mir im Blut.

Walisischer Gesang an die Blumengöttin

Kapitel 1
Mythen, Mulch und Ringelblume.

Alle Gärten sind magisch. Abuk, die Muttergottheit des afrikanischen Dinka-Volks, lebte in einem magischen Garten, in dem die Pflanzen zu ihr sprachen und ihr verrieten, wie sie sie pflegen und ernten sollte. Die polynesische Hainuwele, die wir in einem späteren Kapitel noch einmal treffen werden, war ein magisches Wesen, das Leben in die Gärten des polynesischen Volkes brachte.

In der westlichen Tradition lebte die Urmutter Eva in einem Garten namens Eden, auch Paradies genannt. Magische Gärten finden sich in vielen Mythologien, aber sie existieren auch in der irdischen Welt. Der Garten draußen vor Ihrer Tür - ist er nicht ein magischer Garten?

Er sieht so unbedeutend aus, mit seinen Wildkräutern[1] und Insekten, seinem schlechten Boden und den Stellen mit dichtem Gestrüpp, wo kein Sonnenstrahl hinkommt. An diesen ersten Sommertagen, wenn das kleinste Wildkraut doppelt so groß erscheint wie das größte Gemüse, scheint er alles zu sein - alles, nur kein magischer Garten - ein Fleckchen Erde, zu klein für unsere Träume und zu groß für unsere Energie.

Und dennoch ist dieser Garten - dieser Flecken oder Acker, dieses Land, wo Sie auf die Urkraft der Natur treffen, wahrhaft magisch.

Kommt Ihnen das zu extrem vor? Dann schauen Sie sich bitte die folgenden Definitionen von Magie an, die Wissenschaftler und praktizierende Magier formuliert haben.

Für Miriam Dexter, eine leitende Anhängerin des Göttinnenkults, bedeutet Magie: „…. sich auf den Kosmos, auf die Göttin einzuschwingen. Magie ist, mit ihr und ihrer riesigen Kraft eins zu werden, mit dieser Kraft zu arbeiten und sie auf ein Ziel zu fokussieren."

Der amerikanische Radioproduzent Karen Michel, der Dokumentationssendungen über Spiritualität und Magie unserer Tage bringt, bietet folgende Definition an: „Wenn sich das Unbeabsichtigte mit dem Unerwarteten verbindet und eine Wirkung hat, die besser und überraschender ist als erwartet - dann ist das Magie."

Edain McCoy, Experte für die spirituellen Überlieferungen der Kelten, nennt Magie „einen Prozeß der Selbstverwandlung".

Ein magisches Sprichwort sagt: „Wenn du dich änderst, ändert sich alles um dich herum." Magie bedeutet, sich selbst so zu verändern, daß die Energiemuster in der Umgebung gezwungen werden, sich anzupassen, um das gewünschte Ergebnis zu erreichen." Ähnlich nennt der Autor und Magier Donald Michael Kraig Magie „die Wissenschaft und Kunst, im Bewußtsein Veränderungen zu bewirken, die in Übereinstimmung mit dem Willen geschehen, unter

---

[1] Anm. d. Ü.: Das "Unwort" "Unkraut" habe ich bewußt vermieden, da jede Pflanze ein Geschöpf Gottes ist.

Verwendung von Mitteln, die die traditionelle westliche Wissenschaft nicht so einfach nachvollziehen kann."

Einen Garten schaffen – das schließt jede dieser Definitionen von Magie mit ein. Welcher Gärtner hat noch nicht das sanfte Einschwingen seines Selbst aus dem Kosmos gespürt, das geschieht, wenn an einem der letzten Wintertage, nicht weniger stürmisch als der Tag zuvor, der Garten nach jenem großen Akt der Hoffnung schreit, dem Pflanzen - und dann, innerhalb weniger Tage, der Frühling ausbricht wie eine plötzliche Welle aus Wärme und Licht? Welcher Gärtner verspürt nicht eine Mischung aus Stolz und Überraschung, wenn er unerwartet ein Beet strahlender einjähriger Pflanzen vorfindet, die sich selbst im Garten ausgesät haben?

Welcher Gärtner hat noch nicht diese feine langsame Veränderung gespürt, wenn sich die innere Welt mit der äußeren verbindet, was selbst bei so einfachen Tätigkeiten geschehen kann wie Karotten ausdünnen oder Melonen mulchen? Und wo ist der Gärtner, der glaubt - wirklich *glaubt* -, daß die westliche Wissenschaft alles kennt, was es über Gartenarbeit zu wissen gibt?

Wenn Magie die Transformation des Gewöhnlichen in das Außergewöhnliche darstellt – welch' besseres Beispiel dafür könnte es geben als die Rose, die ihre wechselvolle Schönheit entfaltet, die Narzisse, die den Sonnenschein des Frühlings entzündet, das Gänseblümchen, das sich in einer Sommerbrise wiegt? Wenn Magie der Einfluß des Willens über die Umstände ist, was kann es Schöneres geben als einen Steingarten voller Alpenblumen in einem Wüstental, oder einen Balkon voller Blumen, hoch oben über einer Stadtautobahn?

Gärtner sind Magier - Zauberer der Magie. Ein Samen wird gesetzt; Monate später begrüßt uns eine Pflanze mit ihren Blüten oder läßt ihre Früchte vor unseren Augen baumeln. Egal, wie lange ein Gärtner den Boden bearbeitet hat, das immerwährende Wunder des pflanzlichen Lebens scheint immer magisch. Nehmen Sie nur einmal Karotten. Diese winzigen Samen! Sie sind so klein, daß unsere Finger zu grob sind, um ein einzelnes Samenkorn festzuhalten. Dennoch bringen diese schwarzen Punkte in einigen Monaten große fedrige Köpfe und kräftige orangefarbene Wurzeln von etwa fünfzehn Zentimetern Länge hervor. Wenn eine Mohrrübe auf den Tisch kommt, bringt sie dieses Wunder mit. Wir verspeisen sie und sind in Verbindung mit der Erde, dem Wasser und der Luft. Unser Körper nimmt die Nahrung und wandelt dann, unsichtbar und magisch, das Fleisch der Karotte um in menschliche Materie, Gedanken, Energie - und Liebe.

Magie beschränkt sich nicht nur auf den Gemüsegarten. Nahrung für die Seele ist auch die sichtbare Schönheit der Blumen und Sträucher. Das ganze Jahr hindurch verschwendet der Garten seine Gaben, um unsere Sinne zu erfreuen. Im Winter hinterlassen die Bäume am grauen Himmel ihre Konturen wie Filigran. Und bald danach beginnt das Knospen, und Krokusse sprießen aus dem letzten Schnee hervor. Nicht lange, und Pfingstrosen breiten sich über dem Boden aus, mit ihren wunderbaren Blüten, die zu schwer für ihre dünnen Stiele sind. Sträucher sind mit Blüten übersät und erfüllen die Luft mit schwerem Duft. Gänseblümchen schmücken den Garten und Zäune und Bögen zieren Kletterrosen in prächtigem Blutrot, Rosa und Altweiß. Astern strahlen wie Miniatursterne und die Pompoms der Chrysanthemen trösten uns in den Herbst. Und dann tanzen die Bäume in einer wahren Explosion aus Farben ihren letzten Tanz, bevor der Winter in den Garten einzieht und den Gärtner in den Winterschlaf schickt.

Seit Tausenden von Jahren haben die Menschen sich den Veränderungen der Erde angepaßt, indem sie in der Nähe ihrer Häuser Pflanzen wachsen ließen. Denn das allein ist die Essenz des Gartens: Ob er nun aus Kräutern oder Rosen besteht, Rasen oder Wein - ein Garten ist immer ein Stück Natur. Das Wildkraut mag wuchern und der Garten verwildern, sobald wir ihm den Rücken kehren - und dennoch ist er keine Wildnis, sondern die Grenze zwischen der Wildheit der Natur und den Bereichen, die wir Menschen als Schutz und Trost brauchen.

In der Wildnis finden wir Schönheit, aber keine Magie. Wo die Vegetation ungehindert sprießt, wo sie Wille und Vision des Menschen nicht ausgesetzt ist, haben wir reine Natur, aber keine Magie. Magie ist das, was geschieht, wenn die fruchtbare Schönheit der Natur auf unsere Energie und unser Begehren trifft. Im Garten sammeln wir die Blüten und Früchte der Natur zu unserem Vergnügen und zu unserer Nahrung; sie antwortet, nach ihrem Gutdünken, indem sie uns Gaben schenkt, die wir nie gesucht hätten - und hält andere zurück, nach denen wir uns sehnen. Natur und Gärtner wiegen sich in einem Tanz, der letztlich in all seinen unterschiedlichen Formen in allen Gärten auf der Welt derselbe ist.

Wenn jeder Garten Magie ist, dann ist jeder Gärtner ein Magier. Einige sind sich dieses Aspektes ihrer Gartenarbeit nicht bewußt und oft genug auch nicht bereit, ihr Handeln auf diese Weise zu definieren; für sie bedeutet Gartenarbeit ein ästhetisches Vergnügen oder Gymnastik. Andere jedoch begrüßen die magischen Aspekte des Gärtnerns mit Begeisterung. Für sie ist Gartenarbeit ein lebensspendendes Ritual, das bewußt mit anderen ähnlichen Ritualen in Verbindung gebracht werden kann. Für den magischen Gärtner sind Traum und Gedicht und Tanz genauso Teil des Gartens wie Dünger und Saat. Und dasselbe gilt für Mythen und Legenden, alte Rituale und alte Lieder, ja sogar Gebete - die traditionelle Lebensweise unserer Ahnen.

Der magische Gärtner ist in seinem Garten nie allein, denn Göttinnen und Götter, Elfen und Devas - Kräfte des Lebens und Wachstums, wie auch immer sie genannt werden - sind seine unsichtbaren Begleiter und wecken seine Aufmerksamkeit - sei es durch schmerzliche und spielerische Vorfälle, oder indem sie sich versteckt und bedeckt halten. Der magische Gärtner zweifelt nicht daran, daß es solche Kräfte gibt, gleich hinter der Gartentür, und horcht gespannt auf die spirituellen Botschaften, die ihm der Garten zuflüstert. Magisches Gärtnern bedeutet, sich bewußt auf den kosmischen Teil des Lebens einzulassen, der Erde die Hand zu reichen und bewußt eine Verbindung mit ihr einzugehen.

Magisches Gärtnern ist für jeden geeignet, der sich eine seelenvolle Annäherung an die Natur wünscht - an Blumen, Gräser, Sträucher, Bäume und Pflanzen.

Vielleicht praktizieren Sie bereits eine erdgebundene oder magische Tradition. Wenn dem so ist, werden Sie in diesem Buch Vorschläge finden, wie Sie den Garten in Ihr rituelles und spirituelles Leben einbinden können. Wenn Sie einer anderen Religion angehören, oder keiner, wird Ihnen dieses Buch dennoch etwas sagen, weil es Ihnen die Verbindung zwischen Geist und Körper, Land und Seele vor Augen führt. Der magische Garten ist kein Ort, an dem eine besondere Art religiöser Feier stattfindet. Er ist ein Ort des Herzens, an dem wir lernen, uns und unser irdisches Heim mit Anmut, Freude und bedingungsloser Liebe zu ehren.

Drei Dinge gehören dazu, um sich einen magischen Garten zu schaffen: Bewußtwerden der Traditionen und Überlieferungen und Einsicht in die Verbindung zwischen einem selbst und der Erde; Verständnis für die besonderen Bedürfnisse der Erde; Kenntnisse über spezifische Pflanzen und Techniken, die zu einem erfolgreichen Gärtnern führen. Wir nennen diese drei Komponenten Mythos, Mulch und Ringelblume. In diesem Kapitel werden wir uns der Reihe nach mit diesen Themen beschäftigen und in den Kapiteln danach die Verbindungen zwischen den einzelnen Bereichen untersuchen. Und schließlich werde ich Ihnen bestimmte Gartenpläne vorstellen, die auf den Grundsätzen des magischen Gärtnerns beruhen, um Plätze zu schaffen, die Ihre Sinne bereichern, Ihre Vorstellungskraft aktivieren und eine Verbindung von Geist und Seele schaffen.

Mythen: Geschichten, die nähren und die Phantasie zum Blühen bringen

Es war einmal ein Garten...

Wie viele Mythen und Legenden beginnen mit diesen Worten? Dutzende, Hunderte - denn der Garten ist einer der großen archetypischen Ausgangspunkte für Geschichten über die Kraft der Spiritualität. Die meisten Mythen der westlichen Tradition beginnen mit dem Bild von Eden, einem Ort, an dem Menschen und Tiere in zeitlosem sorglosen Wohlbehagen leben. Dort liefert ein göttlicher Gärtner den lustvoll durch den Garten schreitenden Bewohnern alle Art köstlicher Früchte und Speisen, ohne daß sich diese je bücken müssen, um zu pflanzen oder zu düngen und die Ernte einzubringen. Von keinen Jahreszeiten gebeutelt, zerstört kein Wetter je eine Saat, und nie versinkt ein Dinner von Adam oder Eva in den Fluten eines Gewitterregens. Und obwohl die Schöpfungsgeschichte keine Einzelheiten erzählt, sieht es nicht so aus, als ob jemals Fadenwürmer oder Schnecken eine Ernte verdorben hätten.

In dieses Paradies, so erzählt die Bibel weiter, kommt eine teufliche Schlange und versucht, unsere Vorfahren zu verführen, vom verbotenen Baum der Erkenntnis zu speisen. Weil sie den Schmeicheleien der Schlange erliegen, werden die ersten Menschen aus dem Paradies geworfen und müssen sich im Schweiße ihres Angesichts plagen, um zu säen, das Feld zu bestellen und zu ernten. Diese Welt ist - so erzählt es uns unsere größte Mythe - eine mißglückte Kopie eines glorreichen Originals. Der Garten Eden, von unsichtbaren Kräften versorgt und bewässert, war ein Ort, an dem alles vorhersehbar schön und perfekt war.

Unsere Welt - und das ist die Essenz dieser Geschichte, *kann* schön sein; ihre Früchte können prachtvoll sein und ihre Blumen duften, aber irgendwie ist jenseits von Zeit und Raum die wahre Schönheit, die wahre Süße, der wahre Duft verlorengegangen – und das nur, weil der Mensch sein Verlangen nicht zügeln konnte!

Wie anders ist da doch der Mythos von Abuk, die um

ihren Hunger weiß, und somit letztlich zur Rettung der Menschheit beigetragen hat!

Obwohl Eden immer als das Bild des perfekten Gartens gegolten hat und noch immer gilt, würde sich ein magischer Gärtner dort nicht wohlfühlen, denn der Balanceakt zwischen der Vollkommenheit dort und der hart erarbeiteten Realität hier ist das, was die Gartenarbeit zum Vergnügen macht und ihr spirituelle Bedeutung verleiht. Nicht, daß der Garten Eden nicht verlockend wäre: Jeden Winter stellt er für das geistige Auge die allergrößte Versuchung dar und verspricht die verführerische Vision des Paradieses: die Erbsen wachsen an ihren kleinen Zäunen makellos hoch, jede Tomate reift, jede Karotte wird dick und nicht holzig, und nicht eine einzige vergessene Zucchini wächst unter ihren schützenden Blättern zur Größe einer Kanone heran. In der Blumenrabatte verteilt sich das Eisenkraut gleichmäßig über den Rand, die Rosenblätter blühen flekkenlos und – ganz wichtig! - kein Wildkraut bedrängt die jungen Pflanzen.

Dieses phantastische Bild vom Garten Eden ist der Nährboden für den wirklichen Garten, in dem Regen die Saat wegschwemmt, Rosen Rost bekommen und die Scharfgarbe im Immergrün Amok läuft. Wildkräuter machen ihrem Namen alle Ehre und zeigen ihre erstaunliche Kraft, Hartnäckigkeit und Fruchtbarkeit. Eichhörnchen verspeisen die Erdbeeren, und Krähen picken die Bohnen aus. Und der magische Gärtner schaut, horcht, lernt - und schuftet weiter, denn in diesem Spannungsfeld zwischen dem Garten Eden der Phantasie und dem wechselnden, herausfordernden Garten der Realität wird er seine größten Lektionen lernen.

Selbst wenn der Garten Eden in der Realität machbar wäre, er würde nicht lange halten. Stellen Sie sich nur einen Augenblick die paradiesische Harmonie im Garten vor. Nicht ein Wildkraut! Jedes Blatt ist heil und unversehrt; die Blumen präsentieren, uns zur Freude, ihre strahlendsten Blüten. Und jetzt denken Sie an den nächsten Tag: Blumenköpfe müssen abgeschnitten werden, Bäume schreien nach der Schere, Büsche halten ihre plumpen Triebe hin und Rosenknospen drängen nach der Blüte. Perfektion ist nur ein winziger Augenblick im Leben eines Gartens. Und so folgt der Gärtner erneut dem Reigen der Natur: pflanzen, pflegen, ernten.

Wenn der Mythos von Eden von einem Garten erzählt, in dem Magie sicherlich keinen Platz hat, so entsprechen die Mythen und Legenden anderer Kulturen viel mehr der Seele des magischen Gärtners. Die Stämme alter Kulturvölker haben Mythen geschaffen, die die Verbindung von Pflanze und menschlichem Leben betonen. Oft ist in diesen Erzählungen die Erde weiblich - manchmal eine Mutter, manchmal eine wunderbare Feentochter. Die Griechen erzählen von Demeter, die weinend durch die Welt läuft, auf der Suche nach der verlorenen Persephone, und Blumen über das Land streut, als diese zurückkehrt. In den Legenden der Cherokesen opfert sich Selu, die alte Kornmutter, damit ihre Kinder zu essen haben. Die Japaner kennen eine ähnliche Geschichte der Gottheit Ukemochi, deren Körper in all die Nahrung zerfällt, die wir zum Überleben brauchen.

Obwohl dieses Bild der Erde als weibliches Wesen für diejenigen vertraut ist, die sich mit Mythen und Legenden beschäftigen, sind Geschichten, die die Erde als männlich bezeichnen, weniger bekannt. Dennoch personifizieren einige Kulturen, wie die ägyptische, die Erde als einen Gott. In Afrika weisen Steinmonumente, die man „Erdpenise" getauft hat, auf die Erde als männliche Kraft hin. Ebenfalls üblich war die Vorstellung, die Erde als weibliches Wesen anzusehen und die Vegetation, die sie bedeckt, als männlich. So wurden Attis, Adonis und andere Gottheiten des Altertums am östlichen Mittelmeer mit Ritualen und Symbolen verehrt, die ihre Verbindung zum Pflanzenleben betonten – indem man kurzlebige Adonisgärten pflanzte oder Kiefern als Symbol für Attis erntete.

Es gibt keinen einzigen, weltweit bekannten Mythos, der all das darstellt, was wir über die Erde wissen. Vielmehr sind die zahllosen und komplexen spirituellen Wirklichkeiten, die unsere Ahnen wahrgenommen haben, in Dutzenden wunderschöner (wenn auch manchmal schrecklicher) Geschichten verwoben worden. Die Erde ist nicht mehr weiblich als männlich, und dementsprechend ist sie nicht nur großzügig und freundlich; sie kann auch stolz, böswillig und zurückhaltend sein - und manchmal alles zur gleichen Zeit.

Der magische Gärtner kennt alle diese Geschichten. Für ihn reicht es an einem dunklen Winterabend nicht aus, Gartenkataloge zu wälzen und Farbdiagramme zu zeichnen. Ein wahrhaft magischer Gärtner hält es für unbefriedigend, sich mit den lateinischen Namen zu beschäftigen, ohne etwas von der römischen Religion zu wissen - mit ihrer wild-erdbeerartigen Göttin Venus und ihren Frühlingsritualen. Für einen solchen Gärtner ist es undenkbar, eine Aurikel zu pflanzen, ohne zu wissen, daß dies eine Pflanze für die Urwaldgöttin Artemis ist. Märchen und Sagen einer jeden Pflanze sind für den magischen Gärtner so wichtig wie ihre klimatischen Bedürfnisse, ihre Form, ihre Farbe. Den Archetyp des Symbolischen, des Mythischen mit zu berücksichtigen - das macht den magischen Gärtner aus.

Mulchen: Die Erde nähren

Ein Garten bringt uns Freude und Nahrung. Und was geben wir ihm zurück?

Eine einseitige Beziehung mit der Erde ist für den magischen Gärtner unmöglich. Selbst wenn sich zu Beginn unser Interesse auf das beschränkt, was uns der Garten schenkt, zwingen uns die Jahreszeiten mit ihrem Wachstum, unser eigenes Gleichgewicht und unseren Einklang mit der Natur immer mehr zu harmonisieren, denn welcher Garten wird, Jahr für Jahr, reiche Ernte bringen, ohne daß wir seinem Boden Nahrung oder Wasser geben und ihn hegen und pflegen?

Ein großer Teil der Arbeit eines Gärtners besteht aus dem Düngen des Bodens. Vom ersten Spatenstich während des Frühjahrs bis zum lästigen Laubsammeln im späten Herbst dreht sich das Gartenjahr um Aufgaben, die mit der Bearbeitung des Bodens zu tun haben. Dabei läßt sich das ganze durchaus vereinfachen – indem man den Garten mit chemischen Mitteln düngt und ihn mit Wildkraut-Stop vergiftet. Der bewußte Gärtner (das ist der, der es gut mit seinem Garten meint) verwendet zu Beginn vielleicht solche Techniken – zuerst aus Unkenntnis, und später aus einem Akt der Verzweiflung. Aber Schnelligkeit hat ihren Preis, in dieser Wachstumsphase oder in einer anderen. Der magische Gärtner wird schnell herausfinden, daß die Erde niemand ist, der uns dient, kein Diener - nicht einmal ein Angestellter. Die Erde ist ein Elternteil, ein Kind, ein Liebhaber. Die Erde, personifiziert gesehen, ist jemand, der um eine gleichberechtigte Partnerschaft bittet - um ein Geben und Nehmen. Großzügig, wie sie sein kann, verlangt die Erde von uns nichts anderes, als daß wir im Gegenzug genauso großzügig sind.

Eine der wahren Freuden des Gärtners ist die Intimität, die er mit einem bestimmten Stück Land genießt. Auch wenn das am meisten verwendete mythische Bild, wenn man von Gaia spricht, das einer Mutter ist (Mutter Erde), so ist die tatsächliche Erfahrung des Gärtners mehr Liebe zu seinem Garten als Schwärmerei, obwohl der erste Blick auf einen fruchtbaren Garten durchaus Gefühle der Verliebtheit erwecken kann. Nein, Gärtnern bedeutet letztendlich, mit dem Garten eine Liebesbeziehung einzugehen, die winzigen Eigenarten und Besonderheiten eines Fleckens Erde mit dem Herzen zu erleben, die vorhersehbaren Augenblicke der Freude zu genießen und bei den unvorhersehbaren Momenten nicht in Panik zu geraten, Verletzungen auszugleichen und Begrenzungen anzunehmen. Wer das Gärtnern gelernt hat, hat gelernt zu lieben; wer etwas über Liebe weiß, wird sicherlich ein guter Gärtner werden.

Um die Erde zu lieben, muß der Gärtner sie nähren - ungeachtet dessen, daß sich die Erde selbst nährt und erneuert. In der Wildnis ruft das Land auch nicht nach künstlicher Bewässerung oder Mulchen im Winter; Ökosysteme passen sich dem Klima an, Vögel und Tiere verzehren Pflanzen und streuen ihre Samen aus, und das Gleichgewicht bleibt gewahrt. Das geschieht jedoch nicht immer auf sanfte Weise: Ein harter Winter läßt die Saat erfrieren; Feuer vernichtet einen Wald mit altem Baumbestand; Trockenheit dörrt eine Marschlandschaft aus. Dieses Gleichgewicht muß hart erkämpft werden und wird eher über die Dauer von Jahren als in einzelnen Jahreszeiten erreicht.

Aber ein Garten ist keine Wildnis. Wo wir Gärten schaffen, verändern wir die Natur. Die Veränderung beginnt mit dem Bau unseres Hauses, das wir als schützendes Dach über dem Kopf brauchen. Dann greifen wir nach dem, was außerhalb des Hauses liegt - zähmen und besiedeln das Land um uns herum. Wir fällen Bäume, die unser Haus erschlagen könnten. Wir pflanzen eine Reihe Pappeln, als Schutz vor dem Wind, oder schattenspendende Eichen. Wir bauen einen Brunnen, holen das unsichtbare Wasser aus der Tiefe empor, das die Pflanzenwurzeln tief unter der Erde getränkt hat, und benetzen damit unsere flach verwurzelten, hübschen Blumen. Wenn wir den Plan der Natur ändern, müssen wir die Verantwortung dafür übernehmen, daß die Umgebung, die wir geschaffen haben, überleben kann. Der französische Autor Antoine de Saint-Exupéry hat es so in *Der kleine Prinz* ausgedrückt: *„Du bist zeitlebens für das, was du dir vertraut gemacht hast, verantwortlich."*

Aus all dem, was wir bisher gelesen haben, könnte man einen Gärtner sehr leicht als etwas ansehen, das mit seinem Bewußtsein von dem großen Geist von Gaia getrennt ist. Solch ein Gärtner würde vorsätzlich den Auftrag von Gaia mißachten und etwas Künstliches schaffen, das mit ihr nichts mehr gemein hat. Aber nichts und niemand ist von der Erde getrennt. Der Gärtner - in der heißen Sonne arbeitend, grabend, säend, mulchend und erntend – er ist durchaus als Diener der Erde anzusehen. Und vielleicht ist diese Sichtweise die richtigere. Können wir *wirklich* sicher sein, daß es menschliche Arroganz ist, die die Gärtner in der Arktis dazu bringt, für Tausende von Dollars Treibhäuser für die Tomatenzucht zu bauen – und nicht der

Wunsch der Tomatenfamilie nach Ortsveränderung? Wie können wir sicher sein, daß der sehnsuchtsvolle Wunsch nach einem Rosengarten, gerade *hier*, nicht der Traum des Landes selbst ist – und nicht der des Gärtners? Denn wenn der Gärtner Teil der Natur ist, wenn er nicht getrennt von ihr ist, dann ist unsere Arbeit ein Ausdruck der Welt selbst.

So ist der zweite Teil des magischen Gärtnerns das Nähren der Erde, die uns ernährt. Es ist eine fortwährende Einheit von Körper, Geist und Seele, wobei wir zulassen, daß uns die Erde ihre Bedürfnisse wissen läßt - und wir, indem wir sie erfüllen, lernen, unseren eigenen zu entsprechen.

Ringelblumen: Wissen, das heilt und schützt

In der griechischen Sage war Midas ein König, der so ungemein gierig war, daß es ihm nicht genügte, all das Gold des Landes anzuhäufen. Eines Tages betete er, überwältigt von der Lust nach dem gelben Metall, daß alles, was er berührte, zu Gold werden möge. Sein Wunsch wurde erhört. Midas raste in Ekstase durch seinen Palast und verwandelte alles - von den alten Spülschüsseln bis zu den summenden Fliegen - in Gold. Als er um die Ecke kam, entdeckte er seine kleine Tochter. Immer noch voller Begeisterung über seine neue Gabe, umarmte Midas sie fröhlich.

Im selben Augenblick wurde das warme Fleisch des Mädchens unter seinen Händen kalt und ihr Lächeln erstarrte. Einen Moment später war die Prinzessin eine kleine Goldstatue, den Ausdruck verwirrter Liebe immer noch auf dem Gesicht.

Zum Glück für den König - und noch viel mehr für die Prinzessin - wurde „Midas-Berührung" zurückgenommen. Als er sie ins Leben zurückküßte, wurde das Kind wieder warm und weich. Dann eilte der König zurück in den Palast und brachte alles wieder in den früheren Zustand zurück. Nur eine kleine Blume, die Ringelblume, wurde nicht ganz wiederhergestellt. Ihre Blüten blieben danach strahlend gold - als Mahnung an alle, den Fehler von Midas nicht zu wiederholen.

Und was war sein Fehler?

Im allgemeinen wird diese Geschichte als Parabel für Gier erzählt: Bewerte Geld nicht höher als die zärtliche Umarmung unserer Lieben, warnt die Parabel. Kümmere dich nicht um totes Metall, wenn du die lebendige Gegenwart von Vögeln und Blumen genießen kannst. Denke nicht, daß das, was du kaufen kannst, dich glücklicher macht als das, was du nicht kaufen kannst.

Magische Gärtner können aus dieser einfachen Geschichte aber noch mehr lernen, denn die Versuchung, die Midas verspürt, ist eine sehr vertraute: Diese sterbliche, sich wandelnde Welt gegen eine unbewegliche, ja unsterbliche zu tauschen. Dennoch liegt die wahre Freude, wie der König herausfindet, in jenen sehr weltlichen - und vergänglichen - Wesen, die er zuvor verschmäht hat. Das ist eine Lektion, die magische Gärtner immer und immer wieder lernen: Daß wir uns nicht an die Schönheiten unseres Lebens und unserer Gärten klammern können, denn der Preis dieser Schönheit ist ihre Vergänglichkeit. Der strahlende Glanz des Frühjahrs hüllt den Garten ein und verblaßt. Der Herbst überschüttet die Welt mit Farbe und verblaßt dann gleichermaßen. Und der glasige Glanz einer Eisblume an einem Wintermorgen schmilzt allzu bald dahin.

Gärtnern, als spirituelle Disziplin gesehen, zwingt uns, gänzlich in der Gegenwart zu leben - die besondere Schönheit des einzelnen Augenblickes zu erkennen, aber auch seine Vergänglichkeit. Wenn wir eine Biene auf einer vollendet geformten Sonnenblume hin- und herschwirren sehen, haben wir die Wahl - sie zu ignorieren und weiter Wildkraut zu jäten, oder eine Pause einzulegen und ihren vergänglichen Charme zu bewundern. Jeder Gärtner trägt etwas in sich, was ihn vorwärtsdrängt, ihn ruft, zu planen, zu arbeiten, zu produzieren. Aber er trägt auch einen anderen Teil in sich, der ihn hindert, all diese Dinge zu tun, und ihn zwingt, einen endlosen Augenblick lang innezuhalten. Während ein Teil im Inneren des Gärtners sich bemüht, die Landschaft zu verändern, liebt ein anderer Teil diese sinnliche Welt, im vollen Bewußtsein ihrer Vergänglichkeit.

Anders als Midas trachten Gärtner nicht danach, diese Welt in statischer Perfektion erstarren zu lassen und erkennen viel eher, wo das wahre Gold zu finden ist. Die Griechen nannten die Göttin Aphrodite „Die Goldene", verwandeln doch die Augen der Liebe die Geliebte in eine strahlende Schönheit. Und ein ähnliches Strahlen erfüllt den Garten, wenn er mit liebender Sorgfalt gepflegt wird.

So, wie die Liebe der Menschen auf dem Wissen um die geheimsten Wünsche des anderen basiert, gilt dies auch für den Gärtner. Während es leicht ist, sich von den Farben und Düften einer Pflanze, deren Namen wir nicht kennen, betören zu lassen, basiert eine wahre Beziehung zu ihr auf Wissen - dem Wissen über die Bedingungen, die die Pflanze zum Wachsen braucht, ihre Blütezeit, ihre Geschichte und ihre Geschichten. So liegt das letzte Geheimnis des magischen Gärtnerns darin, die Pflanzen, die aus einem Stück Land einen Garten machen, zu verstehen, und den Plan, der aus Einzelteilen ein harmonisches Ganzes werden läßt, zum Leben zu erwecken.

Die Ringelblume zum Beispiel ist ein sonnenliebendes Sommergewächs der Gattung *Tagetes*, nach dem Gott *Tages* benannt, der die Etrusker lehrte, durch die Gabe der Weissagung Gold zu finden. Es gibt eine lange Geschichte über die Verbindung der Ringelblume mit diesem Metall, das die Farbe der Blüte hat; ihr Name rührt von der frühen christlichen Praxis her, die Blüte statt Münzen auf den Marienaltar zu legen, was ihr den Namen „Marias Gold" gab. Wegen ihrer Heilkraft geschätzt, ist die Ringelblume vielfältig verwendet worden: Als Garnierung auf der Suppe, um das Herz zu stärken; als Mittel gegen Kopfschmerzen; mit Wein gemischt gegen Warzen. In der Nähe von Gemüsepflanzen soll sie Parasiten namens Nematoden vertreiben; ihr stechender Geruch soll auch vierbeinige Schädlinge wie Kaninchen vom Verzehr der Salatblätter abhalten. Wenn der magische Gärtner Ringelblumen pflanzt, versucht er nicht nur, die richtige Stelle im Garten zu finden, sondern berücksichtigt beim Anlegen des magischen Gartens auch

---

* Anm. d. Ü.: Wortspiel: Im Englischen heißt die Blume "Marigold" = Mary's gold = das Gold Marias.

ihre Geschichte und Geschichten.

Die Pflanzen, die zu uns kommen, tragen die gesamte Geschichte ihrer Gattung und ihrer Spezies als Kode im Inneren verborgen. Und gerade wir Gärtner sind die letzten Vertreter der Menschheit, die dazu beigetragen oder sogar bewußt versucht haben, diese Pflanzenfamilie auszurotten.

Wir sind nicht allein im Garten, selbst wenn wir in der Morgendämmerung in einer scheinbar schweigenden Welt ruhig vor uns hinarbeiten. Um uns herum sind die Geister früherer Gärtner, die die Vergangenheit der Gärten bewahren. Wir können uns mit diesen Seelen nicht bewußt verbinden, indem wir studieren und forschen. Nur manchmal können wir ihre schattenhafte Gegenwart spüren, wenn wir, so wie sie, unter demselben Himmel wandeln, der sich auch über ihrer Welt wölbte. Wie im Traum können wir archetypische Kräfte begegnen und im Wachtraum des Gartens die Energie der seit Äonen bestehenden Verbindung zwischen der Menschheit und dem Königreich der Pflanzen spüren. Durch eingehendes Wissen über die Pflanzen und ihre Bedürfnisse schmieden wir die Verbindung zwischen unserer Gattung und ihnen.

Andere Gärtner, aber auch Bücher wie dieses, helfen Ihnen, dieses umfangreiche Wissen zu erlangen, das über viele Jahre gewachsen ist. Während die Jahre vorbeiziehen, zelebrieren Sie dieses Wissen durch ein Ritual, bei dem der Garten als Medium, dient - um den Wechsel der Jahreszeiten, aber auch die Veränderungen in Ihrem Leben zu feiern. Während sich der Zyklus des Gartenjahres mit dem längeren Zyklus Ihres Wachstums, Ihrer Reifung und Ihres Endes vermischt, vertiefen Sie Ihre Verbindung zur Erde und ihren anderen Geschöpfen.

Dunkle Wälder und Schlüsselblumen-Pfade

In diesem Buch werden Sie erfahren, wie der Umgang mit dem Garten zu Magie wird.

Wie definieren Sie Magie? Vielleicht als ein Ritual, mit dem in der Welt Veränderungen bewirkt werden können? Als Möglichkeit, sich auf die kosmischen Kräfte einzustimmen? Oder sogar als fröhliche und vergnügliche Erfahrung der Sinne, so wie wir über einen phantastischen Abend sagen: „Es war einfach magisch!" Magie läßt sich nicht dogmatisch definieren - und das gilt für den magischen Garten gleichermaßen. Jeder Garten, den Sie - bewußt und willentlich - für sich und die Heilung Ihres Selbst schaffen, ist ein magischer.

Einen Garten ohne Schatten - den gibt es nicht, denn die Dunkelheit ist Teil des Lebens - gleichermaßen wie Dämmerung und der helle Mittag. Und so gibt es auch keinen Garten ohne Wildkräuter, denn Chaos ist eine immerwährende Kraft im Leben, und auch im Garten. Sich um einen Garten zu kümmern ist keine ungetrübte Freude, denn es wird Tage des Frusts wie Tage der Freude geben. Aber Ihr magischer Garten wird zur Quelle immerwährender Inspiration für Sie werden, zu einem Ihrer größten Lehrer, der Ihnen Wege in das Spirituelle offenbart, die Sie zuvor nicht gesehen haben und nie entdeckt hätten.

Tellus Mater

Tellus Mater, Heilige Mutter, Quelle der Natur,
Du nährst uns, während wir leben,
Du hältst uns, wenn wir sterben.
Alles kommt von Dir, alles kehrt zu Dir zurück.
Wie anders könnten wir Dich bezeichnen als
„unsere Mutter"?
Selbst die Götter nennen Dich so. Ohne Dich ist nichts.
Nichts kann gedeihen, nichts kann leben ohne Deine Kraft.
Königin und Göttin, ich rufe Dich an:
Du bist allmächtig, und meine Bedürfnisse sind so klein.
Gib mir das, was ich erbitte, und ich werde Dir meinen Dank
darbringen - aufrichtig und aus der Tiefe meines Herzens.

Römisches Gebet an die Erde

Kapitel 2
Meditationen, Träume und Rituale

rgendwo auf der Welt zelebrieren, just in diesem Augenblick, Menschen ein Ritual zu Ehren der Wunder des Gartens und der Fruchtbarkeit des Bodens.

Vielleicht formiert sich in Bali eine Prozession Tänzer in juwelenfarbener Seide, um zu Ehren der Reisgöttin Dewi Shri zu tanzen. Vielleicht füllen in Irland die Gäste eines Gartenfestes ihren Mund mit dunklen Heidelbeeren, zu Eh-

ren von Taillte, der Göttin des Mittsommers. Oder in Oaxaca säumen riesige Rettiche, in historische und religiöse Dioramas[1] geschnitzt, einen von Weihnachtssternen umringten Platz. Nicht einen Tag im Jahr gibt es, an dem nicht irgendwo Menschen den Göttern und Göttinnen der Pflanzen, der ersten Früchte oder der Ernte huldigen.

Die Vereinigten Staaten kennen kein nationales religiöses Ritual, welches das Bewußtsein unserer Ab-

[1] Anm. d. Ü.: Plastisch wirkendes Schaubild, in dem Gegenstände vor einem gemalten oder fotografierten Rundhorizont aufgestellt sind und teilweise in diesen übergehen.

hängigkeit vom Zyklus des Gartens weckt. Dennoch sammeln wir uns gerade in ländlichen Gegenden, um auf unsere eigene Art und Weise den Reichtum der Erde zu preisen. Wir nennen diese Ereignisse "Jahrmarkt" oder „historische Umzüge" oder „Schönheitswettbewerbe". Die „Maiskönigin" ist nur die jüngste Inkarnation eines ursprünglichen Rituals, bei dem eine junge Frau die Erdgöttin selbst präsentiert, indem sie ihre bedürftigen Kinder mit reichen Gaben bedenkt.

Selbst Familien in der Stadt finden eine Möglichkeit, am Zyklus der Nahrungsproduktion und des Nahrungsverbrauchs teilzuhaben. Anstatt in die erste Furche Milch zu gießen (wie es auf dem Lande üblich ist), machen wir am Memorial Day ein Barbecue. Anstatt die ersten Früchte zu opfern, verzehren wir am 4. Juli Zuckermais. Und anstatt die letzte Garbe Weizen oder Hafer zu schneiden, nehmen wir am ersten Wochenende im September drei Tage frei und sagen der Zeit der Fülle Lebewohl, selbst wenn wir nie etwas anderes als einen Balkonkasten mit Geranien gepflanzt haben.

In den alten Zeiten waren diese Rituale Teil eines religiösen Verständnisses für die Beziehung zwischen Mensch und Erde - in denen die Göttin mit den vielen Namen und ihr Gemahl in Ritualen verehrt wurden, die Teil ihrer Mythologie sind. In jedem Frühling haben Frauen in den alten östlichen Mittelmeerländern winzige Töpfe schnellwachsenden Grases gepflanzt, das sie sorgfältig gepflegt und gegossen haben. Das Gras wuchs schnell, starb aber innerhalb weniger Tage. Dann liefen die Frauen laut weinend durch die Straßen oder über die Felder und zerrissen voller Angst ihre Schleier. So verkörperten sie den Mythos der Göttin (Aphrodite, Ishtar und Inanna), beweinten ihren jungen Lover (Adonis, Tammuz oder Dumuzi) und brachten diese zeitlose Geschichte in ihre Gegenwart, in ihr Heim und auf ihr Feld.

Ähnlich fällten die alten Phrygier (heute nördliche Türkei) eine Kiefer, die sie feierlich zu einem Ritualplatz brachten. Dort stellten sie den kleinen Baum wieder auf und tanzten um ihn herum. Das Fest, das viele Jahrhunderte später ins kaiserliche Rom kam, symbolisierte den Tod und die Wiederauferstehung des jungen Gottes Attis, des Geliebten der Bergmutter Cybele.

Oft haben solche Feste die Religionen, aus denen sie entstanden sind, lange überlebt. In der Grafschaft Kerry, im Südwesten Irlands, feiert man heutzutage ein Fest namens „Puck Fair", welches das älteste Herbstfest in der Welt sein und zweitausend Jahre zurückreichen soll. Dort tragen die Feiernden laut jubelnd einen Ziegenbock durch die Straßen, den sie anschließend als Herbstkönig krönen. In früheren Zeiten war die Verbindung der Pan-ähnlichen Ziege mit dem Herbstgott für alle offensichtlich; jetzt ist der Jahrmarkt eine Gelegenheit für Spiel und Spaß, und nur wenige ehren bewußt den Gott, der sich für diese wenigen Tage in dem kleinen bärtigen Puck inkarniert.

Heutzutage schaffen die Gärtner - ob bewußt oder nicht - und ohne allgemein akzeptierte und gefeierte Mythen als Basis für unsere jährlichen Rituale, ihre eigenen privaten Jahresfeste, mit denen sie die Fülle des Gartens feiern und ein Bittgebet. für den Reichtum eines weiteren Jahres hinausschicken. In Alaska verbrennen die Familien vor Halloween von Laubwerk befreites Gestrüpp. Ein Gärtner im mittleren Westen gibt eine Party, um zu zeigen, wie sich die Landschaft verändert. Eine Frau in Kalifornien macht aus den Früchten ihres Aprikosenbaums eine besondere Marmelade und beglückt ihre Freunde im Winter mit diesen Schätzen des Sommers. Ein Teil des Vergnügens eines jeden Gärtners besteht darin, derartige ritualisierte Gewohnheiten zu schaffen und aufrechtzuerhalten.

Rituale sind definiert worden als Botschaften des Bewußten an das Unbewußte, so wie Träume Botschaften des Unbewußten an das Bewußte sind. So kann jede Aktion, die bewußt und ehrfürchtig begangen wird, zum Ritual werden: Die Saat in den Boden bringen, das erste Gemüse ernten (wahrscheinlich einen Rettich!), den Garten im Herbst auf den Winterschlaf vorbereiten. Selbst ohne bewußtes Planen sind die archetypischen Handlungen, die wir vornehmen - das Land roden, den Boden bestellen, die Saat einbringen, kultivieren, ernten - bedeutungsvoll. Wir brauchen uns der tieferen Bedeutung dieser Handlungen nicht bewußt zu werden, denn sie arbeiten in unserem Geist und in unserer Seele.

Auch brauchen wir bei der Gartenarbeit nicht zu einer bestimmten Gottheit zu beten, denn diese Arbeit als solche ist bereits ein Gebet zu Ehren der Fülle von Mutter Erde. Die Mythen, die Frauen im Mittelmeerraum inspiriert haben, Adonis zu beweinen; der alte Glaube der irischen Stämme, die den Puck-Fair-Festen Farbe verliehen - sie alle entstammen derselben Quelle, die uns auch heute noch zur Verfügung steht - dem träumenden Geist, aus dem Bilder und Geschichten geboren werden. Wenn man magisches Gärtnern erlernt, ist es wichtig, sich mit dieser inneren Quelle zu verbinden. Die Mythen und Überlieferungen aus alter Zeit und anderer Völker zu kennen ist sinnvoll, aber nur deshalb, weil sie unsere eigenen inneren Bilder reflektieren. Der erste Schritt, um einen magischen Garten zu erwirken, ist zu prüfen, wie es um unsere eigene persönliche Mythologie, unsere eigene Beziehung zur Traumzeit steht.

Einfache Rituale der Achtsamkeit

Wenn wir bewußt und überlegt handeln, kann sich unsere spirituelle Verbindung zu dem Land, das wir bebauen, intensivieren - egal, ob es auf steinigem Boden, gepachtetem Land, einem Vorstadtrasen oder in einer Reihe von Blumenkästen auf einem städtischen Balkon geschieht. Wir brauchen uns nicht in bestickte Gewänder zu werfen und unseren Garten in alten Sprachen zu besingen, denn die wahre Magie - die Verwandlung der Saat in Blüte und Frucht - ist die Magie der Erde. Viel wichtiger ist es, eine Möglichkeit zu finden, ständig Zeuge dieser Transformation zu sein, indem wir jede gärtnerische Handlung mit spirituellem Bewußtsein tun.

Hier einige Beispiele:

- Teile die Fülle des Gartens mit anderen - sei es durch Blumensträuße oder Gaben von Gemüse und Obst. Vor allem teile die Fülle des Gartens mit jenen, die bedürftig sind. (Einige Gemeinden verwalten Lebensmittel für Kleinbauern und Gärtner, die ihre überzähligen Tomaten für soziale Zwecke zur Verfügung stellen möchten; organisieren oder beteiligen Sie sich an solchen Aktionen.)

- Bringen Sie Kunst in den Garten, denn Kunst ist eine der Möglichkeiten, Ritualen Ausdruck zu verleihen. Modellieren Sie Skulpturen und Vogelhäuschen oder -tränken, malen oder fotografieren Sie Blumen, nähen Sie Flaggen und Banner. Bauen Sie für Bohnen und Erbsen Tipis aus gedrehten Zweigen. Malen Sie ein Willkommens-Schild für das Gartentor.

- Verteilen Sie Nahrung und vor allem Wasser in Ihrem Garten für wildlebende Tiere - Vögel, kleine Säugetiere oder andere Tiere.

- Machen Sie sich beim Wildkrautjäten bewußt, daß Sie das Leben dieser Pflanzen um der Nahrung oder der Schönheit willen opfern.

- Halten Sie die Samen einen Moment in der Hand, bevor Sie sie säen, und bewundern Sie die phantastische Winzigkeit des Samens und sein unglaubliches Potential des Wachstums.

- Nehmen Sie Rechen, Harke und andere Werkzeuge als magische Geräte (denn das sind sie!), behandeln Sie sie mit Ehrfurcht und danken Sie ihnen für die Arbeit, die sie für uns tun.

- Heben Sie die Samen von Pflanzen auf, die in Ihrem Garten gut gediehen sind, und geben Sie den Überschuß jeden Frühling bei einem Gartenfest ab, oder spenden Sie sie für eine öffentliche Grünanlage.

- Machen Sie aus den Früchten Ihrer Gartenarbeit Kunst - durch getrocknete Blumensträuße, gepreßte Blumen, kandierte Früche, köstliche Obsttorten.

Es gibt zahllose andere Möglichkeiten, den Garten im Ablauf des Jahres zu ehren, und mit schöpferischem Bewußtsein werden Sie allmählich diejenigen entdecken, die für Ihren Lebensstil und Ihre Region geeignet sind. Damit der Akt jedoch zum wahren Ritual wird, muß er regelmäßig oder jährlich wiederholt werden. Mit anderen Worten: er muß Teil Ihrer bewußten Gartenarbeit sein. Es mag Jahre dauern, bis sich solche persönlichen Rituale entwickeln und in Ihrem Bewußtsein verankern. Sie beginnen in der Meditation, werden zur schöpferischen Handlung und bleiben lebendig durch Glauben und Liebe.

Die folgenden vier Meditationen basieren auf dem Jahreszyklus des Gartens und bieten ein Beispiel, das Sie Ihren eigenen, einzigartigen Bedürfnissen anpassen können. Sie stellen einen ersten Jahreszyklus in einer bewußten und schöpferischen Weise dar. Jede Übung enthält Vorschläge, wie diese später der Tätigkeit im Garten angepaßt werden kann.

Winter: Den Garten erträumen

Alle Gärten beginnen mit einem Traum im Winter.

Das Gartenjahr beginnt mit dem Eintreffen des ersten Katalogs eines Fachversands für Gartenfreunde, seinen farbigen Bildern, die einen vollkommenen Garten und einen vollkommenen Sommer versprechen. Es ist die Zeit äußerster Freiheit, unbekümmerten Überschwangs, des Hineinträumens in die Pracht künftiger Gärten. Nichts ist so hoffnungsträchtig wie die Pläne eines Gärtners im Winter, wenn es keine Chance gibt, sie in die Realität umzusetzen.

Dennoch hat jeder Traum der Zukunft seine Wurzeln in der Vergangenheit. Und für einen Gärtner schließt die Vergangenheit alle die Gärten ein, die er in anderen Jahren verloren hat oder aufgeben mußte. Das gilt auch für die Pflanzen, die ihr Potential nie entfaltet haben, und jene, die über unsere wildesten Winterträume hinaus geblüht und Früchte getragen haben. Um den Frühlingsgarten für die Weihe vorzubereiten, fordert der Winter ein Ritual, mit dem alle Gärten der Vergangenheit losgelassen werden.

Vielleicht erinnern Sie sich an einen Garten Ihrer Kindheit, den Sie verlassen mußten, als Sie zur Uni gingen. Vielleicht gab es einst einen Garten, den Sie verloren haben, als eine Beziehung starb. Sie haben einen besseren Job angenommen und Ihren Garten aufgeben müssen. Oder aber Sie waren niemals Gärtner, erinnern sich aber an den Garten der Eltern, von Nachbarn oder Freunden.

Der erste Schritt, eine spirituelle Beziehung zu dem Garten, den Sie jetzt haben, aufzubauen, ist die Erinnerung an und vielleicht die Trauer um Gärten, von denen Sie sich einst haben trennen müssen.

Diese Übung machen Sie am besten allein, mit Hilfe eines Tagebuchs*) oder und nur in der Vorstellung. Aber vielleicht haben Sie auch einen Freund oder mehrere Freunde, mit denen Sie gemeinsam Ihre Gärten und Ihre Gartenarbeit würdigen möchten. In diesem Fall kann die Übung die Grundlage für Gespräche bilden, die sich mit diesem Thema beschäftigen.

Machen Sie zu Beginn eine Liste all jener Gärten, die bisher in Ihrem Leben eine Rolle gespielt haben: Ihre eigenen, die Ihrer Familie, Ihrer Freude. Beschreiben Sie jeden einzelnen dieser Gärten; wenn möglich, zeichnen Sie ein Bild oder machen Sie eine Skizze davon. Und beantworten Sie die folgenden Fragen für jeden dieser Gärten:

- Welches war der Teil des Gartens, den Sie am liebsten mochten?
- Welcher Teil des Gartens hat Sie am meisten frustriert?
- Wie war der Zyklus des Gartenjahres? In welcher Reihenfolge wurden die Gartenarbeiten erledigt, Feiertage begangen und Familienfeste gefeiert?
- Welche persönlichen Beziehungen verbinden Sie mit dem Garten? Haben Sie sich während Ihres Umgangs mit dem Garten verändert?
- Wann und warum haben Sie den Garten aufgegeben?
- Wenn Sie eine Pflanze oder eine Blume in dem Garten wären, welche wären Sie gerne? Und warum?
- Wie, glauben Sie, sieht der Garten heute aus?

*) *Mein Meditationstagebuch* vom Smaragd Verlag eignet sich hervorragend dazu.

Wenn Sie sich der Reihe nach an die Gärten erinnern, achten Sie besonders auf die Gefühle, die dabei hochkommen und wählen Sie dann eine Pflanze aus jenem Garten, die eine besondere Bedeutung für Sie hatte und die in Ihrem neuen Garten wachsen soll. Während Sie Ihren Garten planen, halten Sie diese Liste bereit.

Der zweite Teil der Meditation dreht sich um die Gartenplanung. Es gibt Dutzende von Büchern mit nützlichen Informationen über die Gestaltung und Bepflanzung eines Gartens. Aber nicht nur ästhetische Erwägungen sind bei der Planung eines Gartens zu berücksichtigen, sondern auch unser innerer Antrieb, mit dem wir die Landschaft so gestalten, daß sie ein Spiegel von uns, dem Gärtner selbst, darstellt. So sollte der zweite Teil dieser Meditation jedes Jahr zum Tragen kommen, wenn Sie die Arbeit in Ihrem Garten für den Sommer planen.

Es ist ganz leicht, bei der Gartenplanung in eine von zwei Fallen zu tappen: Entweder kopiert man einen Stil, weil er „in" ist, ohne darüber nachzudenken, ob er den eigenen Bedürfnissen oder dem eigenen Lebensstil entspricht. Heutzutage kann man kaum ein Gartenmagazin in die Hand nehmen, ohne einen Bericht über einen üppigen Bauerngarten zu finden; dabei ist vielleicht ein Zen-Garten viel eher Ihr Stil. Die andere Falle ist, überhaupt nicht zu planen, indem Sie sich entweder an Pflanzen halten, die Sie bereits kennen, oder aufs Geratewohl säen. Wenn Sie jedoch mit Ihrem Garten die Erde lobpreisen möchten und dieser Lobgesang die einmalige Anbetung des einzelnen Gärtners darstellen soll, dann ist keine dieser Möglichkeiten geeignet. Sinnvoller ist es, die Gartenplanung jedes Jahr als meditatives Ritual vorzunehmen.

Wie bei jedem Ritual ist es wichtig, einen gesonderten Ort dafür zu suchen. Berge von Gartenkatalogen auf dem Schreibtisch, im Wohnzimmer, auf der Küchentheke - das ist wohl kaum der richtige Ort für einen Gartenaltar! Besser ist es, Sie wählen sich einen Platz in Ihrem Heim, an dem Sie Ihren Garten planen und all das Material sammeln, das Sie brauchen. Sie werden Platz im Regal für Bücher über die Gestaltung, Geschichte und Möglichkeiten von Pflanzen brauchen; einen Tisch oder Schreibtisch für künftige Pläne; vielleicht einen Computer, wenn Sie seine graphischen Möglichkeiten nutzen möchten; und einige Symbole Ihres Gartens, seien es Fotografien oder getrocknete Blumen.

Zweifellos werden Sie - überall und immer wieder - in Gartenkatalogen und -büchern schmökern, die sich neben Ihrem Bett, in der Frühstücksecke, im Bad oder im Arbeitszimmer stapeln. Aber, wenn die Zeit für die konkrete Planung gekommen ist, sollten Sie diese an dem Ort lagern, den Sie dafür ausgesucht haben, denn dieser ist ein Hinweis auf den kreativen Geist, der die Tore der Vorstellungskraft leicht öffnen wird.

Gartenexperten sind sich einig, daß die Planung auf dem Papier für den Erfolg eines Gartens lebensnotwendig ist, und viele Gärtner stimmen dem zu. Dennoch gibt es Gärtner, die, wenn es dann an die praktische Arbeit geht, doch alles anders machen als auf dem Papier. Sie zeichnen Pläne nur, um sie dann, voller Begeisterung über ihre Möglichkeiten im Garten, zu vergessen (oder sie wegzuwerfen). Zu welcher Sorte Gärtner gehören Sie?

Wie dem auch sei - nutzen Sie die nachstehende Übung! Sie wird Ihr Bewußtsein nähren und die Grundlage für eine geeignete Planung schaffen.

So wie ein Gärtner die Lichtverhältnisse und den Boden des Gartens berücksichtigen muß, sollten Sie bei der Planung eines neuen Gartens oder der Pflege Ihres alten Ihre persönlichen Wünsche und Ihren Geschmack berücksichtigen. Die Meditation hilft Ihnen dabei.

Wie bei der bereits genannten Wintermeditation können Sie die folgende Übung alleine machen, oder mit Hilfe der Fragen in Ihrem Tagebuch über das schreiben oder nachdenken. Oder es dient als Grundlage für ein meditatives Gespräch mit Ihren Freunden.

Unsere Gärten sind archtetypische Plätze, Träume, die wir aus unseren Pflanzengefährten oder mit ihnen gemeinsam schaffen. Daher ist es ganz besonders wichtig, daß Sie sich merken, welche Plätze in Ihren Träumen auftauchen. Wenn Sie sich an Ihre Träume erinnern und diese aufzeichnen, überprüfen Sie sie, indem Sie dabei die folgenden Fragen im Hinterkopf behalten. Zeichnen Sie Ihre Träume nicht auf, versuchen Sie, kreativ zu träumen. Das heißt: einen Traum zu schaffen. Stellen Sie sich vor dem Einschlafen die folgenden Fragen und lassen Sie Ihren träumenden Geist antworten. Wenn es für Sie grundsätzlich schwierig ist, sich an Ihre Träume zu erinnern, dann betrachten Sie diese als Fragen zu Ihren Vorlieben; versetzen Sie sich also in einen meditativen oder trance-ähnlichen Zustand und „träumen" Sie die Antworten.

- Wie sehen die natürlich Plätze aus, die in Ihren Träumen erscheinen?
- Sind es Plätze voller Wildwuchs und ungeordnet, oder ordentlich angelegte Reihen und Rabatten?
- Sind Ihre Traumplätze sonnig oder schattig?
- Finden dort öffentliche Aktivitäten statt (Feste, Grillabende, Partys)? Oder sind Sie meistens allein?
- Gibt es bestimmte Pflanzen oder Strukturen, an die Sie sich im Traum erinnern?
- Wie sehen Sie im Traum normalerweise den Ort (aus der Entfernung, aus der Nähe, von oben, aus Augenhöhe)?
- Ist der Platz bevölkert oder leer?
- Gibt es an Ihrem Traumplatz eine bestimmte Jahreszeit? Wenn ja, welche?
- Gibt es an Ihrem geträumten Platz Wasser? Beschreiben Sie es.
- Gibt es besondere Farben, die in diesen Träumen auftauchen?

Wenn Sie damit fertig sind, schreiben Sie bitte die besonderen Eigenschaften auf, die sich gezeigt haben und Teil Ihres erwachenden Gartens bilden könnten. Wenn Sie zum Beispiel oft träumen, ruhig an einem Teich mit Lilien zu sitzen, sollten Sie erwägen, einen kleinen Teich anzulegen. Selbst ein großer, mit Wasser gefüllter Krug und eine Lotus-Skulptur aus Metall bringen Ihr äußeres Leben mit Ihrem inneren in Einklang.

Als nächstes suchen Sie in Ihrem Gedächtnis nach Gartenbildern, die Ihnen emotional etwas bedeuten. Die folgenden Fragen werden Ihnen bei der Suche helfen:

- Gibt es eine Pflanze (oder mehrere), zu der Sie sich besonders hingezogen fühlen, weil diese etwas mit einem Menschen zu tun hat, der Ihnen lieb und teuer ist?
- Gibt eine öffentliche Anlage oder einen privaten Garten, wo sich besonders wichtige Dinge in Ihrem Leben ereignet haben?
- Gibt es in der Kunst, im Film oder in der Literatur Gärten, die für Sie eine besondere Bedeutung haben?
- Erinnern Sie sich an Mythen, Märchen oder Legenden, in denen Gärten eine Rolle spielen und die für Sie gefühlsmäßig wichtig sind?

Sie sind jetzt dabei, archetypische Arbeit zu leisten - Arbeit mit Bildern, die sich in Träumen finden, in Mythen und in der Kunst - die Ihnen bei Ihrer Gartenplanung helfen.

Nachstehend zwei Listen - eine mit Pflanzen, die oft eine symbolische Bedeutung haben; eine andere mit Gegenständen, die ebenfalls symbolhaft sind und die Teil Ihres Gartens werden könnten. Beschäftigen Sie sich ausführlich damit und suchen Sie diejenigen aus, bei denen Sie innerlich eine Resonanz verspüren, bei denen in Ihnen etwas anklingt. Werten Sie Ihre Antworten nicht; auch wenn etwas nicht „spirituell" genug zu sein scheint; wenn es Ihre Seele anspricht, sollten Sie ihm Aufmerksamkeit schenken.

Pflanzen

Akazie	Birke
Apfel	Efeu
Aster	Eiche
Beerenstrauch	Erle

Gänseblümchen	Lotus
Glockenblume	Mohnblume
Kiefer	Olive
Klee	Palme
Kletterpflanze	Rose
Lilie	Zeder

Gegenstände

Boot	Säule
Fisch	Schmetterling
Flagge	Spiegel
Frosch	Stein
Kessel	Stufen
Klingel	Tür
Lampe/Laterne	Uhr
Mauer	Vogel
Muschel	Wasser
Pferd	

Als nächsten achten Sie auf die folgenden Formen. Auch hier antworten Sie sofort, ohne Ihrem Verstand ein Urteil zu erlauben. Fragen Sie sich, bei welchen Formen Sie sich am wohlsten fühlen, welche Sie am meisten auf- oder anregen. Sollten Sie bei einigen gar nichts oder starke negative Gefühle verspüren, notieren Sie auch das (bitte berücksichtigen Sie, daß eine fehlende Reaktion Hinweis auf eine negative Reaktion sein könnte).

Formen

Dreieck	Rechteck
Gerade Linie	Senkrechte Linie
Kreis	Viereck
Oval	Waagerechte Linie

Als nächstes schauen Sie sich die folgenden Farben und ihre Qualitäten an. Lassen Sie sich nicht davon beeinflussen, ob Sie die Farben mögen oder nicht, sondern finden Sie Assoziationen, also Bilder, die Sie mit diesen Farben verbinden. Zum Beispiel könnten Assoziationen für

Blau sein: Himmel, Depression, Kühle. Machen Sie sich keine Gedanken, wenn die Assoziationen nicht immer logisch erscheinen.

F a r b e n

Blau	Helle Farben
Braun	Orange
Dunkle Farben	Pastell
Gelb	Rot
Gelbbraun	Schwarz
Grau	Violett
Grün	Weiß

Jetzt kombinieren Sie diese Listen.

Welche Pflanzen und Farben passen gut zu welchen Formen und Gegenständen? Denken Sie daran, Sie können Ihren Garten in verschiedene Abschnitte unterteilen, die Ausdruck Ihrer unterschiedlichen Aspekte sind. Sie werden vielleicht herausfinden, daß Sie ein Fan von Blau sind und abgöttisch Rosen lieben. Da blaue Rosen immer noch in der Natur unmöglich sind, müssen Sie in Ihrer Vorstellung einen blauen Rosengarten schaffen. Vielleicht pflanzen Sie hochrote Rosen zusammen mit blaublühenden Stiefmütterchen, oder Sie setzen Rosen gegen einen Hintergrund aus hohem blauen Rittersporn.

Ähnlich können Sie Ihr neues Wissen - welche Formen und Gegenstände Ihren inneren Gärtner ansprechen - einsetzen, um über die grundsätzlichen Strukturen Ihres Gartens zu entscheiden.

Jetzt haben Sie die Vorarbeit beendet und können an die konkrete Planung Ihres Gartens herangehen. Wenn Sie jetzt die Randbeete entwerfen und Pflanzen bestellen, können Sie auf dieses neue Wissen zurückgreifen; es wird Ihnen helfen, die richtige Wahl zu treffen. Wenn für Sie Vögel wichtiger Ausdruck Ihrer Seele sind, dann möchten Sie vielleicht Pflanzen setzen, die Vögel lieben. Wenn Sie in Ihrem Herzen das Bild einer schattigen Höhle tragen, möchten Sie vielleicht ein paar Bäume pflanzen oder eine Hecke.

Wichtig ist: Der Garten muß Ihrem kreativen träumenden Selbst entsprechen und nicht einem vorgefertigten Muster.

In den nächsten Kapiteln werden Sie weitere Vorschläge finden, wie Sie den inneren und äußeren Garten miteinander in Einklang bringen können. Bevor Sie mit Ihrer Planung beginnen, schreiben Sie sich auf, wie Sie Ihr kreatives Selbst am effektivsten einsetzen können, oder führen Sie einen inneren Dialog mit sich selbst. Wenn Sie bereits früher Besitzer eines Garten gewesen sind, fragen Sie sich, welche der Gärten, deren Schöpfer Sie waren, Ihrer Meinung nach am effektivsten gewesen sind. Wie haben Sie schöpferisch gearbeitet? Haben Sie sorgfältig auf dem Papier geplant und dann diesen Plan ausgeführt? Oder haben Sie an Ort und Stelle gearbeitet und die Dinge immer wieder verändert, wenn Sie sich entsprechend inspiriert gefühlt haben? Haben Sie nach Ihren eigenen Vorstellungen gearbeitet? Oder haben Sie andere um Ihre Meinung gebeten?

Sie sind als Gärtner einzigartig; nie zuvor hat es einen Gärtner gegeben wie Sie. Um den vollkommenen Garten zu schaffen, der einzigartig und *Ihr* Garten ist, müssen Sie sich zuerst besser kennenlernen. Das geschieht bereits, wenn Sie bei der Gartenplanung lernen, wie Ihre Kreativität am ehesten zum Ausdruck kommt. Ebenso werden Sie durch die Arbeit im Garten etwas über sich selbst lernen. Ratschläge von anderen können hilfreich sein, aber genau so wenig, wie ein anderer für Sie träumen kann, kann auch kein anderer Ihren Garten schaffen.

Frühling: Den Garten weihen

Der Frühling ist die Grenze zwischen Traum und Wirklichkeit.

Voller Risiken einerseits und dem in der Erde schlummernden Wachstum andererseits, ist der Frühling nicht nur schön, angenehm oder leicht. Es ist eine Jahreszeit, in der Matsch und Sturm, Wildkraut und Abfall vorherrschen - aber auch neues Wachstum und zarte Blüten. Aber, was noch viel wichtiger ist: Der Frühling gewährt dem Gärtner eine weitere Chance, den kreativen Geist mit der Wirklichkeit der Materie zu verbinden.

In jedem Frühling findet eine neue Begegnung zwischen Garten und Gärtner statt. Einige winterharte Pflanzen haben sich schon erstaunlich ausgebreitet; andere sich selbst ausgesät - mit winzigen Samenkörnern; und noch andere zeigen keine Spur von Grün, Woche um Woche, bis Sie zugeben müssen, sie durch die Unbill des Winters verloren zu haben. Doch plötzlich enthüllen Bäume und Sträucher das Wachstum des vergangenen Jahres. Die Zerstörung des Rasens durch Raupen wird plötzlich sichtbar. Wildkraut, von dem Sie sicher waren, es ausgerissen zu haben, kommt jetzt mit aller Macht zurück. Der Garten ist nicht derselbe Garten vom letzten Jahr. In jedem Frühling ist der Garten ein neuer Garten.

Und deshalb ist der Frühling die Zeit, in der der Garten geweiht beziehungsweise neu geweiht wird. Das trifft vor allem dann zu, wenn Sie für Ihren Garten einen neuen Platz gesucht haben. Die erneute Weihe eines vertrauten Gartens sollte Teil Ihres jährlichen Zyklus sein. Das folgende Ritual gilt für alle, die einen neuen Garten schaffen; Variationen für ein neues Jahr in einem alten Garten folgen etwas später.

Vielleicht sind Sie im letzten Jahr umgezogen und haben einen Garten aufgeben müssen. Wenn Sie nicht zu weit von Ihrem alten Zuhause entfernt sind und dorthin zurückkehren können, oder wenn Sie noch nicht umgezogen sind, dann suchen Sie sich bitte eine Pflanze oder einen Strauch aus, an der/dem Sie besonders hängen. Graben Sie das Gewächs vorsichtig aus und verpacken Sie die Wurzeln sorgfältig für den Transport, denn, wenn Sie einen neuen Garten anlegen möchten, ist es wichtig, etwas aus dem alten Garten mitzunehmen und im neuen einzupflanzen.

Ist Ihr letzter Garten zu weit weg und Sie leben jetzt in einer Gegend, in der es ähnliche Gärten gibt, müssen Sie eine Pflanze finden (oder den Samen einer Pflanze), für die Sie früher eine besondere Vorliebe hatten. Wenn Sie zum Beispiel Ihren Aufzeichnungen entnehmen, daß Sie eine bestimmte Stockrose schmerzlich vermissen, suchen Sie dort, wo Sie jetzt leben, nach einer Gärtnerei für Stockrosen und kaufen Sie mehrere derselben oder einer ähnlichen Sorte.

Gehen Sie nicht einfach in ein Geschäft und kaufen Sie die erste Pflanze, die Sie sehen. Teil dieses Rituals ist es, daß auch Sie wieder Wurzeln fassen; daß Sie in Ihrer neuen Gemeinde die Verbindungen knüpfen, die Ihren Garten von allein zum Blühen bringen. So sind Ihre Bemühungen, die beste Einkaufsquelle für Ihre Pflanzen zu finden, ein lebenswichtiger Teil dieses Rituals. Fragen Sie Nachbarn nach einer Baumschule oder einem Gartencenter mit dem besten Ruf; hängen Sie sich ans Telefon und finden Sie heraus, in welchen Geschäften man am besten informiert ist und Sie gut beraten kann; suchen Sie in einer guten Buchhandlung nach Zeitschriften und schmökern Sie in den Anzeigen einer örtlichen oder regionalen Gartenzeitung.

Wenn Sie jetzt an einem Ort leben, wo die Gärten völlig anders sind als Sie es bisher gewohnt waren, ändert sich an Ihrem Ritual, wie oben beschrieben, nichts - mit einer Ausnahme: Sie müssen entscheiden, welche Pflanze Sie zum Mittelpunkt Ihres Rituals machen. Suchen Sie in Ihren Träumen, Erinnerungen und Assoziationen nach Vorschlägen. Haben Sie vielleicht von einem bestimmten Baum, Busch oder einer bestimmten Blume geträumt? Gibt es eine Pflanze, die besonders positive Erinnerungen für Sie birgt - vielleicht auch, weil Ihr geliebter Großvater oder Ihre geliebte Großmutter sie gehegt und gepflegt hat? Gibt es eine Pflanze, zu der Sie durch die Mythologie oder Bilder eine positive Beziehung haben? Sobald Sie sich für eine Pflanze entschieden haben, die für Sie eine persönliche Bedeutung hat, suchen Sie nach einem lebenden Exemplar so, wie oben beschrieben.

Bevor Sie die Pflanze erwerben, beschäftigen Sie sich eingehend damit, was sie an Sonne, Boden und Wasser braucht. Dann suchen Sie auf Ihrem Stückchen Land nach dem besten Platz. Sobald Sie ihn gefunden haben, bereiten Sie die Stelle für die Weihe vor, indem Sie einen Kreis aus Mehl zeichnen und dabei die Kräfte von Himmel und Erde herbeirufen. Dann graben Sie ein Loch und stellen sich dabei vor, wie Sie sich zu einem neuen Leben durchgraben, das glücklicher und spiritueller ist als das der vergangenen Jahre. Bedecken Sie den Boden des Lochs mit Kompost oder Dünger und denken Sie daran, daß selbst die weniger glücklichen Teile Ihres früheren Lebens als Nahrung für das neue Leben dienen, das als Dank für Ihre Mühe entstehen wird.

Ihre neue Pflanze bei zunehmenden Mond zu erwerben, stimmt Sie auf die alten Traditionen des Pflanzens ein und bringt Sie in Ihrem neuen Heim in Einklang mit dem Mondzyklus. Wenn Sie die neue Pflanze nach Hause bringen, halten Sie sie eine Nacht im Haus. Setzen Sie sie dort an eine herausragende Stelle: Auf den Altar oder Kaminsims, in die Vorhalle oder sogar auf ein Regal über Ihrem Bett. Nehmen Sie sich mindestens eine Stunde Zeit, sich mit der Pflanze vertraut zu machen, ihre Struktur zu bewundern, ihre Blätter oder Rinde zu spüren, ihre verschiedenen Teile liebevoll zu berühren. (Wenn Sie säen wollen, öffnen Sie die Samenpackung und halten Sie die Samenkörner mindestens zehn Minuten in der Hand, meditieren Sie über all das, was in Ihrer Hand liegt, und beobachten Sie die Körner sorgfältig.) Erzählen Sie der Pflanze von den Hoffnungen und Wünschen, die Sie für sich und Ihren neuen Garten hegen.

Am nächsten Tag binden Sie ungefähr ein Dutzend kleiner Stoffstreifen an die Pflanze und verzieren Sie sie von der Wurzel bis zur Spitze mit diesen Fähnchen. Während Sie jeden Streifen festbinden, sagen Sie laut ein Gebet für die Zukunft Ihres Gartens. Solche Pflanzen-Gebete sind sowohl in keltischen Ländern wie auch in Japan eine alte Tradition, wo weiße Gebetsstreifen im Wind flattern, um die

Gottheiten an die Bitten ihrer Anhänger zu erinnern. Bei diesem Ritual verbinden Sie sich mit den unzähligen anderen Menschen, die ebenfalls Fülle und Frieden suchen.

Dann tragen Sie die Pflanze feierlich zu der ausgewählten Stelle. Führen Sie die Vorbereitungen zu Ende, indem Sie, falls notwendig, das vorbereitete Loch vergrößern, damit der Wurzelballen hineinpaßt. Weihen Sie die Stelle, indem Sie ein zweites Mal mit Mehl einen Kreis um das Loch ziehen und dabei sowohl die Erde als Ganzes wie auch die einzelnen Geister Ihres Gartenstücks anrufen. Dann lassen Sie die Pflanze vorsichtig in den Boden hinab. Stellen Sie sich dabei vor, wie sie inmitten Ihrer anderen Pflanzen in Ihrem Garten wächst und gedeiht. Während Sie in Ihrem neuen Garten Wurzeln eingraben, bitten Sie um Hilfe. Setzen Sie die Pflanze so fest in den Boden, wie Sie, wenn Sie eine Pflanze wären, eingepflanzt werden möchten; dann füllen Sie das Loch mit Erde. Gießen Sie Ihre Pflanze tüchtig und beten Sie dabei um sprudelnde Quellen (emotionale, mentale, physische und spirituelle), die Ihr neues Leben nähren.

In der nächsten Woche sollten Sie die Pflanze jeden Tag gießen. Erneuern Sie auch den Kreis aus Mehl, den Sie um die Pflanze gezogen haben, und markieren Sie ihn als heiligen Platz. Am Ende des nächsten vollen Mondzyklus sollten Sie die Gebetsstreifen entfernen und innerhalb des heiligen Kreises, den Sie um die Pflanze gezogen haben, eingraben. Jetzt sind Sie bereit, sich auf Ihren neuen Garten in Ihrem neuen Heim einzulassen.

Wenn Sie einen Garten für ein neues Jahr neu weihen, können Sie dasselbe Ritual verwenden, sollten es aber folgendermaßen abändern: Verändern Sie die Grenzen zwischen Ihren Träumen, Ihrem schöpferischen Selbst und Ihrem aktiven Selbst, indem Sie einen Baum, einen Strauch oder eine Pflanze, die aus der oben beschriebenen Winterarbeit stammt, in die Erde geben. Mit solch einer ersten Handlung in der neuen Jahreszeit - zum Beispiel durch das feierliche Pflanzen einen neues Rosenstrauchs, von dem Sie geträumt haben, - kann das Muster heiliger Bewußtheit, die Sie fördern möchten, gesetzt werden.

Ein ähnliches, glückliches Ritual kann sein, im Frühling mit engen Freunden Pflanzen zu tauschen. Winterharte Pflanzen, die Sie in der Überzahl haben, können gegen andere, die den Garten eines Freundes überwuchern, getauscht werden. Solch ein Frühlingsritual kann man zusammen mit anderen zelebrieren, indem man von Garten zu Garten geht und als Höhepunkt ein Frühlingsfest feiert. Oder man kann dieses Ritual mit Freunden, dem Partner oder der Partnerin oder Geschwistern vollziehen, die diesen Tag nutzen möchten, ihre Bande der Liebe zu stärken und gleichzeitig die Fülle ihres Gartens zu beschwören. Sehen Sie dies nicht als eine Möglichkeit an, sich Pflanzen zu beschaffen, sondern als Chance, so wie die Pflanzen auch Ihre Gefühle miteinander zu teilen.

Weitere Rituale zur neuen Weihe des Frühlingsgartens sind:

- Die Gartenwerkzeuge vor dem ersten Einsatz zu reinigen und zu schärfen. Symbole der Fülle auf die Griffe der Geräte zu malen trägt zu einer besonders bedeutungsvollen Erfahrung bei.
- Ein Feuer an einer eingefaßten Feuerstelle (siehe Kapitel fünf) zu bauen, um Bäume und Sträucher - Beute der Winterstürme - zu beseitigen.
- Freunde mit ersten Blüten zu beschenken, mit Bändern verziert, auf denen Wünsche für die neue Jahreszeit stehen.
- Am ersten sonnigen Frühlingstag ein Fest zu feiern.
- Das Gartentor mit Schößlingen neuen Wachstums oder früh blühenden Wildblumen zu verzieren.

Sogar der Genuß der ersten Tasse Tee des Jahres im Garten kann ein Ritual sein, wenn es bewußt geschieht, wenn es mit dem Bewußtsein geschieht, die Jahre miteinander zu verbinden, und wenn es den Bedürfnissen entspricht, die in Ihrem Innern darauf warten, geweckt zu werden.

Sommer: Im Garten arbeiten

Im Sommer erwacht der Garten unserer Träume zur Realität.

Im Winter und im Frühling leben wir in unserem Traumgarten: Üppig, vollkommen, immerblühend, ohne Wildkraut oder Ungeziefer in Sichtweite. Kein Kaninchen vergreift sich am Salat und kein Eichhörnchen an den fruchtigen Erdbeeren. Weder Gras noch Gärtner geraten jemals durcheinander; es gibt immer genug Sonne, immer reichlich Regen - im Garten unserer Träume.

Und dann kommt der Sommer der Realität.

Regengüsse ertränken die Saat oder eine frühe Hitzeperiode läßt sie verdorren. Wicken trocknen, ohne jemals eine Blüte getragen zu haben. Eichhörnchen reißen die Bohnenschößlinge heraus. Rosen ranken sich in die Höhe, ihre Blüten sind gezählt und ihre Blätter dick.

Und das Wildkraut! Das Wildkraut überwuchert die Pflanzen im Garten - und auch unsere Energien.

Plötzlich gibt es endlos viel zu tun; alles verlangt zur gleichen Zeit Beachtung. Die Tomaten brauchen Stäbe. Die Buntlippe muß zurückgeschnitten werden. Wo ist das Netz für das Erdbeerbeet? Wo ist der Zeitungsartikel über Schneckenfallen?

Wenn der Winter Träume und der Frühling Hoffnung bedeutet, dann ist Sommer nichts als Arbeit. Der Winter steht für Begriffe wie Rose und Lilie, der Frühling für Worte des Versprechens: möglicherweise, vielleicht, und der Sommer für die Tat: hacken, düngen, mulchen, binden, schneiden, stutzen, mähen.

Für alle diejenigen unter Ihnen, für die Meditation 'Stillhalten' bedeutet oder die, welche glauben, die Seele wäre etwas 'Höheres' als der Körper, ist der Sommer die Zeit im Garten, die am wenigsten mit Spiritualität zu tun hat. Für den ernsthaften Gärtner gibt es wenig Muße zur Kontemplation. Es ist eine Zeit der Aktion. Wer sich jedoch bewußt ist, daß wahre Meditation ein Tanz der Bewußtheit durch das Physische ist, Gebet Gnade durch Bewegung, und Seele und Körper eins sind - für den ist der Sommer eine magische Jahreszeit, denn das Wunder des Lebens entfaltet sich tagtäglich, ja stündlich, vor unseren Augen. Was von Ihnen gefordert wird? Ganz einfach: Vergessen Sie nicht, zu schauen!

Von allen Jahreszeiten ist der Sommer die Zeit mit den spirituellen Lektionen, die am leichtesten zu lernen sind. Denn so, wie wir gärtnern, so leben wir. Die besonderen Herausforderungen und Freuden des Gärtnerns erzählen uns viel über uns selbst, wenn wir nur verstehen, zuzuhören. Zuhören zu lernen, während wir uns durch unser Leben, durch unsere Welt bewegen - ist eine der größten Gaben, die der Sommergarten zu bieten hat. Im Garten zu arbeiten, ist ein Geschenk - das des einheitlichen Bewußtseins: Geist, Seele und die Arbeit unserer Hände in gemeinsamer Aktion. Wenn wir lernen, während der Tätigkeit in unserem Garten bewußt zu sein, können wir überall, in jeder Situation, bewußt werden: Im Büro, auf der Straße, im Schlafzimmer.

Die Rituale des Sommers und die Meditation des Gärtners sind einmalig, etwas ganz Persönliches und Einsames. Es gibt keine Formel dafür, denn sie müssen aus der Seele des Gärtners kommen - spontan und ursprünglich.

Aber, ergibt sich hier die Frage, wie kann es denn ein Ritual sein, wenn es so spontan und individuell geschieht? Ist ein Ritual nicht ein Akt, der immer und immer wiederholt wird, mit einer bestimmten Absicht und Bedeutung?

Ja. Und dennoch sind Ihre spontanen Aktivitäten im Garten ein Ritual - weil Sie mit jeder Handlung Zeit und Raum überbrücken und sich mit allen anderen Gärtnern verbinden, die diese Handlung bereits vor Ihnen ausgeführt haben. Weil Sie sich mit jedem Gärtner, der sich jemals in dieser Saison gebückt oder auf jenem Stück Erde gekniet hat, verbinden. Weil Sie mit Ihrem Geist jeden Gärtner, der jemals eine Hand nach einer reifen Frucht an einem Baum ausgestreckt hat, um sie zu kosten, berühren, selbst wenn dieser Gärtner tausend Jahre zuvor im östlichen Mittelmeerraum oder im letzten Jahr drei Häuser weiter gelebt hat.

Gartenarbeit ist wie eine Zeitreise, wie ein Fallen durch eine Zeitspirale. Vielleicht spüren Sie gelegentlich den Geist der anderen um sich herum, jener Gärtner der Vergangenheit - vielleicht sogar der Zukunft -, wie sie sich kümmern, nähren, der Ernte entgegenstreben. Ein mystisches Gefühl der Zeitlosigkeit befällt den Gärtner oftmals, der hart arbeitet - mit einer Tätigkeit, die sich immer und immer wiederholt. Der Widerschein dieser ständigen Bewegung ruft ein Echo hervor von all den anderen Gärtnern, deren Arme sich genau auf diese Weise bewegt, deren Beine genau diese Belastung gespürt, die ihre Augen genau so gegen die blendende Sonne zusammengekniffen haben.

In den Momenten tiefster Gartenmeditation können Sie diese Augenblicke vollkommener Einheit zwischen Gegenwart, Vergangenheit und Zukunft erfahren. Bereiten Sie Ihren Geist auf dieses Erlebnis vor, indem Sie, während des Gartenjahres, die Gegenwart jener akzeptieren, die vor Ihnen den Garten bestellt haben. Finden Sie, falls möglich, etwas über die Vorfahren heraus, die den Boden bearbeitet haben; nehmen Sie einen Teil ihrer Gärten in Ihren eigenen auf.

Hier sind einige Möglichkeiten, wie Sie dies tun können:

- Besuchen Sie ein altes Gehöft und bringen Sie einen kleinen Stein oder eine Fliese mit.
- Pflanzen Sie die Sorte oder Gattung einer Pflanze des Landes, in dem Sie geboren sind.
- Suchen Sie für Ihren Garten eine Pflanze aus, für die ein verstorbener Verwandter eine Vorliebe hatte.
- Gedenken Sie der früheren Bewohnern Ihres Gartenstücks, indem Sie versuchen, alles über deren Identität und Lebensweise in Erfahrung zu bringen.
- Setzen Sie Pflanzen, die von den Einheimischen favorisiert werden.
- Geben Sie Ihrem Garten einen Namen (oder den einzelnen Abschnitten), als Würdigung der Vergangenheit oder der Familie, die hier gelebt hat.
- Schreiben Sie den Namen auf ein Schild und hängen

Sie dieses an einen Baum, an das Tor, stellen Sie es auf den Gartenweg - wie auch immer, aber beziehen Sie es in die Gestaltung Ihres Gartens mit ein.

Während Sie sich bewußt werden, daß Sie ein Gärtner unter vielen im großen Fluß der Zeit sind, werden Sie sich schneller der Auswirkungen früherer Zeit-Räume bewußt. Ihre Augen sind nicht die einzigen, die an einer blühenden Rose hängengeblieben sind. Lassen Sie zu, daß sich Ihr Bewußtsein ausdehnt, um all jene mit einzuschließen, die eben solch eine Blume in eben solch einem Licht geschaut haben.

Die Tätigkeit eines Gärtners öffnet nicht nur die Tore zu Raum und Zeit und schafft eine Verbindung zu anderen Menschen in weiter Ferne; Gartenarbeit ermöglicht es Ihnen auch, tiefer in Ihre Seele zu gehen und Lektionen zu lernen, die Ihnen sonst verwehrt wären. Es ist beinahe so, als wäre der Garten Ihr Traum: Jede Handlung, die Sie dort vollbringen, ist - im Kleinen - Ausdruck des großartigen Drehbuchs Ihres Lebens.

Wenn Sie also Schwierigkeiten haben, Karotten auszudünnen, fragen Sie sich, welche anderen Bereiche Ihres Lebens Sie haben ungedämmt spießen lassen – aus Furcht vor Entscheidungen. Wenn Sie immer wieder vergessen, den Rasen zu mähen, fragen Sie sich, was in Ihrem Leben wie Kraut und Rüben wächst. Wenn Sie Tomaten nicht mögen, aber für einen anderen setzen, überlegen Sie, welche Bereiche Ihres Privatlebens Sie diesem Menschen überlassen haben.

Nachstehend weitere Punkte, die Sie als Gärtner beachten sollten:

- Kümmern Sie sich um den Garten jeden Tag um dieselbe Zeit oder nur, wenn Sie Lust dazu haben? Wie zeigt sich dieses Verhalten in anderen Bereichen Ihres Lebens?
- Gibt es eine Zeit im Laufe des Tages, in der Sie regelmäßig das Bedürfnis verspüren, in den Garten zu ge-

hen? Was tun Sie in dieser Zeit im Winter oder wenn es regnet? Sind Sie Gärtner, um etwas anderes, Unangenehmeres nicht tun zu müssen?

- Wenn dies der Fall ist, warum geben Sie diese unangenehme Tätigkeit nicht auf?
- Welche Gartenarbeiten mögen Sie am wenigsten? Welche Lebensaufgaben erinnern Sie daran?
- Wie behandeln Sie andere, die in Ihren Garten kommen? Ziehen Sie es vor, sich im Garten alleine oder zusammen mit anderen aufzuhalten? Was sagt Ihnen das über Ihre eigenen Bedürfnisse nach Privatsphäre und Gesellschaft?
- Wann reißt Ihnen im Garten der Geduldsfaden? Was sagt Ihnen diese Ungeduld im Zusammenhang mit Bereichen Ihres Lebens, die nichts mit dem Garten zu tun haben?

Es ist nicht notwendig, daß Sie sich eine bestimmte Zeit hinsetzen und mit diesen Fragen beschäftigen. Lassen Sie sie einfach nur in Ihre meditativen Gedanken mit einfließen, wenn Sie sich im Garten aufhalten. Messen Sie jede Handlung im Garten mit Ihrem höheren Bewußtsein und prüfen Sie, was dieses mit Ihrem Leben, Ihrem Charakter, Ihren Wünschen und Träumen zu tun hat. Sie werden bald herausfinden, daß es nicht eine einzige Handlung Ihrerseits im Garten gibt, die nicht als Symbol für Ihre inneren Konflikte und Ihr inneres Potential steht.

Herbst: Den Garten auf den Winterschlaf vorbereiten

Herbst bedeutet Fülle und Leere gleichermaßen.

Fülle in diesem Zusammenhang ist eine Speisekammer, gefüllt mit Marmeladen und Micked Pickles und anderen Konserven. Und da ist die Fülle des Kellers mit seinen Wurzelfrüchten und seinem Kohl. Da ist die Fülle der Erinnerung an strahlende Tage, an Regentage, an Erfolg und Mißerfolg.

Aber da ist auch Leere - die Leere der Felder und der öden Beete. Aber es wird mehr geben, später, nächstes Jahr, wenn die Scharfgarbe ihr farnartiges Grün auswirft, die Rosen neue Triebe sprießen lassen und der Duft der Kräuter süß in der Abendluft weht. Aber das wird später sein, nächstes Jahr. Nicht jetzt. Jetzt sind Abschied und Ende angesagt.

So sind die Rituale des Herbstes Rituale voller Festlichkeit und Freude, aber auch voller Trauer und Verlust. Es ist angemessen, bei Herbstritualen der Toten zu gedenken, wie es die Kelten taten, die uns Halloween gaben, denn der Herbst ist eine Zeit, in der wir den Träumen, die wir geträumt und gelebt haben, Rechnung tragen müssen, wohl wissend, daß einige von ihnen sich nie erfüllen werden, während andere in Träumen wiederkehren und in Gärten, welche die Zukunft bringen wird.

Viele Gärtner versäumen es, den Verlust und die Trauer des Abschieds vom Gartenjahr in einem Ritual zu würdigen, indem sie Aufgaben abgeben oder meiden, die - wenn sie gut gemacht werden – ein Segen für den Garten und seine schlummernden Pflanzen im Winter und in den ersten Tagen des Frühjahrs sind. Die Tatsache, daß sich viele Gärtner vor solchen Arbeiten drücken, ist nicht überraschend, denn wir leben in einer Kultur, welche die Jugend (den Frühling) verherrlicht und das Alter (den Herbst) verleugnet. Den sterbenden Garten im Herbst anzunehmen heißt, sich mit dem eigenen Alter und Tod zu arrangieren. Die Gedanken daran und ihre Wirkung auf uns werden sich in unseren Ritualen im Herbst widerspiegeln.

Um den Herbstgarten feierlich zu verabschieden, sollten Sie als erstes eine Liste der im Garten zu erledigenden Aufgaben machen. Das kann sein:

- Winterharte Beete mulchen.
- Frühlingszwiebeln einsetzen.
- Winterharte Pflanzen ausgraben und teilen.
- Zwiebeln ausgraben und lagern.
- Bäume und Sträucher beschneiden.

- Das Laub harken.
- Blätter kompostieren.
- Rosen und andere empfindliche Pflanzen abdecken und vor Frost schützen.

Gibt es Aufgaben, die Sie meiden? Wenn ja, warum? An welche anderen Aufgaben in Ihrem Leben erinnern Sie diese, und wie geht es Ihnen bei dem Gedanken daran? Gibt es eine Verbindung zwischen den Aufgaben, vor denen Sie sich drücken?

Ähnlich sollten Sie sich die Aufgaben anschauen, die Ihnen Freude bereiten. Was macht Ihnen Freude daran? Sind es Tätigkeiten, die Sie alleine oder gemeinsam mit anderen vollbringen? An welche anderen Aufgaben in Ihrem Leben erinnern Sie diese, und reagieren Sie auf derartige Aufgaben in ähnlicher Weise? Gibt es eine Möglichkeit, die Freude, die Sie empfinden, auf Aufgaben zu übertragen, die Sie nicht gerne tun?

Achten Sie auf die Empfindungen Ihres Körpers, während Sie im herbstlichen Garten arbeiten. Achten Sie darauf, wie die Kühle der Luft auf Sie wirkt. Achten Sie darauf, wie Sie sich fühlen, wenn Sie die toten und sterbenden Gartenpflanzen berühren und wegtragen. Machen Sie sich bewußt, wie die Pflanzen sterben. Einige sterben allmählich, immer ein bißchen mehr, bis sie schließlich still und farblos dastehen. Andere sterben plötzlich, manchmal sogar ohne die Farbe zu wechseln, indem sie einfach in ein Bündel aus Grün zusammenfallen. Beschäftigen Sie sich mit Ihren Erinnerungen an den Tod geliebter Menschen - und geliebter Tiere. Lassen Sie die Pflanzen stehen als Symbol für diese Verluste. Und trauern Sie auch um verlorene Träume und Ziele, Lieben und Freundschaften. Der Herbst ist die Zeit des Sterbens, die Zeit der Erinnerung, und die Zeit des Loslassens.

Hier sind Vorschläge für kleine Rituale, mit denen Sie eine Gedenkfeier für all die Dinge, die Sie verloren haben, abhalten können:

- Einen Teil des Gartens einem geliebten Menschen weihen. Stellen Sie dort eine Tafel oder ein anderes Andenken auf. Arrangieren Sie im Herbst getrocknete Pflanzen und Blumen um die Erinnerungsstätte.
- Sammeln Sie im Laufe des Jahres Symbole für Gewohnheiten, die Sie ablegen wollen, oder für negative Gedanken, die Sie loslassen möchten. Wenn Sie das Laub verbrennen, verbrennen Sie auch diese Symbole.
- Ähnlich können Sie Herbstfeuer veranstalten, um Verbindungen zu lösen, die jetzt gestorben oder tot sind. Vielleicht möchten Sie das Bild eines früheren Liebhabers ins Feuer werfen; besser ist es, Liebesbriefe oder Symbole der früheren Beziehung zu verbrennen, damit Heilung zusammen mit der Aussicht auf eine glücklichere Verbindung mit dem früheren Freund in der Zukunft geschehen kann.
- Binden Sie lange Grashalme zu Garben und legen Sie diese an Ihre Eingangstür oder in die Nähe der Einfahrt, oder stopfen Sie einige alte Kleider mit Stroh oder Blättern aus und stellen Sie diese in die Nähe des Hauses. Diese Strohpuppen, eine Überlieferung der Alten Welt, stehen sowohl für den Herbst wie auch die Geister der Verstorbenen, die sich uns wieder anschließen.

Aber der Herbst steht nicht nur für Verlust. Der Herbst ist auch eine Zeit der Fülle und der Freude; die Erntedankfeste sind das Symbol dafür. Ob Sie Ihren Garten nur für einen Strauß Stiefmütterchen beackert oder Tomaten gepflanzt haben - es gibt Herbstrituale, mit denen Sie die Freude und das Vergnügen, das Sie an Ihrem Gartenzyklus empfunden haben, zum Ausdruck bringen können.

- Fragen Sie sich, ob es Pflanzen in Ihrem Garten gibt, an denen sich Freunde oder Nachbarn besonders erfreut haben. Im Herbst sollten Sie einen Teil dieser Pflanzen dem betreffendem Menschen übergeben, zusammen mit einem Brief oder einem Gedicht, in dem Ihre Liebe und Ihre Dankbarkeit für seine Zuneigung oder Hilfe zum Ausdruck kommen.

- Legen Sie einen Teil Ihrer Ernte beiseite, um sie mit Freunden zu teilen.
- Geben Sie einen Teil Ihrer Ernte oder, als Symbol, einen Geldbeitrag an eine Volksküche oder ein Obdachlosenheim.
- Opfern Sie einen Teil Ihrer Freizeit, um notleidenden Menschen zu helfen.

Solche Rituale gewinnen an Bedeutsamkeit, wenn Sie diese mehrere Jahre hintereinander vollziehen. Rituale sind das Rückgrat traditioneller Gemeinschaften. Wenn Sie Ihr Gartenjahr ritualisieren, werden sich die Ereignisse Ihres Lebens in Ihren Aktivitäten widerspiegeln. Die Erinnerung an ein bestimmtes Herbstfest wird das letzte Andenken an einen lieben Menschen sein, der danach in die geistige Welt ging, oder an das letzte Fest im Herbst, bevor ein mit Liebe erwartetes Kind zur Welt kam. Sie werden sich daran erinnern, wie Sie sich über einen neuen Job gefreut, wie Sie mit einem Freund den Umzug in eine andere Stadt begossen haben, wie Sie ein Kind haben hochleben lassen, das zu neuen Ufern aufgebrochen ist. An all das werden Sie sich erinnern, wenn Sie Jahr für Jahr dieses Ritual vollziehen.

Sie sollten Gartenrituale nicht dem Zufall überlassen. Sie werden sich in jedem Fall einstellen, denn Rituale sind etwas, was wir Menschen brauchen. Aber Ihre individuellen und einzigartigen Gartenrituale haben mehr Kraft und Energie, wenn Sie sie bewußt wählen und dabei die Bedeutung berücksichtigen, die Sie zum Ausdruck bringen möchten, indem Sie entsprechende symbolische Handlungen dafür finden.

So wie Ihr Garten wächst, so wächst auch Ihre Gärtnerseele. Wenn der Herbst in den Winter übergeht, betreten Sie die Traumzeit des Gartens und beginnen, das neu zu schaffen, was den Garten Ihrer Träume ausmacht.

Erce

Erce, Erce, Erce,
Mutter der Erde,
ein Hoch auf Dich, Erde,
Mutter der Menschheit.
Sei fruchtbar jetzt.
Fülle Dich mit Nahrung
zum Wohle Deiner Kinder.

Zweite Merseburger Zaubersprüche

Kapitel 3

Pflege des Boden

För die alten Ägypter war die Erde Geb ein vierschrötiger kleiner Mann, über dem die dunkle Himmelgöttin Nut, den Bauch mit Sternen besät, lag. In Japan gab man der Erde den Namen Ukemochi, deren fruchtbarem Leib alle Nahrung entsprang: Mais aus der Stirn, Reis aus dem Bauch, kleine Bohnen aus der Nase,

große Bohnen aus den Hüften. Die afrikanischen Ibo nannten die Erde Ala, eine Göttin, in deren Schrein Erntefeste gefeiert wurden. Die Cherokesen verehrten Selu, die alte Maismutter, die ihre Enkel mit ihrem eigenen Körper nährte.

„Erd-Göttinnen" nennt man solche fruchtbaren Gottheiten, oder „Erd-Götter". Aber der Ausdruck ist ungenau, da zu unserem Planeten auch Berge und Wüsten, Ozeane und Flüsse gehören - alles Orte, an denen Pflanzen nicht so gut gedeihen. Es wäre daher viel richtiger, diese alten Götter und Stammesgottheiten „Boden-Göttinnen" und „Boden-Götter" zu nennen. Denn es war der Boden, der das Leben der Pflanzen, von denen wir abhängig sind, nährt und stützt und der von diesen weisen Kulturen verehrt wurde.

Es ist leicht einzusehen, warum der Boden in Wirtschaftssystemen, deren Ziel es war, das Leben zu erhalten, verehrt wurde. Bauern konnten weder das Wetter noch die Jahreszeiten beeinflussen, und sie stimmten daher ihre Götter gnädig, ohne sie unbedingt zu lieben - aber durch die bewußte Bearbeitung des Bodens ließen sich die Aussichten auf eine gute Ernte erhöhen. Oft gab man die Verfahren, mit denen sich die Ernte steigern ließ, durch Mythen und Rituale weiter. So verlangte die afrikanische Erdgöttin, daß ihre Anhänger eine Ecke eines jeden Feldes ungepflügt ließen; dieser wilde, unbebaute Flecken zog Tiere, Insekten und Vögel an, die für das Wachstum günstig waren. Bei den Slawen brachte die Göttin *Erce* reiche Ernte all jenen, die im Frühling beim Pflügen ihre Furchen mit Mehl und Milch „fütterten" - ein Ritual als Zeichen dafür, wie wichtig es war, regelmäßig Nahrung an den Boden zurückzugeben.

Wenn für unsere Ahnen und Stammesvorfahren der Boden eine menschliche Form hatte, deutet die Tatsache, bei einem reichhaltigen Boden von „Humus" zu sprechen, auf genau diese spirituelle Einsicht hin, - ein Wort, das dieselbe ethymologische Wurzel wie „human" (englisch: menschlich) hat, denn, wenn wir uns um den Boden kümmern, kümmern wir uns um uns selbst. Und wir sorgen für unsere Nachkommen. Die nordamerikanischen Indianer sagen daher: „Wir haben nicht die Erde von unseren Ahnen geerbt; wir *borgen* sie uns von unseren Kindern."

Dennoch ist es schwierig, heutzutage dem Boden gegenüber ein achtsames Verhalten an den Tag zu legen. Die Kultur unserer Tage - die uns mit DDT, wässrigen Tomaten und Monokultur gesegnet hat, und das alles in kurzer Zeit - mißachtet den langsamen Prozeß der Bodenbearbeitung. „Es ist so *leicht,* Blumen wie diese wachsen zu lassen", strahlt einer der Manager aus der Gartenwerbung und zeigt prächtige, mit chemischem Dünger behandelte Blumen und unvorstellbar grünen Rasen seinen Besuchern, die mit Kartoffeln nichts anderes im Sinn haben als sie gemütlich zu verspeisen.

Leicht? Ja, in der Tat. Aber die afrikanische Mythologie warnt uns vor den Gefahren, wenn wir uns nur auf die Bedürfnisse von heute konzentrieren, ohne an die Zukunft zu denken.

Sabulana, eine heldenhafte Retterin

Es war einmal, so lautet die Sage, *ein Mädchen namens Sabulana, das in einem Dorf am Rande des Waldes lebte. Nahrung gab es in ihrem Dorf mehr als genug. Hunger kannte man nicht, denn die Gärten im Dorf brachten riesige Ernten ein - Okra und Erdnüsse, Bohnen und Yams-Wurzeln. Zum Nachtisch gab es wilden Honig und die Früchte des Waldes. Den Menschen in ihrem Dorf ging es gut.*

Als Sabulana ein kleines Mädchen war, lebte ihr Volk nach den Regeln der Alten Wege. Zu Ehren der Boden-Göttin ließen sie eine Ecke des Feldes ungepflügt, ließen ihr zu Ehren am Donnerstag die Arbeit ruhen und ruhten gemeinsam mit der Erde. Für sie waren alle Frauen ein Abbild der Göttin. Und als Gegenleistung gab die Göttin ihnen Nahrung.

Die Jahre gingen ins Land und mit der Zeit hörten die Leute auf, die Alten Wege zu praktizieren. Einige verspotteten sie als Aberglauben: Warum sollten sie sich an diese albernen Regeln ihrer Vorfahren halten? Andere waren zu faul dazu. Warum sollten sie den alten Regeln folgen, wenn das Leben ohne sie doch viel leichter war? Und noch andere waren zu habgierig: Warum sollten sie die Ecken auf den Feldern ungepflügt lassen, wenn man dort doch noch mehr Feldfrüchte anpflanzen konnte?

Allmählich vergaß Sabulanas Volk die Regeln der Göttin, und allmählich wurde die Nahrung weniger. Plötzlich fiel in einem Jahr die Bohnenernte aus. Wir können ohne Bohnen leben, sagten die Leute. Und taten es. Aber im nächsten Jahr fiel die Erdnußernte aus. Und dann die Yams-Wurzel-Ernte. Und Jahr für Jahr gab es weniger Nahrung.

Die Jahre gingen dahin. Die Bauern pflügten immer noch jedes Frühjahr, aber kaum eine Sprosse kam ans Tageslicht. Wildkraut überwucherte die Gärten und wuchs so schnell, daß es sogar die größten Männer überragte. Die Frauen suchten mit ihren Händen in den alten Baumstümpfen nach Honig und zogen sie schreiend wieder heraus - ihre Hände bluteten von den Stichen der Bienen, die am Verhungern waren.

Und auch die Menschen begannen vor Hunger zu sterben. Sie konnten nicht begreifen, warum Nahrung Mangelware geworden war. Hatte es nicht immer Nahrung gegeben? Ihre Ältesten erfanden magische Zeremonien, aber sie wirkten nicht. Offensichtlich sah keiner von ihnen einen Zusammenhang zwischen dem Verlust der Alten Wege und dem Mangel an Nahrung.

Die Menschen standen unglücklich vor ihren Häusern, schwatzten und jammerten stundenlang. Kleine Kinder saßen mit aufgetriebenen Bäuchen auf dem Boden und starrten ins Leere. Die Menschen wurden so schwach, daß sie nicht einmal mehr nach Nahrung suchen konnten. Hoffnungslosigkeit machte sich breit. Die wenigen Bohnen, die bei der Ernte übrigblieben, wurden verschlungen. Die Menschen aßen sogar ihre Lederschuhe und Kleidung und tranken alle paar Stunden schmutziges Wasser in der Hoffnung, der Schmutz würde das Gefühl der Leere in ihren Mägen zum Verstummen bringen.

Sabulana spürte den Schmerz wie alle anderen auch. Aber sie war nicht hoffnungslos: Von Natur aus optimistisch und entschlossen, glaubte sie, daß man etwas verändern könne. „Laßt mich mal überlegen", sagte sie. „Ich war fünf, als die Gärten zu verwildern begannen. Wie war das Leben vorher gewesen? Machen wir irgend etwas falsch?"

Während alle anderen nur einfach dasaßen und auf den Boden starrten in der Hoffnung, der Hunger würde von selbst verschwinden, dachte Sabulana nach. Als sie sich eingehend mit dem Problem beschäftigte, fiel ihr eine Stelle im

Wald ein, die „Grab der Ahnen" hieß. Niemand ging mehr dorthin, weil man Angst vor Geistern hatte. Aber die Ahnen - die würden sicherlich wissen, wie es früher, in den alten Tagen, gewesen war.

Damals war alles besser; es gab reichlich zu essen. So stellte sich Sabulana mühsam auf die Füße. Langsam und voller Schmerzen, sich auf einen Stock stützend, den sie als Krücke benutzte, hinkte sie zu dem Grab.

Als sie dort ankam, spürte sie einen kalten Hauch; es war Furcht. Sie hatte Geschichten über dieses Grab gehört und daß Menschen manchmal dort verschwunden waren. Aber sie wäre ohnehin bald tot, tröstete sie sich. Und alle anderen wären es auch, wenn sie nicht herausfand, was die Ahnen wußten.

Das Grab, dunkel im Schatten alter Bäume, war kühler als die Ebene, auf der das Dorf stand. Sabulana zog sich über knorrige Wurzeln immer näher. Die Kälte war für sie ungewohnt, sie, deren Haut den ganzen Tag der brennenden Sonne ausgesetzt war. In der Mitte des Grabes fand sie eine offene Stelle. Dort setzte sie sich nieder und hielt ihren Stab wie eine Waffe vor sich. Dann wartete sie. Plötzlich raschelte der Wind in den Blättern.

Sie spürte die Ahnen, bevor sie sie sah. Langsam kamen sie nach oben, mit großen Köpfen und langen Beinen, mehr wie Statuen als wie Menschen aussehend. Wie eine dunkle Mauer standen sie um Sabulana herum und begannen zu johlen und zu schnattern. Der Lärm war ohrenbetäubend.

„Heh, ihr Ahnen, ich bin Sabulana", schrie Sabulana in das Getöse hinein. Die Wesen fuchtelten mit ihren knochigen Armen und gingen drohend auf Sabulana zu.

Sie war nicht sicher, was die Ahnen ihr antun könnten, und wußte auch nicht, wie sie sich verteidigen sollte. Als sie näherkamen, immer noch schreiend, hatte sie plötzlich eine Eingebung.

Sie begann zu singen. Die Ahnen schrien wie Babys, also sang sie ihnen ein Wiegenlied. Sie sang mit einer dünnen, piepsigen Stimme, voller Furcht und Hunger. Aber sie sang, tapfer, Strophe für Strophe.

Die Ahnen bildeten um Sabulana einen Ring, starrten sie an und zeigten auf sie. Ein Ahne begann zu weinen, ein anderer schnüffelte. Das Mädchen sang das Wiegenlied zu Ende. Dann breitete sich im Grab Schweigen aus. Schließlich sprach eine alte Frau:

„Dieses Wiegenlied. Ich habe es meinem Baby gesungen, das starb, als es ein Kind war."

Ein anderer sprach: „Es ist das Lied, das meine kleine Schwester am liebsten mochte, die, die im See ertrunken ist."

Wieder Schweigen. Und dann sprach die Älteste der Ahnen: „Mädchen, was willst du?"

Sabulana antwortete: „Ahnen, wir sind am Verhungern, und wir wissen nicht, warum. Sagt uns, was ihr getan habt, um die Ernte zu sichern, und was wir falsch machen."

Die Ahnen lehnten sich nach vorne: „Nur weil dein Lied uns an das menschliche Leben erinnert hat", sagte die Älteste der Mütter, „werden wir es dir verraten. Wir mischen uns nicht in euer Leben ein. Wir kümmern uns nicht um euch, und dafür denkt ihr an uns mit Zuneigung und ein wenig Furcht".

Sabulana beugte sich zu der ältesten Mutter hinunter: „Aber du wirst uns jetzt helfen, ja? Sag uns, was wir tun sollen."

Wieder Schweigen. Dann ergriff ein anderer Ahne das Wort: „Erinnerst du dich daran, daß ihr die Ecken der Felder ungepflügt gelassen habt?"

Sabulana sah sie voller Erstaunen an. „Warum? Die Extrafrüchte die dort wachsen...." Dann fiel ihr ein, daß überhaupt keine Feldfrüchte mehr wuchsen.

Ein zweiter Ahne sprach: „Ruht ihr immer am Donnerstag aus und habt ihr der Erd-Göttin den Donnerstag geweiht?"

Sabulana schüttelte den Kopf. „Donnerstag ist ein Tag wie jeder andere."

Schweigen. Dann sprach die älteste Ahnin erneut: „Ihr handelt gegen die Regeln eurer Mutter, der Erde. Kein Wunder, daß ihr verhungert. Warum sollte sie so unartige Kinder nähren? Ihr müßt wieder zu den Alten Wegen zurückkehren."

Sabulana nickte. Sie erinnerte sich kaum noch daran, wie sie am Donnerstag, dem Feiertag, in der Sonne spielte. Sie erinnerte sich an Menschen, die über ihrer Fleischmahlzeit beteten und den Tieren dankten, die ihr Leben opferten, um den Menschen Nahrung zu geben. Und sie erinnerte sich an jene Ecken mit Wildkraut, voller Vögel, wo sie Verstecken gespielt hatte, draußen auf den Feldern. Das also war der Grund gewesen!

„Nun", sagte die Älteste der Ahnen, „mußt du gehen. Es dauert nicht mehr lange und du wirst sterben. Wenn du hierbleibst, kannst du nicht einmal ein Geist wie wir werden, denn du hast keine Kinder geboren und kannst daher keine Ahnin werden. Verschwinde! Kehr zurück zu deinem Dorf und bete mit deinem Volk."

Sabulana humpelte und kroch über das Feld zum Dorf zurück. In der Tat, sie wurde immer schwächer. Sie zog sich über den Boden und spürte, wie die Kraft in ihren Beinen nachließ. Nachdem sie mehrere Male hingefallen und sich wieder aufgerappelt hatte, erreichte sie schließlich die runden Häuser des Dorfes.

„Hört", begann sie zu rufen. Aber eine Welle der Benommenheit ging über sie hinweg. Mühsam hielt sie sich an ihrem Stock fest. Neugierig schauten alle, die auf den Stufen der Hütten saßen, zu ihr auf. Aber sie war zu schwach, um sich zu bewegen.

„Wir haben gegen unsere Mutter, die Erde, gesündigt!", brachte Sabulana hervor, so laut sie konnte. „Wir verhungern, weil sie wütend ist."

Vor Erschöpfung und Hunger begann Sabulana zu schwanken. Sie stürzte zu Boden, während die Menschen zusahen. „Ist sie tot?" fragte jemand aus der Nähe, ohne sich wirklich dafür zu interessieren, denn in diesen Tagen starben so viele.

Aber Sabulana starb nicht. Auf dem Boden liegend, hatte sie eine Vision. Vor sich sah sie die Erd-Göttin, eine riesige Frau mit einem freundlichen Gesicht. Und sie sah die Ahnen, vor der Göttin knien. Sie konnte hören, wie diese zu der Göttin beteten und baten, den Menschen des Dorfes zu verzeihen und ihnen eine neue Chance zu geben. Und sie sah, wie ein Lächeln das Gesicht der Göttin überzog, als diese nickte.

Sabulana verlor das Bewußtsein. Als sie wieder zu sich kam, hielt ihr jemand Wasser an den Mund. Sie trank, und als sie sah, was geschehen war, wurden ihre Augen riesengroß:

Überall standen Bäume, voll mit köstlichen Früchten. Kinder pflückten Beeren von den Sträuchern und stopften sich den Mund voll. Die Gärten wuchsen so schnell, daß sie beinahe das Geräusch der Pflanzen hören konnte, als diese durch den Boden stießen. Tiere liefen zu den Jägern hin, die ihnen, voller Staunen eine Kugel gaben.

Sabulana schloß die Augen wieder und fiel dieses Mal in einen glücklichen Schlaf.

Abfall – Humus der Menschheit

Über eine Sache sind sich Gartenexperten einig: Wie ungeheuer wichtig es ist, die Qualität des Boden zu verbessern und zu erhalten. Man ist sich weiterhin einig, daß dieses am besten durch Kompostieren geschieht, indem man aus Gartenabfällen einen fruchtbaren Boden gewinnt. Fruchtbarer Boden, der Nährstoffe enthält, die für das Leben der Pflanzen unverzichtbar sind, ist locker und krümelig. Die Wurzeln der Pflanzen finden gut Halt, und so sind die Erträge für den Gärtner besser. Die Bäume tragen Früchte, die weit über den Gartenzaun hinaus hängen. Solch ein Boden ist stabil und der Erosion weniger ausgesetzt als ärmere Böden. Er stellt sozusagen eine Recycling-Fabrik der Natur dar, indem Elemente, die vorher in organischer Form gebunden waren, Nahrung für größeres Wachstum liefern. Dennoch sind Gärtner, die regelmäßig kompostieren, die Ausnahme. Selbst grüne Hexen - Praktizierende der Erdreligionen, die sich um das ökologische Gleichgewicht der Natur kümmern - verlassen sich eher auf Fertigdünger als auf die Pflege des Bodens (und die nicht davon zu trennende Pflege der Seele).

Es gibt zwei Gründe, welche die meisten Gärtner anführen, wenn sie nach einer Erklärung suchen, warum Kompostieren für sie keine Rolle spielt: Zeit und Platz. Kompostieren scheint beides in großem Umfang zu erfordern. Bilder mit strahlenden Menschen, die ihre drei sorgfältig aufgeschichteten Komposthaufen umsetzen, sind eher ein abschreckendes Beispiel für alle diejenigen, deren Grundstück zu klein dafür zu sein scheint, oder für jene, deren voller Terminplan wenig Platz für derartig komplexe Bemühungen zu lassen scheint.

Dennoch haben wir Platz und Zeit für andere Aktivitäten. Wenn wir im Fernsehen Zeit für eine Seifenoper finden und Platz für eine Katzentoilette, dann kann mit unserem Argument, keinen Platz für einen kleinen Komposthaufen zu haben, etwas nicht stimmen. Wir schaffen uns Zeit und Platz für die Dinge, die uns wichtig sind. Außerdem hat man uns beigebracht, alles, was mit Verfall und Auflösung jeglicher Art zu tun hat, zu meiden.

Unser Haushalt ist ein Abbild der Gesellschaft im Kleinen. Und die Pflege des Bodens gehört nicht zu unserem Terminkalender. Weit davon entfernt. Tausende von Hektar geschnittenen Grases verschwinden jede Woche im Sommer nicht nur in den amerikanischen Städten in den Mülltonnen. Unsere manikürten Grünanlagen und Parks erzeugen riesige Mengen natürlichen Düngers, der vom Rasen, für den er Nahrung sein könnte, entfernt und zu Abfall wird. Nur wenige Gemeinden bieten einen Service für das Zerkleinern und Kompostieren von Gartenmüll an. Auch wenn Recycling sich allmählich in den amerikanischen Städten durchgesetzt hat, so ist öffentlich gefördertes Kompostieren bisher noch kein Thema.

Diese ständige Verleugnung, trotz der offensichtlichen Vorteile, läßt eine verborgene mythische oder symbolische Botschaft vermuten, die den Mut zum Kompostieren nimmt. Und in der Tat, die Symbole der großen Religionen fördern eine Trennung zwischen Mensch und Erde. Ihre Mythen beschreiben einen Gott, der nicht geboren worden ist wie wir, und der auch nicht sterben muß wie wir.

Viel ist über den anti-sexuellen Hintergrund der Geschichte von Jesus Christus geschrieben worden – geboren von einer Frau, die „jungfräulich" empfangen hat, ohne sexuelle Beziehung zu einem Mann aus Fleisch und Blut. Aber nur wenige sind sich bewußt, daß diese Geschichte auch eine Botschaft enthält, die gegen die Erde als solche gerichtet ist, denn der Körper dieses Gottes ist nicht - wie der Körper anderer Götter, die wiederauferstehen - der Erde übergeben worden, bevor er wiedergeboren wird. Der Körper Christi kann nie zu Erde werden - er ist, wie die christliche Schrift sagt, „unversehrt" auferstanden. Ähnlich werden seine Anhänger ermutigt, sich nie mit der Sünde zu „beschmutzen". Schmutz muß, nach der wörtlichen Interpretation dieser Botschaft, vermieden werden - ausgerottet, eliminiert - und schon gar nicht gepflegt und genährt.

Würmer in der Wohnung oder Kompostieranlagen im Garten - das läßt die meisten Menschen erschaudern, denn wir sind eine Kultur mit dem Fluch einer un-beschmutzten Gottheit. In diesem Zusammenhang ist die Bearbeitung des Bodens eine spirituell radikale Bewegung. Die alten Rituale im Dorf von Sabulana unterstreichen die Ehrfurcht für die Erde und ihre Verehrung, aber die Rituale des Alltags unserer Tage sind Symbol für die Ablehnung von Abfall, des Humus der Menschheit. Vor allem weigern wir uns, anzuerkennen, daß es eine Verbindung zwischen unserem eigenen Körper und dem Prozeß des Verfalls und der Auflösung geben könnte. Warum war die beliebteste Erfindung des neunzehnten Jahrhunderts die Toilettenspülung? Weil man nach dem Einbau einer solchen Toilette in einen viktorianischen Haushalt nicht länger im Blickfeld der Nachbarn in dem kleinen Verschlag hinter dem Haus seinen Beitrag zum Abfall der Welt leisten mußte.

Nirgendwo ist unser Widerstand, unsere Verbindung zum natürlichen Zyklus der Natur offensichtlicher als in unserem Umgang mit dem Tod. Viele Autoren haben geschrieben, daß wir eine Kultur seien, die es ablehnt, sich mit dem Tod bewußt auseinanderzusetzen. Genauer gesagt: Unsere Kultur weigert sich, anzuerkennen, daß alles mit Auflösung endet. Christus stirbt, aber er verfault nicht. Dementsprechend legen wir unsere Toten in eine Lösung aus Chemikalien, damit ihre geliebten Körper nicht dem

Zyklus der Natur folgen können; und so folgen wir auf perverse Weise dem Beispiel ihres wiederauferstandenen Gottes. Denjenigen, die das Einbalsamieren ablehnen, bietet man als einzige legale Möglichkeit die Verbrennung; natürliche Auflösung ist vielerorts illegal oder nur in sehr engem Rahmen zulässig.

Die amerikanische Widersprüchlichkeit in bezug auf Verfall und Verwesung schließt eine beinahe fanatische Verehrung der Reinlichkeit ein. So, wie uns die Werbung drängt, unsere Wäsche weißer zu waschen und unsere Zähne weißer zu putzen, zeigen uns Fernsehberichte, wie Boote mit Gemüse auf den Wellen des Ozeans schwimmen und nach einem Platz suchen, wo sie ihre Fracht dem Meer übergeben können. Da gibt es eine Verbindung - das läßt sich nicht leugnen. Ein vager Schatten - mit der Bedeutung, wie sie der Psychologe Carl Jung verwendet, nämlich als widersprüchliches Ergebnis der Unterdrückung natürlicher Instinkte - geistert durch unsere Köpfe, wenn wir versuchen, „den Schmutz zu besiegen". Indem wir uns so heftig darauf konzentrieren, uns und unsere Umgebung perfekt sauber zu halten, haben wir die Erde viel mehr verpestet als die Kulturen unserer Vorfahren, die wir als schmutzig ablehnen.

So ist also der erste Schritt, einen wahrlich magischen Garten zu schaffen, der, danach zu streben, jegliche Reste von Widerwillen gegen den Boden, in und mit dem wir arbeiten, zu überwinden und uns dem Prozeß des Nährens und Erhaltens zu verpflichten. Während wir dies tun, können wir uns auch selbst nähren. Die folgende Meditation kann helfen, sich auf die Verbindungen zwischen der Erde Ihres Gartens und den inneren Quellen zu konzentrieren, die Ihre persönlichen Gaben nähren.

Eine erdenreiche Meditation

Bevor Sie diese Meditation beginnen, sollten Sie sich Zeit nehmen, Ihren Geist frei von allen negativen Gedanken zu machen, die mit Boden und Schmutz zu tun haben.

Nehmen Sie Ihr Tagebuch zur Hand oder Zeit für ein Gespräch mit einem guten Freund, um die folgenden Fragen zu beantworten: Lassen Sie sich Zeit und beantworteten Sie die Fragen ganz genau. Dies alleine kann bereits mehrere Tage oder sogar eine Woche in Anspruch nehmen; zusammen mit einem Freund und in einer Gruppe sollten Sie mehrere Stunden für ein intensives Gespräch einplanen.

- Habe ich jemals jemanden kritisiert, der Worte in Verbindung mit Erde oder Schmutz verwendet hat, und wenn ja, warum?
  Welche Ängste sind dabei bei mir in bezug auf Schmutz hochgekommen?
- Habe ich als Kind gerne im Schmutz gespielt? Bin ich dafür jemals ausgeschimpft worden? Erinnere ich mich an Situationen, in denen ich Ärger bekommen habe, weil meine Kleider, Schuhe oder mein Körper schmutzig geworden sind? Wer hat mich kritisiert? Und wie habe ich darauf reagiert?
- Welche Gefühle verbinde ich mit den folgenden Worten: Dreckig, schmutzig, matschig, unsauber, schmuddelig, unordentlich, schlampig, verdorben?
  Gibt es Ereignisse oder Erinnerungen, die bei diesen Worten hochkommen?
- Wie stehe ich heute zu Erde und Schmutz? Bin ich jemals kritisiert oder gedemütigt worden, weil ich Worte in Verbindung mit Schmutz verwendet habe - mich, mein Heim, mein Auto oder andere Dinge, die mir gehören, betreffend? Wie habe ich gegebenenfalls darauf reagiert?
- Behandle ich den Boden meines Gartens genauso, wie ich mich behandle oder wie mich andere behandeln?
  Was sagt dies über mein Leben aus? Gibt es Situationen, in denen ich nicht achtsam mit mir umgehe - entweder durch aktive Handlungen (indem ich zum Beispiel einer Sucht fröne) oder passive (indem ich zum Beispiel versäume, mein Selbst durch positive Vergnügen zu nähren)? Gibt es Situationen, in denen ich ver-

meide, die Verantwortung für das Wohl anderer - seien
es geliebte Menschen oder Fremde - zu übernehmen?
Wie könnte ich beginnen, mein Verhalten zu ändern?

- Welche glücklichen Situationen hat es in meinem Leben als Erwachsener gegeben, bei denen Erde oder
Schmutz eine Rolle gespielt haben? In welchen Situationen habe ich mir Gefühle der Freude beim Graben
oder beim Spielen in Schmutz oder Schlamm zugestan-
den? Welche angenehmen Phantasien habe ich, bei denen Schmutz eine Rolle spielt? Welche Landschaften
oder Gemälde, in denen Erde eine wichtige Rolle spielt,
haben mich angesprochen?

Nach diesem vorbereitenden Reinigungsprozeß können Sie
mit der Meditation beginnen. Dazu brauchen Sie folgendes:

- Einen Korb Erde vorzugsweise aus einem Bereich, wo
Sie etwas pflanzen möchten.
- Ein kleines Sieb.
- Eine flache oder tiefe Schale, mit Papier oder Stoff aus-
gelegt.
- Ein Bodentestkasten (in Garten-Centern erhältlich).
- Eine kleine Menge Instant-Beton (finden Sie in Werk-
zeugläden oder Baumärkten).
- Ein Messer oder ein anderes Werkzeug zum Schnitzen.
- Einen Krug Wasser.

Stellen Sie diese Gegenstände an einem Ort auf, an dem
Sie sich um die spätere Reinigung keine Gedanken machen
zu brauchen. Draußen ist es natürlich am Besten, aber je
nach Jahreszeit und Wetter ist es im Freien vielleicht zu
ungemütlich. Wenn Sie diese Meditation im Haus machen,
könnten Sie den Teppich mit Zeitung abdecken.
Vielleicht möchten Sie diese Meditation zusammen mit
Freunden machen; schlagen Sie vor, daß jeder einen Eimer
mit seiner eigenen Gartenerde mitbringt.
Bereiten Sie Ihren Meditationsplatz vor, indem Sie den
Eimer mit Erde vor sich hinstellen, daneben den Krug mit

Wasser. Arrangieren Sie den Bodentestkasten, das Sieb und die anderen Geräte in einem Halbkreis um die Gartenerde.

Beginnen Sie, indem Sie die Erdgottheiten anrufen. Zusätzlich zu den früher in diesem Kapitel erwähnten möchten Sie vielleicht die griechischen Göttinen *Gaia* und *Demeter*, die römische Göttin *Anna Perenna*, die indonesische *Emboq Sri*, die polynesische *Hainuwele* oder die polnische *Kornjunfer* anrufen. Danken Sie der Erdgottheit (oder den Erdgottheiten), daß diese die Nahrung, die Sie in Ihrem Leben zu sich genommen haben, geschenkt hat. Zählen Sie Ihre Lieblingsfrüchte, Beeren, Gemüse und Körner auf und danken Sie der Reihe nach für jede diese Gaben.

Greifen Sie jetzt in den Eimer mit Erde und nehmen Sie eine Handvoll heraus. Reiben Sie sie sorgfältig zwischen Ihren Händen. Achten Sie darauf, wie sich das anfühlt. Staubig oder sandig? Ist die Erde klumpig oder pappt sie in großen Klumpen zusammen? Riechen Sie daran. Riecht sie nach Pilzen, oder ist sie geruchlos? Schütteln Sie sie durch das Sieb und betrachten Sie sie danach, beachten Sie die Anzahl der Steine und Stücke organischen Materials, die in der Erde enthalten sind. Sind ihre Bestandteile fein oder schwer? Gibt es wenig oder viel davon?

Als nächstes legen Sie mehrere Handvoll Gartenerde auf den Teller, häufen Sie sie zur Mitte hin an; lassen Sie zwischen dem Haufen und dem Tellerrand etwas Platz und geben Sie etwas Wasser hinzu. Jetzt vermischen Sie Wasser und Erde zu Matsch. Tun Sie es bewußt und schauen Sie genau hin. Achten Sie darauf, ob die Erde, wenn das Wasser hinzukommt, glitschig wird, oder ob sie sich sandig und körnig anfühlt. Stellen Sie sich vor, Sie wären eine Pflanze, würden im Boden trinken, und machen Sie sich Gedanken, wie leicht oder schwierig dies wäre. Wenn Ihnen danach ist, verwenden Sie etwas von der Erde wie Farbe und malen Sie auf Ihrem Gesicht oder Ihren Händen ein Muster, das als Symbol für die Wünsche, die Sie an Ihren Garten haben, steht.

Als nächstes sollten Sie sich mit dem Bodentestkasten beschäftigen, um sich damit vertraut zu machen, wie sauer, neutral oder basisch Ihr Boden ist. Verwenden Sie denselben Testkasten für sich selbst - Ihren Speichel, Ihre Tränen, ja sogar Ihren Urin -, so daß Sie die Zusammensetzung des Bodens mit der Ihres eigenen Körpers vergleichen können.

Schließlich fügen Sie der Erde auf dem Teller ein wenig von dem Instant-Beton bei. Mischen Sie beides schnell und formen Sie es zu einen flachen Form - rund, viereckig oder rechteckig. Dann nehmen Sie Ihr Messer oder Schnitzwerkzeug und schneiden Sie ein Muster in die Oberfläche. Vielleicht eine Spirale, als Symbol für die Regenerierungsfähigkeit des Lebens; einen Kreis für die Kontinuität des Lebens; ein Dreieck für die Lebenskraft oder irgendeine Kombination aus diesen drei Symbolen. Oder Sie haben eine andere Idee, eine Form, die für die Fülle, die Sie suchen, steht.

Nachdem Sie sich mit Ihrem Boden vertraut gemacht haben, sprechen Sie das folgende Gebet:

Götter und Göttinnen der Erde -
ich danke Euch, daß Ihr Euch mir gezeigt habe.
Als Ausgleich für dieses Wissen biete ich Euch Nahrung,
wenn Ihr jeden Frühling mit Hunger erwacht.
Und ich verspreche, Euch einen Teil jeder Ernte zu geben
als Dank für die Großzügigkeit
Euren menschlichen Kindern gegenüber.
Das Leben kommt von Euch, ernährt Euch,
kehrt zurück zu Euch.
Helft, daß wir Euch niemals vergessen.

Nachdem die Platte getrocknet ist, stellen Sie sie in den Garten, damit Sie im Laufe des Jahres nicht vergessen, die Erde zu nähren. Vielleicht möchten Sie die Platte aber auch im Haus aufbewahren – zusammen mit Gartenkatalogen und anderen Utensilien für die Gartenplanung. Wann immer Ihr Blick darauf fällt - halten Sie einen Augenblick inne, um dankbar der Großzügigkeit der Naturgottheiten zu gedenken, die ihre Kinder mit Nahrung versorgen.

Lebendiges Gebet

Gartenarbeit ist ein Gebet an die Erde - ist wortloses Beten, lebendiges Gebet: Knien, sitzen; sich bücken, um Wildkraut zu jäten; die Hände zusammenlegen, um reife Früchte zu halten. Wir brauchen keine Worte für das Gebet der Hoffnung, wenn im Frühjahr die Saat in den Boden gelegt wird; unsere schweißtreibende Arbeit, wenn wir den Boden beackern, ist Gebet; unser Staunen über die Fruchtbarkeit der Erde und die Kraft des Pflanzenwachstums (nicht zuletzt des Wildkrauts); das Gebet des Dankes, während wir die Früchte unserer Arbeit ernten oder verzehren und stolz die Erträge unseres Gartens präsentieren.

Wie jede andere Form der Meditation auch bleibt die Gartenarbeit nicht ohne Wirkung auf unseren Geist, auch wenn das sehr langsam geschieht. Jedesmal, wenn wir den schweigenden Garten betreten, spüren wir, wie das Gemurmel unserer Sorgen und Pläne unseren Geist erfüllt. Aber während sich der Geist auf die vorliegende Aufgabe konzentriert, wird die innere Stimme allmählich immer ruhiger. Für den Gärtner aus Leidenschaft ist der Moment der Stille - wenn das Geschnatter des Alltags einer tiefen sinnlichen Beachtung des schwindenden Lichts am Ende des Tages dem Gefühl für den Boden, für die Farbe der Pflanzen Platz gemacht hat - der wahre Grund, einen Garten zu haben. Es ist, als wäre die Erde unsere Geliebte geworden, und wir schauen und berühren und schmecken Sie mit ekstatischer Verzückung. Wenn das kein Gebet ist - was ist es dann?

Dennoch ignorieren wir oft genug, während wir im Garten arbeiten, die Möglichkeit andächtiger Momente. Blätter zusammenrechen, Küchenreste hinaustragen, Dünger in den Boden einarbeiten - das alles mag auf den ersten Blick nicht unbedingt Anlaß für einen Moment der Andacht sein. Und dennoch - unsere, von der Zivilisation verwöhnte Ästhetik macht uns vielleicht blind für die Tatsache, daß es die Erde mehr freut, mit einem Eimer Dünger genährt zu werden, als wenn wir einen Korb Rosen pflücken. Konzentrieren Sie sich auf die Arbeit, die vor Ihnen liegt, und das, was sie daraus machen können. Nach einiger Zeit der Praxis werden Sie viel eher bereit sein, die Bearbeitung des Bodens als einen Akt der Andacht anzusehen.

Nachdem wir uns auf die Schliche gekommen sind, daß Entschuldigungen wie „keine Zeit" und „kein Platz" eher Ausdruck tiefer Widerstände gegen das Kompostieren sind, müssen wir jetzt zugeben, daß Gärtner heutzutage in der Tat oft darunter leiden, zu wenig von jenen lebensnotwendigen Eigenschaften zu haben. So gehen wir bei den folgenden Ideen für das Kompostieren von einem fleißigen Gärtner mit wenig Platz aus. Wer in voller Bandbreite kompostieren will, wird viele Bücher und Zeitungsartikel finden, in denen die richtige Kombination von frischen und heißen Zutaten, die Zeiten für das Umsetzen zur Belüftung und so weiter beschrieben wird. Die folgenden Vorschläge für das Mini-Kompostieren sind für sich alleine oder als Ergänzung zu größeren Aktionen verwendbar. Der Kompost, der daraus entsteht, ist vielleicht nicht so glatt, nicht so wildkrautfrei oder nicht so dunkel wie jener, der aus einem x-mal umgesetzten Komposthaufen entsteht. Aber er ist viel besser, als überhaupt nicht zu kompostieren.

Instant-Mulch

Die einfachste Möglichkeit des Kompostierens ist, Wildkraut als Mulch zu verwenden: Pflanzen Sie das ausgerissene Wildkraut auf einen Weg oder ein eingemulchtes Beet, wo es sich bald mit dem Mulch verbinden wird. Das ist besonders am Anfang des Jahres sinnvoll, wenn das Wildkraut noch klein ist; größere Wildkräuter sind auch als Mulch verwendbar, aber die Stiele der verwelkenden Pflanzen stören auf den Gartenwegen, wohingegen kleinere Wildkräuter so schnell verwesen, daß sie kaum zu sehen sind.

Wurm-Suppe

Die Küche ist eine großartige Quelle für Material, das zum Kompositieren geeignet ist: Kaffeesatz, Kohl- oder Salatblätter, Obstschalen und -rinden und vieles mehr (im allgemeinen ist es besser, Tierabfälle nicht zum Kompostieren zu verwenden, und zwar aus folgenden Gründen: Es besteht die Gefahr einer Infektion oder Ansteckung; Nagetiere oder andere Tiere könnten angezogen werden; und schließlich zersetzen sich Tierprodukte langsamer als Pflanzen). Wenn Sie es als lästig empfinden, den Biomüll jeden Tag hinauszutragen – kein Problem: es gibt viele Möglichkeiten, ihn so lange zu lagern, bis Sie bereit sind, jeden Tag hinauszugehen.

Es gibt Hersteller, die spezielle Komposteimer liefern, in denen Nahrungsmittelreste etwa eine Woche aufbewahrt werden können. Oder Sie verwenden Tiefkühltüten, die Sie in der Tiefkühltruhe aufbewahren, bis Sie bereit sind, diese auf dem Komposthaufen zu entsorgen.

Eine wirkungsvolle Möglichkeit, Kompostmaterial direkt in den Kreislauf der Natur in Ihrem Garten zurückzugeben, ist die „Wurm-Suppe". Geben Sie kleingeschnittene Küchenabfälle zusammen mit einer Tasse Wasser in den Mixer; dann schütten Sie die dünne Suppe entweder in eine Kompostgrube (siehe unten) oder direkt auf den Boden.

Die Lieblingsspeise von Rosen ist eine Suppe aus Bananenschalen. Sie brauchen die Schalen nicht einmal in den Mixer zu tun; schneiden Sie sie in kleine Streifen und graben Sie sie in den Boden um die Rosen herum ein; das wird Ihre Rosensträucher glücklich machen.

Kompostgruben

Wildkraut und Blätter werden sich zersetzen, wenn Sie sie umsetzen, wie es Kompostierfachleute empfehlen, aber auch, wenn Sie es nicht tun. Durch das Umsetzen des Komposts wird Luft hinzugeführt, weshalb der Zersetzungsprozeß schneller abläuft. Aber selbst wenn Sie keine

Zeit für das Umsetzen des Kompostes finden, sollte Sie dies nicht vom Kompostieren abhalten. Es ist besser, zwei Jahre zu warten, bis sich die Blätter zersetzen, als sie wegzuwerfen.

Es ist durchaus möglich, Kompost zu produzieren, indem man die Blätter aufhäuft und sie dann nicht mehr beachtet. Wenn Ihr Grundstück groß genug ist, können Sie einen Müllhaufen als Komposthaufen bestimmen und regelmäßig umsetzen. Werfen Sie Blätter und Küchenabfälle auf den Haufen, und Kompost entsteht von ganz alleine.

Wer nicht über so ein großes Grundstück verfügt, für den sind Kompostgruben eine gute Alternative. Zu Beginn einer jeden Gartensaison sollten Sie eine Reihe von Gruben ausheben, jede etwa fünfzig Zentimeter breit und sechzig Zentimeter tief. Verteilen Sie diese im Garten und suchen Sie sich vor allem Plätze aus, wo Sie im nächsten Jahr etwas pflanzen wollen, weil der Kompost den Boden bereits im voraus anreichert. Vielleicht möchten Sie eine solche Grube hinter schützenden Büschen verstecken, aber aus ästhetischen Gründen ist dies nicht unbedingt erforderlich, da die Grube im Hochsommer ausreichend gefüllt ist und ohnehin nicht mehr zu sehen sein wird.

Wenn Sie Ihren Garten bestellen, füllen Sie die Gruben mit Wildkraut, Zweigen, Küchenabfällen und so weiter. Wenn eine Grube voll ist, sollten Sie sie mit etwas Mutterboden bedecken und ruhen lassen. Im nächsten Frühjahr zeigt Ihnen eine Vertiefung, daß sich die grüne Masse zersetzt hat. Sie können dann entweder pflanzen oder ein weiteres Jahr warten, bis das Material vollständig vom Boden aufgenommen worden ist.

Das Drei-Haufen-Verfahren

Wenn Sie einen Platz von etwa drei mal drei Metern zur Verfügung haben, den Sie zum Kompostieren verwenden können - umso besser. Dann ist die Sache ganz einfach, und dennoch wirkungsvoll: Teilen Sie die Stelle in drei Gruben ein und verwenden Sie ein Geflecht aus Draht oder einem ähnlichen witterungsbeständigen Material. Dann füllen Sie eine der Gruben mit Kompostiermaterial bis oben an und trampeln oder drücken den Inhalt so hinunter, bis die Grube gut vollgepackt ist. Dann nehmen Sie die zweite, später die dritte. In einem Gartenstück von durchschnittlicher Größe sollten Sie, wenn es Zeit ist, die Grube zu leeren, in Grube 1 dunklen reichhaltigen Kompost haben, und sie dann wieder zu füllen. Wenn der Kompost noch nicht fertig ist, nehmen Sie den beinahe fertigen Kompost und graben Sie ihn in den Boden ein, wo der Prozeß von alleine ablaufen wird.

Denken Sie daran: In einen solchen Komposthaufen gehören weder Grasreste noch Tierprodukte. Grasschnitt zersetzt sich im Verhältnis zu diesem langsamen Prozeß zu schnell, und Tierreste ziehen möglicherweise ungewünschte Nagetiere an.

Fast- aber nicht Instant-Mulch

Einige Gartenreste können durch Schrumpfen in Instant-Kompost verwandelt werden. Für ein solches Verfahren eignen sich vor allem trockene Herbstblätter. Ein Hand- oder Elektro-Häcksler wird diese Gartenreste sehr schnell zu brauchbarem Mulch verarbeiten. Ebenso können heruntergefallene oder dünne Zweige zu Material zerkleinert werden, das für Wege oder Höfe geeignet ist, oder aber es kann Wildkraut-abweisender Mulch für Gemüse- und Blumenbeete produziert werden. Weil Sie diese Geräte nur gelegentlich benötigen, können Sie sie gemeinsam mit Freunden erwerben oder mieten.

Dieser Mulch ist die Vorstufe von Kompost. Wenn er in die Gartenerde einzusinken beginnt, muß er ausgetauscht werden.

Rasenschnitt

Wenn Sie ein Rasen-Liebhaber sind, haben Sie auch Rasenschnitt, der, wenn er auf einen Haufen gepackt wird, nach einer Weile zu stinken beginnt. Wenn Sie ihn nicht zusammenrechen, sondern auf dem Rasen liegen lassen, wird er zu natürlichem Dünger für den Rasen.

Sie haben mehrere Möglichkeiten: Entweder schneiden Sie oft und lassen den Grasschnitt liegen, häufen ihn zu einem Komposthaufen an und setzen ihn oft um; oder Sie packen den Grasschnitt in Tüten, stellen diese neben die Mülltonne und lassen die Probleme, die Sie damit für die Umwelt produzieren, Probleme sein. Wenn Sie jedoch ein verantwortungsvoller Umweltschützer sein wollen und nicht gerne im Komposthaufen herumwühlen, ist Ihre Entscheidung bereits gefallen. Mähen Sie zu Anfang der Saison wöchentlich einmal; sobald das Gras den Wunsch aufgegeben hat, Samenköpfe zu produzieren, wird es relaxen - und Sie auch.

Sie können auch den Grasschnitt als Mulch für Gemüse und Blumenbeete verwenden, vorausgesetzt, Sie verwenden ihn sofort und lassen ihn nicht einige Stunden liegen, bis er sich zu einer glitschigen Masse verwandelt hat. Breiten Sie den Grasschnitt in einer dünnen Schicht überall dort aus, wo Mulch gebraucht wird. Da die Grasreste sehr dünn sind, werden sie sich innerhalb weniger Tage im Boden zersetzen.

Ein Gebet an die Erde

Der Garten erhält Nahrung einfach dadurch, indem Sie nichts anderes tun als Kompost auf den Oberflächen zu verteilen, denn die Nährstoffe in den verwesenden Körpern Ihrer Mitgeschöpfe, den Pflanzen, treten aus und dienen den noch lebenden Bewohnern des Gartens als Nahrung. Aber Kompostieren ist eine Möglichkeit, unsere eigenen Verbindungen zur Erde wie auch die Erde selbst zu nähren. Nehmen Sie sich einen Augenblick Zeit, über diesen Vorgang zu meditieren, an dem Sie teilhaben und mit dem nicht nur der Gartenboden, sondern auch Ihre Seele genährt wird.

Machen Sie es wie die Slawen und andere Völker und zelebrieren Sie jedes Jahr als Auftakt der Gartensaison ein Pflanzritual, indem Sie feierlich Kompost in den Gartenboden bringen und gleichzeitig für eine gute Ernte beten. Eine günstige Gelegenheit dafür bietet der Frühling, wenn Sie bewußt und andächtig zum ersten Mal Kompost oder andere nahrungsreiche Materialien in den Boden geben. Sammeln Sie Symbole, mit denen Sie Ihr Leben bereichern wollen: Farbe oder Tinte, wenn Sie Ihre Kreativität steigern; ein Stück Schnur, wenn Sie Ihre Verbindung mit anderen festigen möchten. Füllen Sie ein schönes Gefäß - einen Keramiktopf oder einen geflochtenen Korb - mit Kompost oder Abfall und fügen Sie Ihre anderen Gaben hinzu. Nehmen Sie das Gefäß mit in den Garten und bieten Sie es, während Sie die Kraft des Bodens anrufen, den vier Himmelsrichtungen als Gabe an. Dann nehmen Sie eine Schaufel oder einen Spaten als magisches Instrument und bereiten die Erde durch eine Öffnung vor, damit diese Ihre Gabe und Ihre Gebete aufnehmen kann. Kippen Sie den Inhalt der Schale in die Öffnung und mischen Sie ihn zusammen mit Ihrer Gartenerde. Erbitten Sie den Segen des Kosmos für Ihr Unterfangen. Wenn Sie diese Stelle, die stellvertretend für den Rest des Gartens steht, bearbeitet haben, verteilen Sie den restlichen Kompost im Garten.

Wenn Sie einige der oben beschriebenen Verfahren einsetzen, werden Sie bald auf das Kompostieren nicht mehr verzichten wollen. Dann sollten Sie sich, wann immer Sie Ihrem Garten fruchtbare Substanzen hinzufügen - sei es Grasschnitt nach dem Mähen, Wurm-Suppe für die Rosen oder Wildkraut für die Kompostgrube – einen Moment Zeit nehmen. Danken Sie und formulieren Sie ein Gebet für die Erde, das so oder anders lauten könnte:

Erde, du hast uns dies alles gegeben.
Wir haben es dankbar genutzt.
Jetzt geben wir es dir zurück.
Möge es dich nähren,
wie du uns weiterhin nähren wirst.

Wenn Sie so verfahren, wird Kompostieren zu einem ständigen Prozeß, durch den Sie sich Ihrer Beziehung zur Erde als Ernährerin und Erhalterin des Lebens immer bewußter werden. Im reichen Humus des Gartens wächst mehr als nur Gemüse und Blumen. Hier findet auch das Wachstum unserer Seele statt - indem wir lernen, den Zyklus des Lebens zu achten und uns zueigen zu machen; indem wir lernen, die Kompliziertheit unserer gegenwärtigen Abhängigkeit von der Erde zu begreifen; und nicht zuletzt, indem wir lernen, nicht nur zu nehmen, sondern vor allem zu geben. Das ist die Ernte, auf die es im magischen Garten ankommt!

Mamapacha

Wessen Saat sind wir?
Wir sind die Saat der Mutter:
Mutter der fruchtbaren Felder,
der Ströme, der vier Gesänge,
Mutter allen Beginns,
Mutter aller Frauen,
Mutter aller Männer,
Mutter des Donners und der Bäume,
Mutter des Feuers und der Sonne,
Mutter der Nahrung und der Früchte,
Mutter unserer Tänze,
Mutter der Tempel,
Mutter allen Lebens -
Sie ist die einzige Mutter, die wir kennen.

Südamerikanischer Erntegesang

Kapitel 4
Ein Kurs in Ringelblumen

$\mathcal{V}$or langer, langer Zeit, gab es auf der ganzen Welt nicht einen einzigen Garten. Die Menschen lebten von dem, was sie an Früchten im Wald sammeln und an Tieren in den Bergen jagen konnten.

Einer dieser Menschen war ein sehr tüchtiger Jäger - Ameta. Eines Tages erblickte er ein Wildschwein, ein riesiges Tier, das für viele Tage genügend Fleisch für viele Menschen bot. Begierig machte er sich auf die Jagd. Gemeinsam mit seinem Hund rannte Ameta hinter dem Wildschwein her, in der Hoffnung, seine Beute zu ermüden. Aber das Schwein war kräftiger als jedes andere, das er zuvor gesehen hatte. Es rannte, und rannte, und rannte; immer weiter in den dunklen Wald hinein.

Ameta und sein Hund hielten Schritt, konnten das Schwein je-

doch nicht fassen. Schließlich kamen sie auf eine Lichtung. Dort, in der Mitte, unter riesigen Bäumen, schimmerte ein kleiner dunkler Teich. Der Jäger sah, wie das Schwein in das grüne Wasser eintauchte, sah die Wellen, die sich bildeten, als es hindurchschwamm, und sah seine Hauer unter der spiegelnden Oberfläche verschwinden.

Der Teich schien tief zu sein, denn das Schwein war vollständig aus seinem Blickfeld verschwunden. In ein paar Tagen, dachte sich der Jäger, würde der Körper auf der Oberfläche des Wassers treiben und wäre leicht mit dem Netz einzufangen. Aber vielleicht war das Schwein dann schon zu stark verwest, als daß man es noch essen könnte. Also holte Ameta sein Messer heraus, schnitt einen großen Ast vom Baum und begann, daraus einen Haken zu schnitzen.

Als er fertig war, angelte er damit an der Stelle des Teiches, wo er es hatte verschwinden sehen, nach dem Schwein. Immer und immer wieder stocherte er mit dem Ast in dem Teich herum. Schließlich brach die Nacht herein. Sein Hund begann zu schnüffeln, aber der Jäger war wild entschlossen zu bleiben.

Schließlich spürte er, wie sein Haken festhing. An den Schlingpflanzen zerrend, zog Ameta langsam seine Beute heraus - immer den Festschmaus vor Augen, den sie an diesem Abend haben würden – er, seine Familie und die Dorfbewohner. Gemeinsam würde man das prächtige Schwein am Spieß braten und verzehren.

Aber was aus dem Teich heraus kam, war alles - nur kein Schwein. Es war eine runde, behaarte Kugel, die die Größe eines menschlichen Kopfes hatte. Der Hauer eines Schweines steckte in ihm.

Jetzt hatte Ameta zwar einen Hauer, aber immer noch kein Schwein. Unbegreiflich, wie das riesige Schwein in dem kleinen dunklen Teich so vollständig hatte verschwinden können!

Inzwischen war die Nacht beinahe vollständig hereingebrochen, und so verließ er den Wald und nahm seine sonderbare Beute mit sich.

Wieder im Dorf angekommen, untersuchte Ameta die behaarte Kugel sorgfältig. Nie zuvor hatte er so etwas gesehen.

Eine milchige Flüssigkeit schwappte aus der Wunde, die entstand, als er den Hauer herauszog. Das Ding sah aus wie ein Ei, oder wie ein riesiges Samenkorn.

Da er nicht wußte, was er mit seiner seltsamen Beute anfangen sollte, nahm Ameta sie am nächsten Tag mit hinaus auf das Feld zu seinem Vater und vergrub sie ganz tief in einer leeren Ecke des Feldes. Anschließend trat er die Erde fest, ging weg und vergaß die Sache.

Etwa sechs Tage später hörte Ameta, wie sein Vater draußen auf dem Feld laut zu schreien begann, voller Furcht und Überraschung.

Als er auf das Feld hinauslief, wo sein Vater stand, die Hände ausgestreckt, die Augen weit aufgerissen, hatte Ameta die seltsame Samen-Frucht, die er dort begraben hatte, vollständig vergessen. Er dachte nicht mehr daran, als er neben seinem Vater stand. Nicht, als er auf den Baum schaute, der sich wie ein Seil aus der Erde herauswand. Und auch nicht, als der Baum eine Krone aus Laub in den Himmel streckte und zu blühen begann - und dies alles innerhalb der wenigen Augenblicke, in denen er aus der Erde emporgebrochen war.

Aber als aus den Blüten sofort runde Früchte wurden, die reiften und dann mit einem harten Ton auf den Boden fielen, erkannte Ameta plötzlich die Beute aus dem Waldteich wieder. Aber dieses Mal erstaunten ihn die behaarten Kugeln, die von der ersten Palme der Welt hinunterfielen, nicht mehr so sehr. Er las eine Frucht vom Boden auf, zog sein Messer heraus und schnitt sie in zwei Teile.

Milch lief über seine Hände, weißer Saft, der sich klebrig anfühlte und, als er sich die Finger ableckte, süß schmeckte. Das Fleisch innen war warm und weiß, wie Schweinefleisch. Ameta folgte der Tradition der Jäger seines Dorfes und brachte das erste Stück seiner Mutter. Sie schaute es neugierig an - nie zuvor hatte sie so weißes Fleisch gesehen -, aber sie probierte es und befand es als gut.

Ameta bediente die anderen Dorfbewohner mit der Frucht seines Wunderbaumes. Das magische Schwein, erkannte er, hatte seinem Dorf eine neue Art von Fleisch beschert - die ihnen noch nützen würde, wenn sich die Tiere schon längst auf die Hügel und in die Wälder zurückgezogen haben würden, eine Sorte Fleisch, das man zerstampfen und als Suppe verwerten, trocknen und für Notzeiten lagern konnte.

*****

Viele Geschichten würden an dieser Stelle enden, in dem Augenblick, als die wundersame Nahrung zu den Menschen kam. Aber die Geschichte von Ameta und seinem Baum geht noch weiter ... Und noch viel geheimnisvollere Dinge geschahen, denn das ist nicht nur eine Geschichte darüber, wie dem Inselvolk ein wichtiges Nahrungsmittel geschenkt wurde, sondern es ist auch eine Geschichte über das Ritual, das dieses Volk lernen mußte - nämlich, für Nahrung zu danken - und der Frau, die sie dies alles lehren sollte.

Die Kokosnußpalmen grünten und blühten auf der Insel. Obschon keine von ihnen so schnell wuchs wie die, die Ameta zuerst gepflanzt hatte, umsäumte bald ein breiter Gürtel aus Palmen das Dorf. Nie zuvor hatte es so reichlich Nahrung gegeben. Die Kinder des Dorfes waren glücklich, nagender Hunger war für sie fremd geworden. Nach wie vor ging Ameta auf die Jagd, aber er nahm sich oft Zeit und setzte sich unter den wundersamen Baum. Aus den Palmwedeln fertigte er sich eine Matte an, ließ sich darauf nieder und dachte über die Fülle und den Reichtum der Erde nach. Als er eines Tages unter dem Baum seinen Gedanken nachhing, fiel eine reife Kokosnuß direkt auf eine seiner Hände. Er sprang auf, aber nicht schnell genug. Die harte Frucht verursachte auf seinem Handrücken eine lange Schnittwunde.
Blut lief heraus und auf die Kokosmatte unter ihm. Als der Jäger die Schnittwunde laut jammernd aussaugte, kamen die Dorfbewohner angerannt, um zu sehen, was los wäre. Als sie Ameta erreichten, lag dort mehr als nur ein verwundeter Mann, den es zu bestaunen galt.

Unter Ametas Füßen bewegte sich die Kokosmatte hin und her. Es war, als wäre sie zu pulsierendem Leben erwacht. Ameta sprang hoch und starrte mit offenem Mund auf die Palmwedel, die sich zusammenrollten und die Form eines Babys bildeten.

Das Baby schien zu schlafen. Es bewegte sich nicht, schien nicht einmal zu atmen. Statt dessen pulsierte das Leben so stark in dem kleinen Körper, daß er während des Schlafes zu tanzen schien.

Ameta lehnte sich nach vorne und berührte mit einem Finger vorsichtig die winzige Gestalt. Sie zappelte ein wenig und öffnete dann die Augen.

Winzige, klare, dunkle Augen schauten den Jäger an.

Das kleine Mädchen nahm einen langen tiefen Atemzug und sah zu Ameta hinauf. Dann streckte es ihm die Arme entgegen und wimmerte.

Ohne nur einen Augenblick darüber nachzudenken, nahm der Jäger die Kleine in den Arm und wiegte sie. Das Mädchen kuschelte sich an seine Schulter und fiel wieder in einen friedlichen Schlummer.

Hinter ihm stießen die Dorfbewohner einen Seufzer der Erleichterung aus. Ein Baby aus einem Stück totem Palmwedel? Wie war das möglich? Und während der Jäger sein Baby nach Hause trug, unterhielten sich die Dorfbewohner murmelnd miteinander.

Aber das waren noch nicht alle Wunder, denn am nächsten Morgen wachte Ameta auf - nicht wegen der zaghaften Geräusche eines Kindes, sondern von glücklichem Singen. Er sprang von seinem Lager hoch und scheuchte die Kinder weg, die sein Baby störten. Aber anstatt eines Babys fand er ein vor Gesundheit strotzendes kleines Mädchen, das ihn voller Vertrauten ansah und anlächelte.

„Ich, ... Hainuwele", sagte sie glücklich.

Hainuwele wuchs fortan mit erstaunlicher Schnelligkeit. Am zweiten Morgen schien sie bereits zwei Jahre alt zu sein und am nächsten Morgen vier. Bereits einige Tage später begannen ihre Brüste zu knospen und über Nacht zu reifen. Noch am selben Tag entwickelten Ihre Hüften verführerische

Kurven und ihr Gesicht verlor die Rundlichkeit eines Kindes.

Die Frauen des Dorfes nahmen sie unter ihre Fittiche und brachten Hainuwele in eine einsame Hütte, um sie für die Mysterien der ersten weiblichen Blutung vorzubereiten. Ihr Geist reifte genauso schnell wie ihr Körper.

Bereits von Geburt an schien Hainuwele die Sprache des Dorfes zu kennen. Und genauso kannte sie die Geschichte und die religiösen Traditionen, ohne daß man ihr davon erzählt hatte. Als die Zeit des Rituals kam, mit dem sie ihre Weiblichkeit willkommen heißen sollte - einen Tag, nachdem sie in der Hütte verschwunden war - wußte sie soviel wie ein Mädchen, das ein Jahr lang darauf vorbereitet worden war.

Als sie die Hütte verließ, nur eine Woche nach ihrer wundersamen Geburt, war Hainuwele eine wunderschöne junge Frau. Aber bereits am nächsten Tag begannen sich um ihre Augen winzige Fältchen zu bilden.

Sie rief Ameta zu sich. Ein wenig ängstlich, weil er nicht wußte, wie er sich dieser wunderschönen Frau gegenüber verhalten sollte, die erst vor wenigen Tagen auf dem Strohboden seines Hauses gespielt hatte, ging Ameta zu ihr hinüber.

„Ich muß mich auf das Sterben vorbereiten", sagte sie schlicht. Ameta nickte, denn es war klar, daß sie genauso schnell altern würde, wie sie erwachsen geworden war. „Aber ich möchte dir etwas geben." Sie sagte ihm, er solle das ganze Dorf auf der Lichtung hinter dem Palmenhain zusammentrommeln - am nächsten Tag, wenn der Vollmond am dunklen Himmel aufging.

Ameta ging von Haus zu Haus und gab Hainuweles Anweisungen weiter. Nicht ein einziger der Dorfbewohner lehnte die Einladung ab. Sie alle waren von dem Erscheinen dieses wunderbaren Geschöpfes in ihrer Mitte fasziniert. Obwohl sie sie nicht lange genug kannten, um sie zu lieben, fühlten sich die Dorfbewohner seltsam zu ihr hingezogen, von einem Gefühl, das mehr als reine Neugier war, denn bei jedem von ihnen schien sie vergessene Teile ihres Selbst hervorzurufen.

Als am nächsten Abend der Mond aufging, kamen die Dorfbewohner, wie ihnen angetragen, zusammen. Selbst die Kleinsten waren, schlafend auf dem Arm ihrer wachsamen

Eltern, dabei. Die Leute standen in kleinen Gruppen oder paarweise auf der Lichtung herum.

Plötzlich gab es eine Bewegung. Hainuwele erschien, nackt - nur eine Blumengirlande um den Hals. Bereits aus der Entfernung war zu sehen, daß sie bereits das mittlere Alter erreicht hatte. Noch ein Tag - und sie würde ein altes Weib sein.

Voller Vertrauen ging Hainuwele auf die Mitte der Lichtung zu. Sie hob die Arme über den Kopf.

Bumm!

Der plötzliche Krach ließ alle zusammenzucken. Mit einem Ruck drehten sich die Dorfbewohner um und sahen eine ihrer ältesten Frauen über einen Baumstumpf gebeugt, der mit einem Kava-Tuch fest bespannt war. Bumm! Nie zuvor hatten sie eine Trommel gehört, aber die Menschen antworteten mit jeder Faser ihres Seins. Bumm!

Hainuwele begann zu tanzen. Nie zuvor hatte es auf der Welt einen Tanz gegeben, und so starrten die Menschen sie an, wie hypnotisiert durch ihre wirbelnden Hüften und springenden Füße. Dann, ganz langsam, begannen auch sie sich zu bewegen. Selbst die, die Kinder auf dem Arm trugen, begannen zu tanzen. Zuerst langsam, dann immer heftiger drehten und wiegten sich die Menschen im Tanz.

Bumm! Bumm! Die Trommel sang. Die Menschen begannen zu schreien und laut zu singen - Lieder, die später Teil ihres religiösen Rituals wurden, aber in jener mondbeschienenen Nacht nur die Laute ihrer Seele waren, die zum ersten Mal ein Lied vernahmen.

Bumm!

Hainuwele, in der Mitte der Lichtung tanzend, begann langsam auf den Boden zu sinken. Niemand bemerkte es. Die Dorfbewohner tanzten, sangen, wiegten sich nach den Rhythmen der Trommel.

Bumm!

Hainuwele sang noch immer. Ihre Beine, ja, ihre Füße waren bereits völlig in der Erde verschwunden. Bumm! Die Erde erreichte ihre Brüste. Bumm! Nur ihr Kopf schaute noch hervor.

Und dann war sie verschwunden.

Aber niemand bemerkte es. Die Menschen tanzten, san-
gen, wiegten sich zu den Schlägen der Trommel. Sie tanzten
die ganze Nacht, bis sie nacheinander auf dem Tanzboden
niedersanken und in einen tiefen Schlaf fielen.

Als sie erwachten, dämmerte bereits der Morgen. In der
Mitte der Lichtung gab es einen neuen Dschungel, der über
Nacht entstanden war. Riesige glänzende Früchte, ver-
schwenderische Blätter, Beeren -, welche die Menschen noch
nie zuvor gesehen hatten. Langsam, furchtsam näherten sie
sich dem verschlungenen Dickicht. Ein Kind hob den Arm
und nahm eine Beere, steck-
te sie in den Mund und lä-
chelte. Bald streckte jeder
die Arme aus und kostete
und schmeckte.

Hainuwele war nirgend-
wo zu sehen. Sie war ge-
gangen, unter die Erde -
oder, besser gesagt: ihr
menschlicher Körper war
gegangen. Aber sie blieb für
immer, wie all die Früchte
und Pflanzen, die die Men-
schen jemals brauchen wür-
den- Nahrung, die ihre wun-
dersame Besucherin ge-
schaffen und mit ihren Ri-
tualen und Liedern genährt
hatte.

Gartenfeste und öffentliche Rituale

Diese Sage von der Insel Ceram aus dem Südpazifik ist
eine von vielen Mythen, in denen die Verbindung zwischen
der Natur und ihren Ritualen besungen wird. Die berühmten Mysterien von Eleusis in Griechenland - so geheim, daß
sie nie preisgegeben wurden, und das, obwohl vielleicht ei-

ne Million Menschen bei über tausend Ritualen eingeweiht worden waren - scheinen sich ähnlich auf die wundersame Transformation von Erde und Wasser im menschlichen Wesen zu konzentrieren. Das Busk-Fest (Grünkornfest) der Irokesen, die buchstäblich herz-zerreißenden aztekischen Ritualfeste, russische Dorftänze - selbst die irischen Erntebräuche bei den Erntefesten, Relikt der alten Kriegsrituale zwischen den Kräften des Lichtes und der Dunkelheit - sie alle waren die öffentliche Anerkennung dafür, daß der Zyklus des Gartenjahres lebensnotwendig ist, um das menschliche Leben und die Gesellschaft zu erhalten.

Wir haben bereits untersucht, inwieweit die Gartenrituale einen Rahmen und, im übertragenen Sinne, einen Zusammenhang zwischen persönlicher Selbstanalyse und Wachstum bilden.

Jetzt gehen wir über das Individuelle hinaus, um zu untersuchen, in wieweit Gärten sowohl eine Verbindung wie auch eine Metapher für soziale Kontakte und Feste darstellen. Denn der Garten ist nicht nur ein Ort, an dem der einzelne vor sich hinträumen und nach Einsicht suchen kann. Er ist auch ein Ort, der Gelegenheit und Zutaten für die Feste bietet, die für uns eine menschliche Gemeinschaft ausmachen.

Diese Feste fallen in zwei Kategorien. Ob nun Christen oder Moslems, Wicca, Druiden oder Juden - Einzelpersonen oder Gemeinschaften - sie alle feiern den Fortgang der Jahreszeit und des Jahreskreises; und sie halten Zeremonien ab, in denen persönliche Veränderungen oder Übergänge zelebriert werden, die sogenannten Übergangsriten. Die Menschen unterschiedlicher religiöser Traditionen ritualisieren den dunkelsten Tag des Jahres: Christen kennzeichnen ihn als die Geburt ihres Retters; im alten Rom feierte man ihn mit einem wilden Fest, der Saturnalia; Juden nennen es das „Lichtfest" oder „Chanukah"; Wicca sammeln sich zu ihrem Wintersonnenwend-Ritual. Ähnlich findet jede Tradition ihren Weg, um Geburt, Tod und andere wichtige Übergänge im Leben eines Menschen zu feiern; ob als

Trauung unter einer Chuppa[1] oder mit einer Verlobung gefeiert - eine Form der Zusammenführung von Paaren findet sich in jeder Kultur.

Manchmal bilden Gärten das Szenario für derartige Zeremonien - sei es, daß ein Paar in einem öffentlichen Rosengarten getraut wird oder sich im eigenen Hinterhof verlobt. Gärten liefern auch die Zutaten für Feste; zur Wintersonnenwende wird Stechginster geschnitten; Maikglöckchen bilden die Krone für die Maikönigin; Blätter, die der Herbstwind zu Boden hat fallen lassen, werden zu einem Erntekranz gebunden.

In diesem Buch untersuchen wir nun das, was Gärten und Feiertage miteinander verbindet, untersuchen, wie wir Zeremonien im Freien am besten veranstalten können, und suchen nach Möglichkeiten, die Erträge des Gartens für Rituale im Haus zu verwenden.

Gartenrituale und -zeremonien

Es ist Juni, und überall im Land schreiten Bräute, einen blendend weißen Schleier tragend, feierlich auf Gartenwegen daher, um ihrem strahlenden Bräutigam unter einem gemieteten Baldachin oder in einem Zelt das Ja-Wort zu geben.

Oder es ist Winter, und Krippen aus Sperrholz, mit kleinen flackernden Kerzen beleuchtet, erstrahlen plötzlich in den Vorgärten.

Oder es ist Frühling, und die Kinder rennen johlend durch den grünenden Garten, auf der Suche nach buntbemalten und sorgfältig versteckten, hartgekochten Eiern.

Die Nachbarn schauen heimlich aus dem Fenster oder beobachten, wie ihre Mitmenschen tägliche Botengänge und Hausarbeiten meistern. Woran auch immer sie glauben mögen - sie lächeln beifällig. Vielleicht spüren sie einen Stich des Bedauerns, wenn sie sehen, daß jemand einen persönlichen Verlust erlitten hat; aber vielleicht neiden sie

---

[1] Anm. d. Ü.: Ein Tragzelt, unter dem die Zeremonie der jüdischen Trauung vorgenommen wird.

auch dem Nachbarn sein Glück oder ärgern sich, wenn sie keine Einladung zu dem Fest bekommen haben. Grundsätzlich jedoch lehnen sie derartige Ereignisse nicht ab, auch wenn nicht jeder von ihnen Halt in einer Religion finden mag.

Szenenwechsel: Lassen Sie jetzt das Fest ein Feuerwerk im späten Sommer sein, von einem Kreis Menschen in Roben feierlich zelebriert, die leise singen und sich nach den Klängen der Musik wiegen. Oder es ist eine dunkelhäutige Frau, in *Kente*, ein farbenprächtiges Tuch aus Ghana mit besonderen Mustern, gehüllt, in einer afrikanischen Sprache wehklagend, während sie langsam um den Rasen tanzt. Oder ist es eine singende Schar von Tänzern, lachend und sich einander zunickend, während sie sich spiralförmig über den samtig grünen Rasen bewegen.

Die Nachbarn, die in unserer früheren Szene stellvertretend die Zeremonie genossen oder bedauert haben, nicht dabei zu sein, zeigen bei dieser Manifestation des spirituellen Glaubens vielleicht eine andere Reaktion. Telefonanrufe bei der Polizei, mißtrauische Blicke in den Garten, soziale Ächtung oder öffentliche Schikane - alles ist möglich. Die Menschen, die erdgebundene, stammes- oder ethnisch-religiöse Traditionen praktizieren, müssen oft mit Vorurteilen durch jene leben, die ihren Glauben nicht verstehen oder ihn sogar fürchten. So, wie der einsame Jude in einer Nachbarschaft von Christen zögern mag, zur Wintersonnenwende seine Menorah zur Schau zu stellen, so praktizieren die Anhänger einer Erd- oder Göttinnen-Religion oft ihre Rituale nicht so, wie sie möchten, aus Furcht vor sozialer Achtung, beruflichen oder anderen Schikanen. Die Maxime, *„my home is my castle"* (mein Heim ist meine Burg), schützt nicht vor Klatsch und fehlendem Verständnis durch unsere Nachbarn.

Daher sollten Sie also, bevor sie beschließen, wie Sie Ihren Garten, Ihren Patio oder Rasen für Jahreszeitenfeste und Übergangsriten vorbereiten, zuerst für sich herausfinden, wie stark Ihr Wunsch nach Privatsphäre ist. Wer keine

Notwendigkeit verspürt, mit seinem Glauben hinter dem Berg zu halten, wird einen ganz anderen Gartenplan entwerfen als derjenige, dem seine Privatsphäre heilig ist.

Die Begriffe Privatsphäre und Geheimniskrämerei sind nicht unbedingt identisch. Sie mögen beim Einkauf im Gemüseladen ein Pentagramm tragen, an Ihrem Arbeitsplatz stolz zu Ihrem heidnischen Glauben stehen und Beschwerdebriefe an die Lehrer Ihrer Kinder schicken, wenn Sie sich in Ihrem Glauben gekränkt oder beleidigt fühlen - und trotzdem möchten Sie wahrscheinlich die Rituale, mit denen Sie diesen Glauben tagtäglich praktizieren, vor den Augen eines Fremden verbergen. Oder aber Sie fühlen sich durch die Gegenwart anderer, ob sie nun glauben wie Sie oder nicht, bereichert. Beginnen Sie also erst mit Ihrem Gartenplan, wenn Sie herausgefunden haben, was Sie bei dieser Frage empfinden.

Dazu ist es hilfreich, sich zu überlegen, was Ihnen in anderen Bereichen Ihres Lebens wichtig ist.

- Sitzen Sie lieber vor dem Haus oder lieber hinten im Garten?
- Ziehen Sie einen öffentlichen oder einen privaten Strand vor?
- Nehmen Sie an Open-Air-Konzerten teil oder hören Sie lieber Musik zu Hause?
- Mischen Sie sich lieber unter Menschen, zum Beispiel bei Volksfesten, oder ziehen Sie den Aufenthalt in der Natur vor, um einen seltenen Vogel zu beobachten?
- Erholen Sie sich lieber auf einer Kreuzfahrt oder bei einer Wanderung?
- Räkeln Sie sich lieber in der Sonne oder im Schatten eines Baumes?
- Halten Sie lieber eine Rede halten oder hören Sie lieber zu?

Wer jeweils den ersten Teil der Frage mit Ja beantwortet hat, hält sich lieber in der Gegenwart anderer Menschen auf; wer den zweiten Teil bejaht, fühlt sich besser, wenn er nicht ständig der Beobachtung anderer ausgesetzt ist. Wenn Sie zu den Erstgenannten gehören, möchten Sie Ihren Garten vielleicht so gestalten, daß Sie genügend Freiraum für Zeremonien haben, und das kritische Auge der Nachbarn wird der Kitzel für Ihre Veranstaltungen sein. Wenn Sie jedoch die meisten Fragen im zweiten Teil mit einem Ja beantwortet haben, ist Ihnen Ihre Privatsphäre heilig, was Sie bei der Planung Ihres Gartens entsprechend berücksichtigen sollten. Aber selbst Menschen, die die Einsamkeit vorziehen, sehnen sich manchmal, während sie ihrer Gottheit huldigen oder ein Ritual zelebrieren, nach dem Licht des Mondes in einer frostigen Winternacht oder der duftenden Brise des späten Sommers. Wenn Sie jedoch grüne Hecken ziehen und andere Schutzvorkehrungen treffen, können Sie auch einige Feste draußen veranstalten, selbst wenn Sie die geschützte Atmosphäre des Hauses vorziehen.

Sollten Sie sich jedoch mit der öffentlichen Zurschaustellung Ihrer Weltanschauung wohlfühlen, überlegen Sie, wie lange Sie in Ihrem derzeitigen Heim zu bleiben gedenken. Möchten Sie dort jedoch nur kurze Zeit leben, können Sie das Thema Privatsphäre *ad acta* legen; außerdem brauchen Hecken, die als Sichtschutz gedacht sind, mehr als eine Saison, um ausreichend hoch und breit zu werden. Wenn Sie jedoch planen, auf unbestimmte Zeit in einem Haus zu bleiben, sollten Sie bedenken, wie sich Zeremonien im leicht einsehbaren Garten hinter dem Haus auf Ihr Leben und das Ihrer Mitbewohner, Partner oder Kinder auswirken könnten. Bitte denken Sie auch daran, für später, wenn Sie sich mehr in die Privatsphäre zurückziehen möchten, Vorsichtsmaßnahmen zu treffen.

Ist Zurückgezogenheit für Sie nicht so wichtig und fühlen Sie sich bei Ritualen wohl – auch wenn viele neugierige Augen Sie beobachten, dann brauchen Sie nur zu überlegen, welche Landschaftsgestaltung der schönste Rahmen für Ihre Rituale darstellt. Am wichtigsten ist ein ebener Boden dort, wo die Rituale stattfinden sollen. Die meisten Rasen in der Stadt und in den Vororten sehen auf den ersten

Blick ganz passabel aus, eignen sich aber doch nicht so sehr für Ihre Zwecke, da sie an einigen Stellen uneben sind und die Zehen beim Tanzen hängen bleiben. Ein Bulldozer und anschließendes Einsäen von Rasen ist eine Möglichkeit, das Problem zu beseitigen – ob das die richtige Annäherung an Gaia ist, wage ich zu bezweifeln.

Sie sollten daher überlegen, welcher Bereich Ihres Grundstücks für Feste geeignet ist. Berücksichtigen Sie dabei bitte, daß Sie mindestens zehn Quadratmeter als offenen Bereich für jeden Teilnehmer benötigen, wenn Sie zu den fröhlichen Menschen voller Energie gehören, die tanzen und springen; wenn Sie sitzen wollen, brauchen Sie pro Person fünf Quadratmeter. Das heißt, eine Gruppe von zehn Leuten würde zwischen fünfzig und hundert Quadratmeter benötigen. Sobald Sie den Platz für den rituellen Bereich festgelegt haben, sollten Sie dem Rasen darunter eine sorgfältige Prüfung angedeihen lassen. Neigt sich das Gelände nur leicht, wird Sie das wenig behindern; ist das Gefälle aber stark, werden Sie wohl in Mutterboden investieren müssen, um eine ebene Fläche zu erhalten. Ist der Untergrund anderweitig uneben, sollten Sie untersuchen, ob es sich hierbei um Löcher im Boden handelt oder die Unebenheit durch Grasklumpen auf dem Rasen entsteht. Sind es Löcher, dann sollten Sie sie sauber machen, ausfüllen und erneut Rasen säen. Stören Grasklumpen Ihren Untergrund, sollten Sie diesen Bereich neu einsäen, vor allem, wenn Sie gerne tanzen.

Die nächste Frage ist, welches Klima dort, wo Sie leben, vorherrscht. Und dann: Welche jahreszeitlichen Rituale möchten Sie am liebsten draußen zelebrieren? Selbst wenn jemand zu den absoluten Anhängern von Freiluft-Ritualen gehört, wird auch er zweifellos ein stimmungsvoll erleuchtetes und trockenes Wohnzimmer einem schönen Rasen bei heftigem Regen vorziehen. Andere Störenfriede für Rituale im Freien sind starke Feuchtigkeit, schlechte Luftqualität (Smog oder andere Luftverschmutzung), Insektenplagen, ständige oder starke Niederschläge und extreme Hitze oder Kälte. Wenn es in Ihrer Region eine dieser Besonderheiten gibt, sollten Sie die Aktivitäten im Freien für die Jahreszeiten planen, in denen es vom Wetter her gemäßigter zugeht. Und dann überlegen Sie bitte, ob Sie eine oder alle der nachstehend genannten jahreszeitlichen Feste bei sich begehen möchten oder können.

Das Gartenjahr

Frühlingsfeste: Tagundnachtgleiche und Maifeiertag

Der Zyklus des Gartenjahres beginnt in dem Augenblick, in dem die Pflanzen aus ihrem Winterschlaf erwachen. Wenn Sie in einer Gegend leben, in der es im März normalerweise weder Schnee noch Matsch gibt, möchten Sie vielleicht am 21. März die Wintertagundnachtgleiche begehen, indem Sie eine traditionelle Eiersuche vornehmen. Das ist für Christen ein bekanntes Ritual, jedoch reichen die Wurzeln bis in die Zeit vor Christi Geburt zurück. In den Kulturen Osteuropas symbolisiert das Ei die Sonne, die die sonnenhungrigen Menschen nach ihrem langen Winterschlaf mit neuer Lebenskraft erfüllt. Die Eiersuche war damals angebracht, während wir gleichzeitig darauf warteten, daß unser Stern des Tages allmählich zurückkehrte, um die Erde und uns zu wärmen.

Um das richtige Szenario für die alljährliche Eiersuche zu finden, brauchen Sie sich nur die winterharten Frühlingsblumen anzuschauen. Eier auf dem frisch geschnittenen Rasen zu verstecken, ist langweilig. Pflanzen Sie um Ihren Rasen Sträucher, die im Frühling schnell Blätter hervorbringen, und Frühlingszwiebeln in verschwenderischen Mengen. Narzissen, die sich leicht akklimatisieren und schnell ausbreiten, bieten dicke schwertförmige Blätter, in denen sich Eier gut verstecken lassen; die schnell wachsenden Blätter des Geisbarts bieten ähnlich gute Verstecke. Vielleicht möchten Sie die Farbe des Eis der Blüte anpassen, sozusagen als Tarnfarbe; ein leuchtend rotes Ei in einer ebenfalls leuchtend roten Tulpe wird bei einem Kind jeden Alters Begeisterung auslösen.

Ähnlich wie die Eiersuche ist der Maibaum - der wichtigste Bestandteil des keltischen Beltane-Festes am 1. Mai - sogar denjenigen vertraut, die keine europäische Naturreligion praktizieren. Und obwohl das symbolische Ei in das christliche Frühlingsfest aufgenommen wurde, ging das mit dem Maibaum nicht ganz so leicht. Das fortpflanzungsfreudige Kaninchen wurde, erstaunlicherweise, zum knuddeligen Häschen, aber die offensichtliche phallische Bedeutung des Maibaums konnte man nicht so einfach verstecken oder negieren. So ist die ursprüngliche heidnische Bedeutung des Maibaums geblieben, aber ihm zu huldigen - das erscheint dem Uneingeweihten seltsam antiquiert.

Zwei Arten von Maibäumen gibt es - solche, die eine permanente Einrichtung sind, und andere, die nach dem Fest wieder entfernt werden. Sollte ersteres der Fall sein, benötigen Sie einen ausreichend starken, hohen Baum, der mitten auf einen Rasen oder eine Wiese gesetzt werden sollte - zum Beispiel eine Kastanie oder eine alte Kiefer, wobei die Zweige nicht niedriger als etwa zwei Meter fünfzig sein dürfen. Wenn Sie auf Ihrem Besitz solch einen Baum haben, dann sind Sie ein Glückspilz, denn es dauert lange, bis solch ein Baum eine entsprechende Größe hat. Bei einem schnell wachsenden Baum wie zum Beispiel einer Pappel ist der Stamm oft nicht kahl genug, um dort die Bänder anzubringen. Aber einen Maibaum zu pflanzen und sich um ihn zu kümmern, kann eine schöne Investition für Ihre rituelle Zukunft sein.

Eine Alternative ist es, einen Baum für kurze Zeit in Form eines großen Pfahls aufzurichten. Dieser Pfahl muß mindestens vier Meter fünfzig hoch sein. Oben, in der Nähe der Spitze, könnten Sie Haken oder Klettenband in Streifen anbringen und die Bänder daran befestigen. Und Werkzeug werden Sie brauchen, um den Pfahl aufzustellen. Eine mit Steinen eingefaßte Feuerstelle, die auch für Feuerfeste verwendet werden kann, eignet sich hervorragend für den Aufbau des Pfahls. Wenn Sie die Grube ausheben, graben Sie etwa einen Meter tiefer, als Sie für das Feuer benötigen; dann füllen Sie diesen Extraraum mit kleinen Kieselsteinen. Bauen Sie die Feuerstelle mit großen flachen Steinen, die den Untergrund bilden - und legen Sie einen Stein in die Mitte, der etwa neun Zentimeter im Durchmesser breiter ist als der Maibaum.

Wenn der Maitag naht, entfernen Sie den Stein und drehen den Maibaum durch die Kieselsteinschicht hindurch in die Öffnung hinein. Kurze Seilstücke, die an dem Pfahl befestigt sind, können den Maibaum halten, damit er nicht umfällt; Zeltpflöcke stabilisieren die Seile, aber achten Sie bitte darauf, daß diese, wenn Sie sie im Boden festmachen, nicht bis hinaus auf die Tanzfläche reichen. Maitänzer hüpfen zwar gerne über den Rasen, nicht aber über die Seilstützen.

Um das Ganze perfekt zu machen, sollten Sie einen Kreis mit Frühlingssträuchern, etwa drei bis drei Meter fünfzig vom Pfahl entfernt, pflanzen - Rhododendren, Azaleen und ähnliches, wenn Sie auf eine Privatsphäre nicht angewiesen sind; Flieder, falscher Jasmin, Geisblatt und andere, weit ausladende Sträucher, wenn Sie den Augen der Nachbarn entgehen möchten. Achten Sie darauf, in dem Kreis eine entsprechende Öffnung zu lassen - vorzugsweise nach Osten, der Richtung des Frühlings -, damit die Tänzer dort leicht hineinkönnen.

Eine germanische Überlieferung für diesen Feiertag ist die Zubereitung von Maibowle, eine Kombination aus einem leichten Wein mit süßem Waldmeister. Wenn Sie in einer Gegend leben, wo Trauben wachsen, pflanzen Sie genügend an, um daraus Maibowle herstellen zu können. Es ist etwas schwierig, Waldmeister zu finden, aber Sie brauchen nicht viel. Ein kleiner Bund reicht für viele Jahre. Weichen Sie den Wein mit dem Kraut ein, indem Sie einige Zweige in die Flasche tun, lassen Sie diese über Nacht oder einige Tage lang stehen, und trinken Sie dann die Mischung. Das wird die Energien des Festes herbeilocken.

Sommerfeste: Sonnenwendfeier und Lammas

Das nächste Fest im Gartenjahr ist die Sommersonnenwende am 21. Juni, dem längsten Tag des Jahres. Die christlichen Länder feiern diesen Tag als Johannistag am 24. Juni - eine Zeit, in der Prozessionen über die fruchtbaren Felder ziehen, um den Sommer zu begrüßen. Man kennt dies auch in der Überlieferung (und bei Shakespeare) als Sommersonnenwende, obwohl nach unserem Kalender die Sommersonnenwende in der Nacht nach Sommerbeginn gefeiert wird.

In vielen ländlichen Gegenden Europas wurde bei diesem Fest das Katharinenrad verehrt - ein sich drehendes glühendes Rad, das als Symbol für die Sonne steht. In Finnland rollte man solche Räder die Hügel hinunter und ließ sie in einem kalten See verlöschen. In Chedder, England, rollt man seit jeher riesige Räder aus gelbem Käse durch die Landschaft. Diese Bräuche sollen die Menschen daran erinnern, daß die Sonne immerwährend ihren Lauf durch die Jahreszeiten nimmt und mit ihrem riesigen gelben Ball immer und immer wieder den Zyklus des Jahres sichert.

Wenn Ihr Grundstück nicht über einen entsprechenden Hügel verfügt, der zu einem See mit spiegelglatter Oberfläche führt, wird es für Sie schwierig, solch ein Fest zu organisieren. Aber Sie können einige der symbolischen Elemente in Ihrem Garten nutzen, indem Sie eine runde Feuerstelle bauen, die Sie bei anderen Ritualen für andere Feste ebenfalls verwenden können. Solch eine Feuerstelle ist in weniger als einer Stunde fertig. Prüfen Sie die Örtlichkeit bitte auf Gefahren, die bei offener Flamme lauern, bevor Sie Ihr erstes Fest feiern; nichts vergrault die Geister mehr als ein Besuch der Feuerwehr oder eine kreischende Feuerwehrsirene.

Um eine einfache Feuerstelle zu schaffen, sollten Sie den Boden bis zu der Tiefe und der Breite ausgraben, die für Ihre Zwecke geeignet ist. Für eine kleine Feuerstelle reichen dreißig bis vierzig Zentimeter im Durchmesser und eine Tiefe von knapp dreißig Zentimetern; für eine große mit einem Feuer, das einige Stunden brennt, brauchen Sie ein Maß von etwa fünfzig Zentimetern Breite und gut dreißig Zentimetern Tiefe. Bei größeren Abmessungen könnte Ihr Feuer gefährliche Ausmaße annehmen (wer von Ihnen über ein großes Stück Land verfügt, findet einige Seiten weiter im Buch Tips für Feuerrituale mit Reisig).

Legen Sie Ihre Feuerstelle mit Stein oder Ziegel aus. Eine Feuerstelle mit Ziegel kann höchst attraktiv sein, bringt aber etwas mehr Arbeit mit sich, weil Sie die Grube tiefer als notwendig ausheben und dann Sand als Grundlage für die Ziegelsteine einfüllen müssen. Viel einfacher ist eine Feuerstelle, bei der Sie die Grube mit flachen kleinen Steinen auslegen; für die Umrandung eignen sich schön geformte Findlinge. Achten Sie darauf, daß die Steine klein genug sind, damit Sie diese schön im Kreis um den kesselartigen Boden der Grube herumlegen können. Achten Sie auch darauf, die Steine fest zusammenzudrücken, damit das Gebilde stabil ist und lange hält.

Allein schon die Feuerstelle zu bauen, kann ein vergnügliches Ritual sein. Wenn sie fertig ist, flechten Sie ein Rad - aus Stroh, Bambus oder sogar Zeitungspapier -, ein wenig kleiner als der Umfang Ihrer Feuerstelle. Drehen Sie das Material zu zwei langen Streifen und verbinden Sie diese in der Mitte mit brennbarem Material (Stroh, Garn oder Schnur) zu einem Kreuz. Zwischen den Armen des Kreuzes bringen Sie zusätzliche Streifen an, damit ein Rad entsteht. Dann legen Sie vier Schaschlikspieße in gleichmäßigem Abstand außen um das Rad herum und lassen sie so lang, daß sie auf der Kante der Feuerstelle liegen. Schüren Sie ein Feuer und legen Sie dann, sobald es brennt, das Rad auf das Feuer und beobachten Sie, wie es in Flammen aufgeht. Während es brennt, überlegen Sie sich, welche Gewohnheiten, in Gedanken und Tat, Sie verbrennen möchten, und stellen Sie sich vor, wie das Sommersonnenwendfeuer alle diese Dinge aus Ihrem Geist verbrennt.

Ein weiteres keltisches Feuerfest im Gartenjahr ist Lammas oder Lughnasa, das alte Mittsommerfest, das am 1. August gefeiert wird.

Im alten Irland wurden an diesem Tag riesige Feuer, die *Clairs,* auf den Hügeln angezündet. Man führte das Vieh zwischen den Feuern hindurch - sozusagen als Reinigung, und Liebende sprangen über die Flammen in der Hoffnung auf eine fruchtbare Verbindung. *Puck Fair* hat als ältestes Ritual von Lughnasa in der Grafschaft Kerry überlebt. In jedem August wird ein Ziegenbock gekrönt, auf ein festlich geschmücktes Podest gebracht und als König des Festivals gefeiert.

Ein Ziegenbock auf einer Plattform und Viehherden zwischen den Balfeuern - *das* wird den Nachbarn sicherlich nicht verborgen bleiben und der nationalen Presse auch nicht; deshalb möchte ich Ihnen empfehlen, Ihre Lammas-Feste weniger spektakulär zu gestalten.

Auch beim Lammas-Fest ist die Feuerstelle das Zentrum des Geschehens. Wenn Sie noch nicht gerodet haben, dann ist die Zeit günstig für eine Brandrodung - und tatsächlich ist es wahrscheinlich so, daß die Ursprünge derartiger Feuerfeste in der landwirtschaftlichen Notwendigkeit zu finden sind, vom Wind herabgestürzte Zweige, gefällte Bäume und die Äste und Zweige umgestürzter Weiden sinnvoll zu verwenden.

Mit solchen Baumresten läßt sich ein denkwürdiges Lammas-Fest feiern. Die Kelten sollen, so heißt es unter anderem bei Julius Cäser, riesige Weidenkörbe, gefüllt mit Opfergaben, verbrannt haben, wobei, wenn es stimmt, auch Sträflinge, Sklaven oder andere Gefangene mit „entsorgt" wurden.. Die Todesstrafe mag in einige Staaten zurückgekehrt sein, nicht jedoch das Verbrennen von Weidenkörben. Hinter dieser Vorstellung verbirgt sich eine interessante Idee: Das Land, und die Gesellschaft, von nutzlosen oder schädlichen Elementen zu befreien und gleichzeitig als Dank für die reiche Ernte Opfergaben darzubringen.

Warum sollte man dieses Ritual heutzutage nicht wieder beleben, indem man kleine Weidenkörbchen schnitzt und sie mit Symbolen der Gewohnheiten füllt, die Sie aus Ihrem Leben verbannen wollen, damit sie dann im Lammas-Feuer in Flammen aufgehen? Obwohl die Weide das traditionelle Material für Korbarbeiten ist, gibt es genug andere Sträucher und Kletterpflanzen, die sich ebenfalls dafür eignen. Weinreben oder Forsythie, zum Beispiel, können bereits zu Beginn des Frühlings geformt und die Reisighölzer zu kleinen Nestern gebogen werden. Sie können sie über den Sommer trocknen und haben dann für Ihr Opfer leicht brennbare Kästchen.

Suchen Sie als Symbol für die Angewohnheit, gewisse Kräfte oder Energien aus Ihrem Leben zu verbannen, nach einem Bild, das diese versinnbildlicht, oder einen Gegenstand, der als Symbol dafür dient. Oder schreiben Sie den Begriff auf - ein einziges Wort reicht - oder formulieren Sie einen Satz oder eine Geschichte. Wenn Sie zum Beispiel eine für Ihre Gesundheit schlechte Angewohnheit aufgeben möchten, können Sie eine Zigarette oder ein paar Zuckerwürfel anzünden; sollten Sie mit negativem Denken Schluß machen wollen, können Sie eine Liste mit diesen ungeliebten Angewohnheiten machen. Stopfen Sie das Symbol oder das Papier in das Kästchen und konzentrieren Sie sich, während Sie dieses den Flammen übergeben, auf das Gefühl der Zerstörung. Beobachten Sie, wie das Kästchen röter und röter wird und dann in Flammen aufgeht; achten Sie auf das Muster, das der Rauch bildet. Dabei stellen Sie sich vor, wie die Angewohnheiten - seien es Gedankenmuster oder negative Eigenschaften - aus Ihrem Leben verschwinden.

Nachdem Sie die negativen Gedanken, Angewohnheiten oder Meinungen losgelassen haben, sind Sie jetzt frei, um diese durch neue zu ersetzen. So, wie die Samen vieler Pflanzen bereits im späten Sommer der Erde übergeben werden, um dort bis zum nächsten Frühling im Verborgenen zu schlummern, ist Lammas eine gute Zeit, die Saat für die Dinge in den Boden zu geben, die Sie im nächsten Jahr ernten wollen. Auch das sollten Sie wieder symbolisch tun: Gehen Sie mit einer großen Platte, auf der Sie Sonnenblumensamen und andere Kerne arrangiert haben, unter Ihren Gästen herum und lassen Sie jeden Gast einen anderen essen - mit dem Bewußtsein, buchstäblich den Samen der Erneuerung zu säen.

Herbstfeste: Tagundnachtgleiche und Halloween

Wenn sich die Blätter färben und vertrauensvoll mit dem Wind davonschweben, dann mag es den Anschein haben, als wäre der Zyklus des Gartenjahres vollendet. Aber der Kreislauf des Gartens, wie auch der des Jahres, schließt sowohl die dunklen als auch die hellen Jahreszeiten ein - Zeiten, in denen der Boden ruht, die Natur schläft und sich auf einen neuen Frühling vorbereitet. Teil der spirituellen Bedeutung im Garten ist die Kontemplation - besser gesagt: Die liebevolle Annahme der Teile des Lebens, die so oft durch unsere Kultur negiert werden. Alter, Unfruchtbarkeit, Ruhe - das sind keine geschätzten Werte in unserer Welt, in der Jugend, Produktivität und Geschäftigkeit den Ton angeben. Dennoch kann der Boden ohne Zeiten der Ruhe nicht reifen, der Garten keine Früchte tragen und keine Blumen zum Blühen bringen.

Durch Kontemplation, Meditation und Ritual im Herbst- und Wintergarten können wir spiritueller, und damit auch heiler, werden. So lebendig auch die Jahreszeiten des Wachstums sein mögen, so wenig bieten sie doch eine spirituelle Herausforderung. Die Werte, die in der Gesellschaft heutzutage wichtig sind, unterstützen Wachstum und Expansion, nicht Einschränkung und Rückzug. Und auch wenn der Garten für jahreszeitliche Rituale im Frühjahr und Sommer leichter, angenehmer zu sein scheint, so werden die geringen Unannehmlichkeiten und möglichen Beschwernisse, die ein Ritual im Freien im Herbst und Winter mit sich bringt, durch die tiefgreifenden spirituellen Lektionen, die zu lernen sind, aufgewogen.

Diese beginnen mit der Herbsttagundnachtgleiche, der Zeit des Loslassens. Hell und Dunkel halten sich am 21. September ebenso wie am 21. März die Waage; aber im

Frühling neigt sich unser Planet Tag für Tag immer mehr zum Hellen hin, während sich im Herbst die Waagschale kaum wahrnehmbar, aber unausweichlich zum Dunklen hin neigt. Dennoch hat der Herbst seine eigene verschwenderische Schönheit, und die Tagundnachtgleiche ist eine Zeit für Rituale im Garten, bei denen wir der Fülle dieser Jahreszeit gedenken. Die beste Zeit für solch ein Ritual ist der Sonnenuntergang, der für den Tag dieselbe Bedeutung hat wie die Herbsttagundnachtgleiche für das Jahr. Beginnen Sie mit dem Ritual, indem Sie sich etwa eine halbe Stunde vor Sonnenuntergang um die Feuerstelle versammeln und verzehren Sie gemeinsam Speisen wie Nüsse, Körner oder mit Honig getränkte Äpfel. Während Sie diese Nahrungsmittel genießen, erinnern Sie als einzelner und in der Gruppe an die Gaben, die das Jahr Ihnen geschenkt hat - nennen Sie sie mit Namen und danken Sie dem Kosmos dafür, daß er sie Ihnen zugedacht hat.

Wenn die Sonne am Horizont untertaucht, beenden Sie das Ritual. Dabei lassen Sie ein Glas mit Cognac oder anderem Alkohol herumgehen als Symbol für den heißen Funken des Sonnenfeuers, das in der Traube oder im Korn eingefangen und zu seiner Essenz destilliert worden ist. Sprechen Sie über die großen Ideale, die Ihre Seele bewegen, die Ihr Leben leiten; teilen Sie mit den anderen Ihre Träume des Lebens in der größtmöglichen Fülle und Tiefe, die Sie sich vorstellen können. Erzählen Sie von den Träumen, die Sie in bezug auf Ihre Beziehungen und Ihre Familie haben; beschreiben Sie die Veränderungen, die Sie sich für Ihren Beruf, Ihre Erziehung oder ihr schöpferisches Leben erhoffen. In dieser Zeit, in der sich die Saat im Herzen der kühlen Erde einkuschelt, um im Frühling wieder zu sprießen, legen auch Sie die Saat für neue Träume in Ihr Herz. Es mögen viele Jahreszeiten vergehen, ja vielleicht Jahre, bis die Saat wächst und blüht - aber sie hat keine Chance zu blühen, wenn sie nicht gepflanzt wird. Schütten Sie ein wenig des restlichen Alkohols von Ihrer Feier auf die ruhende Erde, und dann atmen Sie einmal ganz, ganz tief ein und aus.

Nach der Herbsttagundnachtgleiche kommt eines der mächtigsten Feste des alten keltischen Jahres - so gewaltig, daß es noch heute - obwohl niemand mehr seine ursprüngliche Bedeutung kennt - gefeiert wird: Halloween - die Nacht, in der die Schleier zwischen dieser Welt und der Anderswelt gelüftet werden und in der Besuche unbekannter Ahnen und geliebter Menschen, die bereits den Übergang in das Land des ewigen Sommers vollzogen haben, wahr werden.

Für viele unserer Ahnen waren solche Besuche nicht unbedingt willkommen; die Ahnen möchten vielleicht wegen einer unbeabsichtigten Kränkung besänftigt werden, und Verstorbene jene Menschen, die sie haben hier lassen müssen, über die Grenze in die Anderswelt ziehen. Wohl wissend, daß Geister ein Heim, das bereits besucht worden war, nicht wieder aufsuchen würden, zogen sich die Älteren bunt und ausgefallen an und besuchten jedes Haus, um es gegen eindringende Geister zu feien - die Tradition hat bis heute überlebt.

Samhain - die ursprüngliche Bzeichnung für Halloween - ist ein mächtiger Wendepunkt im Jahr. Das Licht hat so stark abgenommen, daß die Welt jetzt in Dunkelheit getaucht und der Frühling weit entfernt zu sein scheint. Dennoch ist das die Zeit, in der die Scheunen mit Früchten überquellen. Früher war das die Zeit, in der geschlachtetes Fleisch noch in Hülle und Fülle zur Verfügung stand. Somit enthält Samhain Elemente eines Erntedankfestes - Dank für die fruchtbaren Zeiten der Vergangenheit mit der gleichzeitigen Hoffnung und Bitte, daß die bevorstehenden, weniger fruchtbaren Zeiten nicht zu schwer sein mögen.

Samhain bietet auch Gelegenheit für ein leicht durchführbares Ritual im Freien, selbst für Gartenbesitzer mit Nachbarn, denen das Kopfschütteln angeboren ist. Denn wenn sich jeder wie eine Hexe anzieht, wer weiß dann schon, wer sich hinter der Maske verbirgt? Und wer vergißt schon das Bild maskierter Tänzer, die. mit einer Kapuze und einem Mantel bekleidet, um ein Winterfeuer tanzen? Vielleicht möchten Sie ja einen Teil Ihres Rituals im Haus vollziehen, weil es dort privater und angenehmer ist, aber dennoch sollten Sie auf dem Höhepunkt Ihres Festes draußen ein Feuer anzünden, so groß, wie Ihre Feuerstelle es aushält. Tragen Sie Masken, die Tier-Totems oder Ahnengestalten herbeirufen. Geben Sie sich ganz dem Tanz und der Bewegung hin und lassen Sie dabei zu, daß Ihr Körper seinen eigenen Rhythmus findet.

Winter: Sonnenwende und Lichtmeß

Nach Halloween werden die Tage noch sechs weitere Wochen immer kürzer und das Sonnenlicht schwindet mehr und mehr. Dann kommt die Wintersonnenwende, die längste Nacht des Jahres, das Fest, das die alten Römer Saturnalia nannten und die Christen als die Geburt des Retters feiern. In allen Jahrhunderten und in allen Kulturen galt die Wintersonnenwendfeier als Fest der Hoffnung auf Wiedergeburt in der dunkelsten Zeit des Jahres.

Vielerorts ist es äußerst schwierig, die Wintersonnenwende im Freien zu feiern. Die Laubbäume tragen keine Blätter mehr, und das bedeutet weniger Privatsphäre als in anderen Jahreszeiten; das Wetter ist meistens ungemütlich, und manchmal geradezu unangenehm. Am besten läßt sich daher dieses Fest drinnen am Kamin, in behaglicher und heller Atmosphäre begehen.

Dennoch gibt es keine Vorschrift, die besagt, daß die Feste entweder nur drinnen oder nur draußen stattzufinden haben. Und die Wintersonnenwende ist eine ideale Zeit, einen Teil des Rituals draußen zu begehen, wo Sie die scharfe Kälte des Winters spüren können, während der Schluß der Feier nahe dem Jul-Feuer stattfindet, dessen glühende Scheite sich in den Augen eines geliebten Menschen widerspiegeln - wie die Sonne, die, wenn auch entfernt und schwach, durchaus lebendig und stark ist und auf ihre Rückkehr wartet.

Die längste Nacht des Jahres ist, paradoxerweise, das Fest des Lichts, denn wann brauchen wir das Licht mehr als mitten im Winter? So haben die Symbole der Jahreszeit mit Hoffnung zu tun: die glänzenden roten Beeren des

Stechginsters und die silbernen der Mistel; sie versprechen Wachstum im Frühling; die Fichten- und Kiefernzweige, immer noch grün, trotz der winterlichen Kälte; und der Schein der Kerzen und das Feuer von Ofen oder Kamin, das uns trotz der langen Abwesenheit der Sonne wohlig wärmt.

Selbst dort, wo die Winter mild sind, leiden wir am Winter unserer Seele, weil der, wenn auch geringe Rückgang des Sonnenlichts unserem Geist signalisiert, daß die Zeit des Rückzugs nahe ist. Im schlimmsten Fall kann die Stimmung in dieser Zeit niedergedrückt oder sogar hoffnungslos sein. Bestenfalls läßt sich die Zeit dafür nutzen, darüber zu reflektieren, was wir an Wärme zum Überleben benötigen: Den physischen Glanz der Sonnenenergie, die emotionale Wärme der Liebe, das intellektuelle Feuer neuer Ideen, den spirituellen Funken der Gnade. Im Sommer, wenn alles grünt und blüht, haben wir keine Zeit, uns zu fragen, wieviel oder wie wenig wir wirklich brauchen, und die so stark kommerzialisierte Weihnachtszeit heutzutage läßt uns kaum Muße für die Frage, wie klein ein Funke sein muß, um uns durch die nächste Zeit des Wachstums wärmend zu begleiten.

In den alten Tagen, als Nahrung im Winter gelagert wurde und der Frühling eine Zeit verstärkten Fastens war, weil alles, mit Ausnahme der Saat, verzehrt war, stellte die Wintersonnenwende das große Finale der Herbstfeste dar. Pflanzen und Früchte wurden faul, wenn man sie länger aufhob, und daher mit Begeisterung und Genuß verzehrt. Ähnlich war es mit dem Fleisch, das schlecht zu werden begann und zwischen zwei Geschichten am Herdfeuer verspeist wurde. Wir haben heutzutage den Sinn dafür verloren, haben das nicht mehr nötig, mit unserem Jet-Set-Gemüse und den Delikatessen, die das ganze Jahr über zu bekommen sind. So sollten unsere Sonnenwendfeste das Bedürfnis der Menschen heutzutage widerspiegeln - nämlich zu lernen, wie wenig wir brauchen, um glücklich zu sein – und nicht, wieviel.

Kaufleute sind inzwischen von dem Feiertagsrummel abhängig geworden; oft wird die Hälfte des Umsatzes zwischen dem Erntedankfest und Weihnachten getätigt. Eine Möglichkeit, den Geist der Jahreszeit zu würdigen, ist es, diese Zeit bewußt zu erleben, das heißt, in einer Form, die Ihre Ideale fördert: Den Tante-Emma-Laden um die Ecke zu unterstützen; Geschenke bei alternativen spirituellen oder kleineren Versandhäusern zu besorgen; Kunst direkt beim Künstler zu erwerben - das alles sind kraftvolle Möglichkeiten, Ihrem Geschenk Bedeutung zu verleihen.

Sie können auch Geschenke für die Feiertage selbst basteln - zusätzlich zu den gekauften oder sogar als Alternative. Hier bietet der Garten eine reiche Auswahl: Arrangements aus Trockenblumen; eingemachte Marmelade, Gewürze und Mixed-Pickles, getrocknete Tees und Kräuter, gepreßte und aufgeklebte Blätter, Beerenessig, eingemachtes Obst. Ein Glas selbstgemachter Johannisbeermarmelade, mit dem Honig der Bienen vom Nachbarn versetzt, bringt den Beschenkten mit dem Segen Ihres sommerlichen Gartens durch die Wintermonate. Vielleicht verschenken Sie Konserven in einem Korb, mit getrockneten Kräutern dekoriert; einen Kranz mit Blumen der acht Hauptfeste oder ein weißes Buch, verziert mit Ihren eigenen Fotografien oder mit Bastelanleitungen.

Und schließlich könnten Sie auch noch ein *Giveaway* veranstalten. Suchen Sie dazu Dinge in Ihrem Haus, die Sie wie Schätze hüten, aber längst nicht mehr brauchen; bitten Sie Freunde, dasselbe zu tun. Bei der Sonnenwendfeier tauschen Sie diese aus: Vielleicht finden die eingepackten Gegenstände in einem Krabbelkorb ihren neuen Besitzer; oder Sie plazieren sie dekorativ auf dem Tisch und lassen die Freunde ihre eigene Wahl treffen; oder Sie bestimmen im voraus, wer was bekommen wird. Eine kleine Karte, auf der Geschichte und Bedeutung des Geschenkes stehen, kann ihm eine besondere Bedeutung verleihen. Sorgen Sie nur dafür, daß die Geschenke des *Giveaway* Dinge sind, die für Sie ursprünglich eine Bedeutung hatten. Etwas, das man wegwerfen wollte, ist nicht als *Giveaway* geeignet.

Das letzte Fest des Jahres findet sechs Wochen nach der Sonnenwende statt. Die Tage werden schon wieder länger und heller, aber der Winter hält uns immer noch fest im Griff. Das keltische Fest Imbolc, am 1. Februar gefeiert, wird vor allem durch die Kerzen symbolisiert, die ihm den Namen Lichtmeß eingebracht haben. Kleine Kerzen gegen die Dunkelheit sind für diesen Augenblick in der Tiefe des Winters gerade richtig, denn auch wenn der Saft sich bereits in den Bäumen zu regen und die Saat in der Erde langsam zu schwellen beginnt, so ist der Garten, zumindest das, was von ihm zu sehen ist, doch noch öde und leer.

Kerzen, die Symbole der Jahreszeit, sind natürlich für jedes Ritual, das an Imbolc im Freien vollzogen wird, ideal. Dasselbe gilt für Wunderkerzen, die sich, wenn Sie in einer nördlichen oder bergigen Gegend feiern, besonders hübsch als Kontrast gegen den Schnee ausmachen. Auch wenn es praktisch möglich wäre, zu dieser Zeit des Jahres die Feuerstellen zu nutzen, ist es symbolisch nicht sinnvoll, denn der Funke des Lebens brennt nur auf Sparflamme und ist nicht bereit, sich zu einem Freudenfeuer auszubreiten.

Im alten Irland war Imbolc der Tag, an dem die Göttin aus der Unterwelt aufsteigen sollte - schwanger, in ihrem Schoß das neue Leben des Frühling tragend. Es war auch die Zeit, in der die neuen Lämmer geboren wurden, und so ist die Milch, die die Jungen nährt, Symbol für diese Zeit. Und jetzt beginnt auch bereits der milchige Saft in den Bäumen zu steigen. Wenn Sie Ahorn oder Birken haben, können Sie diese jetzt anzapfen - ein leichter süßer Trank für Ihren Kelch an diesem besonderen Festtag.

Leben und Gärtnern im Wandel der Zeit

So endet das Jahr der Gartenfeste. Dem Gärtner bedeutet der alte Zyklus des Pflanzenjahres vielleicht mehr als anderen Menschen. Und auch wenn er diese Feste oft nicht bewußt begeht, lebt ein Gärtner doch mehr im Rhythmus der Jahreszeiten: Gartenkataloge mitten im Winter zu wälzen, das ist wie ein Symbol der Hoffnung; Herbstrituale machen aus einer übriggebliebenen unscheinbaren Zucchini einen strahlenden Star; die letzte im Herbstgarten übersehene glitschige Gurke zu finden erfüllt den Gärtner mit Trauer. Einen solchen Anlaß zu feiern ist eine Möglichkeit, sich diesen Zyklus bewußt zu machen.

Wir haben gesehen, wie man durch die Veränderungen im Garten die Jahreszeiten feiern kann. Aber auch das Leben hat seine Jahreszeiten. Wir werden geboren, wir wachsen, wir paaren uns; durch unsere Handlungen ändern wir die Welt, und dann sterben wir. Jede dieser Übergangszeiten ist traditionell durch eine Zeremonie und ein Ritual gekennzeichnet. Und wie auch immer unser religiöser Glaube sein mag, unser Garten bietet Szenario und Material, diese Übergänge feierlich zu begehen.

Drei dieser Riten sind auf der ganzen Welt bekannt: Geburtsritus, Paarungsritus und Tod. Unser Leben heutzutage bietet jedoch noch viele andere Möglichkeiten, Veränderungen im Leben zu ritualisieren. Wir feiern den Abschluß einer Ausbildung; wir trauern oder feiern sogar das Ende einer Beziehung. Es gibt besondere Geburtstage und Jahrestage, Stufen auf der Karriereleiter, Höhepunkte bestimmter Projekte. Sie alle bieten eine Möglichkeit, mit Menschen, die uns lieb und teuer sind, zusammenzutreffen, um die Veränderung in unserem Leben kundzutun und zu würdigen.

Es gibt viele Rituale, die sich für Übergangsfeste eignen und ihnen angepaßt werden können; an Vorbildern für Taufen und Hochzeiten und Beerdigungen fehlt es nicht, und Geburts- oder Jahrestage halten sich oft genug an ein Standardmodell. Diese auf den Garten anzuwenden kann jedoch gelegentlich eine Herausforderung bedeuten. Viele versuchen, draußen im Freien eine Atmosphäre zu schaffen, die der im Inneren eines Hauses entspricht. Das geschieht oft bei Hochzeiten: Stühle werden im Garten aufgestellt, als wäre man in einer Kirche, die Braut geht den Gang am Arm ihres Vaters entlang und – welch ein Paradoxum - der Altar ist mit Schnittblumen geschmückt. Wenn auch solch ein Ereignis durchaus denkwürdig sein mag, so trägt es dem Garten in keinster Weise Rechnung, sondern „benutzt" ihn nur als Ersatz für einen anderen traditionellen Ort.

Zeremonien für Übergangsriten draußen gelingen sehr viel besser, wenn Sie bei der Planung des Gartens das berücksichtigen, was ihn zu einem besonderen Ort macht, und das geplante Ereignis aus der tiefen Suche nach der persönlichen Symbolik einerseits und der allgemein anerkannten Symbolik andererseits entsteht. Welche Zeremonie auch immer Sie anvisieren – zwei Faktoren dürfen Sie nicht vergessen:

- das persönliche Symbolsystem (oder das der Familie); und
- die gesellschaftlichen Symbole, die für diese Gelegenheit gelten.

Die beste Zeremonie ist die, bei der man das Neue und Einmalige mit dem Altbekannten, das von allen erwartet wird, mischt; so fällt die Zeremonie weder aus dem Rahmen noch ist sie altmodisch. Das nachstehend beschriebene Ritual, das auf tatsächlichen Erfahrungen beruht, ist nicht nur für allgemeine Übergangszeiten im Leben sinnvoll, wie zum Beispiel eine Hochzeit, sondern auch für persönliche Zeiten der Veränderung.

Eine Scheidungszeremonie

In unserem ersten Beispiel wollen wir uns die folgende Zeremonie anschauen, die für eine Frau bestimmt ist, die sich nach langer Ehe in der Mitte ihres Lebens auf ein Dasein als alleinerziehende Mutter einlassen mußte. Übergänge wie diese bleiben oft unberücksichtigt. Die Frau erinnerte sich an viele wichtige Zeremonien in ihrem Leben: So empfing sie zusammen mit ihrem Ex-Mann eine Militär-kommission, und auch die Heirat mit ihm war ihr noch gut im Gedächtnis. Und die Kraft dieser Erinnerungen ermutigte sie, ihren neuen Status mit einem Ritual zu feiern. Eine Zeremonie für eine Scheidung zu planen, ist in gewisser Weise leichter als eine Hochzeit zu organisieren, denn wenn kein vorgeschriebenes Symbolsystem besteht, hat der persönliche Geschmack freie Bahn.

Als erstes setzte sich die Frau, von der ich erzähle, mit einer Freundin zusammen und sammelte Ideen. Dabei stellten sie eine Liste mit Begriffen auf, die mit ihrem neuen Status zu tun hatten. Während ihre Freundin die Worte aufschrieb, sprach die Frau so schnell wie möglich, ohne irgend etwas zu werten, nicht einmal Worte wie „Haare", die, auf den ersten Blick, nichts mit dem Zweck der Zeremonie zu tun hatten. Das Ergebnis war eine lange Liste mit Begriffen, von denen viele einen falschen Ansatzpunkt oder irrelevante Ideen darstellten. Aber auf der Liste fand sich auch folgendes: Ring, Feuer, Lied, Haar, Dunkelheit, Licht, Kiste, Erde. Beachten Sie, daß dies alles Substantive sind; Substantive und Verben dienen oft als Grundlage für eine Zeremonie, während Adverbien und Adjektive sehr oft einfach nur etwas bezeichnen oder beschreiben. Achten Sie auch darauf, daß einige Worte das Gegenteil zu anderen sind. Eine solche Spannung sagt oft etwas über die wahre Stimmung einer Situation aus, denn menschliche Realitäten sind selten einfach.

Mit dem Bewußtsein, daß diese Symbole ihren Zustand beschrieben, wie er tatsächlich war, entwarf die Frau dann eine Zeremonie, die im Hause in einem abgedunkelten Raum mit zugezogenen Vorhängen begann. Sie betrat diesen Raum, in dem sich ihre Freunde und Freundinnen versammelt hatten, alleine, in einem schwarzen Kleid, die Haare fest auf ihrem Kopf zusammengebunden. Sie stand vor ihren Gästen und sprach zu ihnen von dem Schmerz, ihre Beziehung aufzugeben, der sie so viele Jahre geschenkt hatte. Als der Schmerz der Frau spürbar wurde, flossen viele Tränen.

Dann war da plötzlich Musik. Die Frau ging zum Kamin, bückte sich und zündete ein Feuer an, das sorgfältig vorbereitet worden war und sofort lodernd zu brennen begann. Als sie aufstand, löste sie ihr Haar und ließ es über die Schultern fallen. Sie zog das dunkle Kleid aus; darunter kam ein helles Kleid zum Vorschein.

In diesem Augenblick wurden die Vorhänge mit einem Ruck aufgezogen und Licht flutete in den Raum. Ein Mitglied der Gesellschaft begann zu singen: „Alles hat seine Zeit", während die Frau ihren Ehering abzog, in ein Kästchen legte und es mit Wachs versiegelte. Dann folgten ihr die anderen zu einem Baum, den die Frau und ihr früherer Ehemann gepflanzt hatten; unter diesem Baum begrub sie den Ring, Symbol ihrer Vereinigung mit diesem Mann. Ins Haus zurückgekehrt, teilte die jetzt fröhliche Gruppe ein Mahl, die Frau servierte Wein, strahlend vor Glück über ihre neu gewonnene Freiheit.

Eine Erdungszeremonie

Eine andere Frau, die in einer neuen Stadt Wurzeln fassen wollte, lud mehrere Bekannte ein, diese Veränderung in ihrem Leben mit ihr zu feiern. Auch hier hatte die gemeinsame Suche nach Ideen mehrere Begriffe ergeben, die ihr bei dieser Veränderung wichtig waren: Binden, neues Wachstum und Rosen. So begann sie, ihren neuen Freunden Fotografien ihres früheren Heims zu zeigen. Dann setzten die Gäste die Frau in einen Stuhl in die Mitte des Raumes; mit mehreren Knäulen heller Schnur banden sie sie an dem Stuhl fest, - eine Schnur für jede Erinnerung, die sie mit ihrem früheren Heim verband. Dann, mit Scheren bewaffnet, schnitten sie sie los - eine Schnur für jede Hoffnung, die sie für ihr neues Leben hegte. Dann begleiteten die Freunde sie zu ihrem Garten, wo sie einen Rosenstrauch, der den Namen der neuen Stadt trug, pflanzte und die stacheligen Rosenzweige mit Stücken des hellen Garns festband.

Das einfache Verfahren der Ideensuche, bei der man Begriffe sucht, die die Situation, für die ein Ritual gemacht werden soll, beschreiben, ist der erste Schritt für die Planung eines solchen Ereignisses. Es ist wichtig, daß die Ideensammlung frei ist von Erwartungen und Wünschen.

Wie Sie an dem ersten Beispiel gesehen haben, stellte das offensichtlich unbedeutende Wort *Haar* im Rahmen des Rituals einen besonders denkwürdigen Augenblick dar. Genauso sollte man zuerst dem Ort, an dem das Ereignis stattfinden wird, keine allzu große Beachtung schenken. Lassen Sie die Rolle, die der Garten bei dem Ritual spielen soll, sich während der Planungsphase ganz von alleine entwickeln. Das ist besser, als sich gleich zu Beginn festzulegen. Eine Mischung aus einer Zeremonie im Haus und im Freien ist besonders wirkungsvoll, wenn die Gruppe, die das Ritual begehen möchte, relativ klein ist. Bei mehr als zwanzig Personen kann das Hin und Her zwischen den beiden Bereichen verwirrend sein. Die Zeremonie sollte sorgfältig geplant und wie eine Prozession durchgeführt werden.

Rituale wie die oben beschriebenen, die nur einmalig stattfinden, lassen sich einfach planen, und zwar aus mehreren Gründen:

- Es gibt keine Konventionen dafür;
  und
- sie werden normalerweise mit mehreren gemeinsam gefeiert, deren Weltanschauung mit dem, was durch das Ritual gefeiert werden soll, übereinstimmt.

Hochzeiten und Beerdigungen indessen stellen schon eher eine Herausforderung dar, denn sie bringen Familienmitglieder und Menschen zusammen, die sich durch ein für sie fremdartiges Ritual, das nur auf eine einzelne Person zugeschnitten ist, verunsichert und ausgeschlossen fühlen könnten. Die Planungsphase ist daher in zweifacher Hinsicht von Bedeutung: Das individuelle Symbolsystem muß herausgefunden und die allgemeinen Elemente des Rituals müssen aufgestellt werden. So, wie die persönliche Liste ausgewählt wird, während die Planer nach beredten und angemessen Handlungen suchen, genauso prüft man, welche Konventionen angemessen sind. Der Austausch von Ringen zum Beispiel ist ein allgemeiner Brauch einer jeden Hochzeitszeremonie; für einige bedeutet er den zärtlichen Austausch von Gaben, für andere hat es materielle Hintergründe.

Die Beerdigung eines Kindes

Die Mischung aus Althergebrachtem und Neuem schafft für die Teilnehmer eine Ebene des Wohlgefühles und einen Hinweis auf die innere Bedeutung des Ereignisses. So endete, als eine Frau ihr kleines Kind bei einem tragischen Unfall verlor, eine relativ konventionelle Beerdigung zu Hause mit einer Prozession im Garten; als die Teilnehmer das Haus verließen, überreichte man ihnen farbenprächtige, mit Gas gefüllte Ballons; ein Bild, das zuvor bei der Ideensammlung aufgetaucht war. Nachdem Freunde und Familienangehörige im Garten einen Kreis gebildet hatten, ließen sie die Ballons fliegen, während die Mutter mit tränenerstickter Stimme ihrem Kind Lebwohl sagte. Die Ballons stiegen langsam in den Frühlingshimmel, und der Kreis der Trauernden schaute ihnen so lange nach, bis auch der letzte Farbtupfer am Himmel verschwunden war. Als die Trauernden in den leeren Himmel schauten, spürte jeder von ihnen lebhaft die große Leere, mit der sich die trauernde Familie jetzt auseinandersetzen mußte.

Solche Zeremonien sind nicht nur für die Betroffenen sinnvoll, sondern auch für die Gemeinschaft als solches. Wie das Ritual, das Hainuwele ihrem Volk beibrachte, schweißt es die menschliche Gemeinschaft durch eine Erfahrung zusammen, die gemeinsam erlebt wird. Wer im Garten einen Teil des Lebens sieht, für den ist es ganz natürlich, den Garten und seine Erträge in die Rituale mit einzubeziehen.

Gaia

Von ihr singe ich, der All-Mutter -
die sie alt, hart wie Stein und wunderschön ist.
Von ihr singe ich, der Ernährerin,
die, die sie alles nährt.
Von Gaia singe ich.
Wer auch immer du sein mögest,
und wo auch immer du bist - sie nährt dich
aus dem von ihr gehüteten Schatz des Leben.
Reiche Ernten, schöne Kinder, die Fülle des Lebens:
Das sind ihre Gaben. Lobpreise sie!

Hymne Homers an Gaia

Kapitel 5
Der Garten in Mythos und Legende

In diesem Kapitel wird jeder Garten einer mythischen Gestalt geweiht - mit Pflanzen, deren Namen oder traditionelle Verwendung der Gottheit Ehre huldigen. Ich erzähle Ihnen Legenden und Sagen, mache Sie mit Pflanzen und Gartenplänen vertraut. Wenn nicht anders angegeben, sind die Gärten für die gemäßigten Klimazonen gedacht. Viele der Pflanzen können auch in extremeren Klimazonen überleben; dennoch sollten Sie sich bei einer örtlichen Gärtnerei, einem Botanischen Garten oder einem erfahrenen Gärtner informieren. Die Gärten in diesem Buch wurden inspiriert durch „poetische" Gärten in Europa und chinesische „Schul" Gärten, in denen die Pflanzen nach dem Gesichtspunkt ausgewählt werden, was sie darstellen und nicht nur danach, ob sie eine bestimmte Form

oder Farbwirkung erzielen. Andere Gartentraditionen haben als Anregung für besondere Gärten, wie in diesem Kapitel beschrieben, gedient - wie etwa der japanische Garten für Kuan Yin und der heilige Hain der griechischen Artemis-Tradition. Und bei allen wurde darauf geachtet, die Welt von heute zu berücksichtigen - was die Zeit der Nutzung angeht wie auch den Wunsch, daß der Garten nicht nur von drinnen schön anzuschauen ist, sondern man sich auch, wenn das Wetter es zuläßt, draußen aufhalten kann.

Diese Gärten sollen mehreres bewirken: Sie inspirieren, Gärten zu schaffen, die Ihre persönlichen Interessen und Ihren Geschmack widerspiegeln. Ich möchte Ihnen aber auch Pläne anbieten, mit denen Sie etwas Neues schaffen können. Wenn Sie bei diesen Beschreibungen nicht Ihre Lieblingsgottheit, Ihr bevorzugtes Fest oder einen mythischen Zyklus finden - kein Problem: Schaffen Sie sich Ihren eigenen Gartenplan. Pflanzen Sie einen roten Garten für den stürmischen Kriegsgott Mars - einen Gänseblümchen-Garten für die Sommersonnenwende, oder eine mit Weinreben umrankte Laube für Bachus, den Gott des Weines. Stellen Sie an jeder Ecke Ihres Grundstücks eine Säule mit dem Hermeskopf auf - zu Ehren des Schutzgottes der Diebe und Kaufleute. Legen Sie einen Garten nach der islamischen Tradition an, einen Paradiesgarten, in dessen Mitte sich die Wasser der Ewigkeit kreuzen. Pflanzen Sie einen astrologischen Garten - eine großzügigen Kreis mit Blumen für jedes Tierkreiszeichen. Warum sollten Sie sich auf ein Beet mit Impatiens oder den üblichen winterharten Pflanzen beschränken, wenn Sie einen Garten schaffen können, der Ihren spirituellen Stil oder gar Ihre gärtnerische Ästhetik widerspiegelt?

Bei den Pflanzen, die in diesem Kapitel aufgeführt sind, wird zuerst die Gattung und dann die Sorte genannt. In den meisten Fällen ist der Name der Sorte für das Thema des Gartens von Bedeutung. Für die Anlage dieser Gärten werden Sie daher wohl mehr brauchen, als das, was Ihr örtliches Garten-Center bietet, aber sicherlich sind Sie kreativ genug, fehlende Pflanzen durch andere zu ersetzen. (Siehe Seite 4)

Denken Sie daran: Sie haben Zeit. Ein Garten, wie die hier beschriebenen Gärten, muß nicht innerhalb einer Pflanzperiode perfekt sein. Die Gärten, um die es jetzt geht, bestehen alle aus winterharten Pflanzen, die zwei bis fünf Jahre brauchen, um ihre volle Größe zu erreichen. Wenn Ihr Garten erst einmal fertig ist, wird er Ihnen viele Jahre Freude und Inspiration schenken.

Ein Engel-Garten

Einer der bekanntesten englischen Gärten ist der *White Garden* (Weißer Garten), der im Anfang des zwanzigsten Jahrhunderts von der Künstlerin Vita Sackville-West auf ihrem Landsitz in Sissinghurst geschaffen wurde. Dort fehlen zwar helle florale Töne, aber dafür erfreuen Gebilde aus Blättern und Blütenformen das Auge. Solch ein Garten kommt erst nachts richtig zur Geltung, wenn er vom Mondlicht übergossen ist und die Blumen in ihrem eigenen, geheimnisvollen Glanz erstrahlen.

Vita war eine Individualistin nach dem Motto: *zum Teufel; was soll's;* aber sie war die Muse, der Engel der Inspiration, für die Romanschriftstellerin Virginia Woolf - und für Tausende von Gärtnern, die in Vitas Fußstapfen getreten sind und ihren eigenen *Weißen Garten* geschaffen haben.

So ist der Engelgarten, den ich Ihnen hier vorstelle, eine Variante des Weißen Gartens, die ihr zu Ehren entworfen wurde.

Vielleicht sind alle Weißen Gärten versteckte Engelgärten, erinnern ihre Blüten doch an die fedrigen Schwingen dieser Wesen, die zwischen den göttlichen und menschlichen Welten hin und herschweben. Denn Engel, in welcher Kultur auch immer sie auftauchen, sind stets Botschafter zwischen den Welten. Sie tragen die Gebete der Menschen in die göttliche Sphäre und helfen ihnen, die Antworten aus der geistigen Ebene zu verstehen. Es gibt Menschen, die behaupten, Engel hätten keine Essenz - sie wären die Botschaft selbst, oder zumindest, man könne sie nicht von ihrer Botschaft unterscheiden. Nach der Meinung dieser Menschen ist das geflügelte strahlende Wesen, das unsere Sinne betört, nur die äußere Manifestation der strahlenden und erhebenden Botschaft, die wir empfangen sollen.

Dennoch befriedigen solche Abstraktionen unseren Wunsch nicht, die jenseitigen Kräfte mit menschlichen Zügen zu versehen. Und so haben sich aus den unterschiedlichen Kulturen, in denen es Engel gibt – dem Christentum, Judentum, Islam und der Lehre des Zarathustra - unzählige Namen ergeben. Einige Engel sind so bekannt, daß wir unsere Kinder nach ihnen benannt haben, zum Beispiel: Michael, Gabriel, Joel und Raphael. Aber die Namen zahlloser anderer sind ebenfalls bekannt - von Meil, dem Mittwoch-Engel, bis Charuch, dem Engel der sechsten Stunde des Tages.

Für den Gärtner haben einige Engel eine besondere Bedeutung; dazu gehören Abrid, der Engel der Sommersonnenwende; Af Bri, der Engel des Regens; Alpiel, der Engel der Obstbäume; Makteil, der Engel der Bäume; Omael, der Engel der Zeugung; Phorlakh, der Engel der Erde; und nicht zuletzt Sachluph, der Engel, der das Wachstum der Pflanzen überwacht.

In diesem Engelgarten können Sie über die vielen Botschaften meditieren, die uns Blumen und Pflanzen bringen. Dabei werden Sie die flüsternden Stimmen anderer Engel vernehmen - und vielleicht die sanften Schwingen ihrer strahlenden Flügel spüren.

Die Gartenanlage

Dieser Garten sollte um einen Innenhof angelegt werden, damit der Gärtner und seine Gäste die Blüten bei Tag und das heitere Mondlicht bei Nacht genießen können. Es gibt zwei Beete, die gleich groß sind und im Schatten liegen sollten, und eins, das Sonne braucht; auch der Bogen am Eingang braucht Sonne. Obwohl dieser Engelgarten auf einen Bereich von etwa vier Meter fünfzig im Quadrat ausgelegt ist, kann er jeder Größe, Form oder allen Licht-Schatten-Verhältnissen angepaßt werden; wiederholen Sie einfach die Randbeete, wo nötig, und dehnen Sie das mittlere Randbeet entsprechend länger aus.

Besucher betreten diesen Garten durch einen mit Blumen umrankten Bogen, der an Ort und Stelle aufgebaut oder von einem der zahlreichen Lieferanten für vorgefertigte Bögen erworben werden kann. Sie können den Bogen weglassen, wenn Sie diesen Platz für ein Randbeet oder mehrere Randbeete verwenden möchten. Oder Sie legen den Eingang als Engelpfad an - der vielleicht zu einer kleinen Lichtung führt, auf der eine Engelstatue steht - , indem Sie den

Entwurf zwei Mal wiederholen und dabei etwa sechzig Zentimeter Zwischenraum lassen.

Solch ein Garten kann wunderbar mit Skulpturen, Brunnen und anderem Schnick-Schnack geschmückt werden. Engelskulpturen für den Garten, oft Repliken historischer Ornamente, sind in einschlägigen Geschäften zu haben: Flachreliefs von Putten, die im Weinlaubbogen spielen, ornamentale Cherubim, kitschige Engel mit Flügeln, und vieles mehr. Vielleicht möchten Sie einen von ihnen (nicht mehr!) in den Patio stellen. Die Blumen selbst sind engelhaft genug, um von Frühling bis Herbst eine Attraktion darzustellen – nicht nur für Engel ...

Ein
Engelgarten

Zubehör:
- Bogen (vorgefertigt oder zusammenlegbar)
- Patio (jegliche Größe oder Form)
- Engelskulptur, Brunnen oder sonstiges Gartenzubehör

Pflanzenliste
1	1	Clematis Marie Boisselot
2	1	Rose Darlow's Enigma (Merada)
3	4	Pfingstrosen (Baumpäonie) Renkaku
4	12	Waldmeister
5	2	Funkien (Hosta) Blue Angel (Blauer Engel)
6	8	Astilben Snowdrift (Irrlicht)
7	12	Astern White Wood (Snow Cushion)
8	8	Weiße Tränende Herzen Alba (Spectabilis)
9	1	Hibiskus Blue River

10	10	gemischte Lilien: Immortality (Mont Blanc) Casa Blanca White Butterfly (Lilium martagon, album) White Angel (Lilium formosanum)
11	10	Madonnenlilien
12		Zwiebelmischung aus: Narzissen White Ideal (Vigil) Narzissen Angel's Tears (Thalia) Hyazinthe L'Innocence (Carnegie oder Ben Navis)
13	1	Engelstrompete

Pflanzen der Randbeete

Diese tiefen Randbeete sollen in Wellen von Weiß, die sich aneinanderreihen, die ganze Wachstumsperiode hindurch blühen, wobei die Blumen am wichtigsten sind, die in den Sommermonaten blühen, wenn der Aufenthalt im Freien am ehesten möglich ist. Größere Pflanzengruppen in den Ecken und in der Mitte eines jeden Abschnitts schaffen einen bogenartigen Effekt.

Der mit Weinreben bedeckte Bogen, der dem Garten als Eingang dient, ist mit Clematis und Rosen bepflanzt, so daß ständig etwas blüht. Die Clematis ist die bezaubernde *Marie Boisselot* mit ihren schlichten, zehn Zentimeter großen Blüten. Diese Clematis hält Sonne aus und läßt sich gut mit der Rose mischen, die sich dazwischen rankt: Die immerblühende weiße *Darlow's Enigma*, eine rein weiße halbgefüllte, stark duftende Rose. Die Abstammung dieser seltenen robusten (winterfesten) Rose ist unbekannt. Aber sie paßt gut für die gemäßigte Klimazone und überrankt Bögen mit Stämmen von bis zu drei Meter fünfzig Höhe. Pflanzen Sie an jeder Gartenecke den Pfingstrosenbaum Renkaku, dessen samtige weiße Blüten in jedem späten Frühjahr den kleinen Strauch festlich schmücken. Anders als die krautigen Pfingstrosen erfordert diese Sorte keinen Stab als Stütze; sie wird langsam zu einem zwei Meter hohen Busch heranwachsen. Unter die Pfingstrosen sollten Sie Waldmeister setzen, einen Bodendecker, der im Frühling eine Blütenpracht weißer Sterne liefert; vielleicht möchten Sie hier auch einige Veilchen hinsetzen, obwohl sich diese, wenn man sie nicht daran hindert, sehr stark ausbreiten können.

In die Mitte der schattigeren Seiten des Randbeets pflanzen Sie einige Funkien (Hosta) *Blue Angel*, deren riesige herzförmigen Blätter und weiße Blüten eine dramatische Gartenlandschaft bilden. Diese Hosta braucht mehrere Jahre, bis sie ihre volle Größe erreicht hat; aber bitte stutzen Sie diese wunderbare Sorte nicht. Sie wird etwa ein Meter zwanzig groß und möglicherweise genauso breit; wenn Sie ein ungeduldiger Gärtner sind, möchten Sie vielleicht einjährige weiße Pflanzen dazwischensetzen oder Sie nehmen einfach einen attraktiven Mulch.

Pflanzen Sie um die Hosta einige Astilben der Sorte *Snowdrift*, deren rein weiße Federn im Sommer auf hellen Blätterhaufen erscheinen werden. In die wuchernden Gruppen auf beiden Seiten der Astilbe setzen Sie die winterharte Aster *White Wood*, deren sternförmige Blüten den ganzen Spätsommer und Herbst blühen; vorne setzen Sie mehrere weiße Tränende Herzen hin, deren zarte Blüten sich lange als Bogen über die federigen Blätter ranken werden.

In die Mitte der Sonnenseite plazieren Sie eine Gruppe des exotischen, aber winterharten Hibiskus der Sorte *Blue River*, deren riesige weiße Blüten einen großen Teil der Jahreszeit überdauern. Nach dem Oklahoma-Fluß genannt, von dem er stammt, wird dieser Hibiskus ein Meter fünfzig hoch und etwa sechzig Zentimeter breit, und das sogar bis in den Norden der gemäßigten Klimazone.

Füllen Sie den sonnigen Teil der Gartenabschnitte neben dem Hibiskus mit gemischten weißen Lilien: Gekräuselte Immortality, die auf kurzen Stengeln im Fühjahr und im Herbst blüht; *Casa Blanca*, die kräftige weiße Lilie, die zu den orientalischen Hybriden gehört, mit bis zu acht Blüten pro Pflanze; *White Butterfly*, eine im Juni blühende Pflanze mit gebogenem Stengel und vielen Blüten; und natürlich *White Angel*, deren spektakuläre rein weiße Blüten einen leichten Duft ausströmen und im Spätsommer blühen.

Schließlich sollten Sie um den Bogen weiße Engelstrompete setzen, die vielleicht bekannteste Madonnenlilie. Diese Pflanze hat die Form eines Kandelabers. Ihre stark duftenden Blüten werden den Weg in den Garten sogar an einem samtfarbenen dunklen Abend weisen. Unter die Lilien sollten Sie Zwiebeln für Frühlingsblumen setzen: Narzissen, wie *White Ideal*, die kleinen *Angels' Tears* und die Hyazinthe *L'Innocence*. Sie können natürlich diese Zwiebeln auch in andere Bereiche der Randbeete setzen.

Sollten Sie für diesen Engel-Patio eine Kübelpflanze wünschen, wählen Sie die Engelstrompete *Datura*, eine

südamerikanische Pflanze mit riesigen hängenden Trompe-
ten. Ihre dramatische Erscheinung und ihr zarter Duft werden ganz gewiß die Aufmerksamkeit eines jeden Besuchers
wecken.

Eine Laube für Aphrodite

Aphrodite, die großartige Göttin der Liebe, ist buchstäblich im Garten zu Hause, ist sie doch die Verkörperung dessen, was der walisische Dichter Dylan Thomas als „die Kraft, die durch die Verschmelzung des Grüns der Blüte Antrieb verleiht" bezeichnet. Aphrodite besitzt eine magische Anziehungskraft. Sie ist die sinnliche Kraft, die uns in Ekstase vereinen läßt - dieselbe Kraft, die die Biene auf ihrem Weg der Bestäubung zur offenen Blüte lockt.

Da ist nichts Frivoles oder Kokettes in bezug auf Aphrodite und ihre Verbindung zu den Blumen. So zart und zerbrechlich sie auch erscheinen mögen - Blumen sind die Organe der Pflanzen, die der Fortpflanzung dienen – eine Verbindung zwischen Leben und Verlöschen. Die alten Römer waren sich dessen bewußt. Sie nannten eine ihrer Göttinnen, die Göttin der Sinnlichkeit, Flora, die Blume. Man verehrte sie an Floralia (28. April bis 3. Mai), ein Fest, das von nackten Frauen, die Samenkörner verstreuten und andeutungsweise Münzen beschrifteten, zelebriert wurde. Paare, die sich auf der neu erwachten Erde räkelten, gaben ein schönes Bild für die jährliche Zeremonie ab. Küsse hinterm Haus, von der römischen Küchengarten-Göttin Venus bewacht - die, wenn auch mit der griechischen Aphrodite gleichgestellt, koketter und schüchterner als diese war -, waren nur der Eröffnungsakt des lustvollen Dramas, das sich in den Gärten und auf den Feldern Italiens abspielte.

In der griechischen Mythologie herrscht Aphrodite eher über die Blume statt über die Frucht, mehr über Leidenschaft als Schwangerschaft. Somit ist es angemessen, den Garten ihr zu Ehren mit Blumen, Blumen und noch mehr Blumen zu bepflanzen. Ihr Garten ist kein Garten, in dem Beschränkung und Zurückhaltung herrschen. So, wie die Energie, die ihr zugesprochen wird, sollte auch dieser Garten Fülle und Überfluß widerspiegeln. Setzen Sie Blumen dicht an dicht; so eng, daß sich die Pflanzen berühren, ja, sozusagen um Berührung flehen. Lassen Sie die Luft mit einem süßen Duft erfüllen, vor allem in schwülen Nächten.

Lassen Sie alle Sinne vibrieren, denn dieser Garten ist ein Garten für Liebende.

Eine aufregende Kombination aus Rosa und Rot umgibt eine kleine Einfriedung, die zum zärtlichen Tête-à-Tête einlädt. Der Grundriß besteht aus acht Pfosten, zu Ehren der heiligen Zahl der babylonischen Liebesgöttin Ishtar. Die Form des Blumenbeetes erinnert an die ursprüngliche Kraft des Weiblichen, denn diese diamant- oder rautenförmige Form symbolisiert in alten irischen Schnitzereien die Vulva; so kann der Garten in einer Ecke des Grundstücks oder auch als eine Insel auf dem Rasen angelegt werden. Von den Pflanzen für diesen Garten tragen einige den Namen der Göttin selbst oder symbolisieren die Kräfte, die sie beherrscht; andere haben symbolische Bedeutung und noch andere tragen herzförmige Blätter oder Blüten - was könnte einen Treffpunkt für Liebende besser beschreiben.

Die Einfriedung

Legen Sie Ihren Garten in einer Ecke des Grundstücks an, wobei die hintere Mauer den Zaun oder die Grenze des Grundstücks berühren sollte und ausreichend Platz für eine Raute mit etwa fünf Metern pro Seite bietet. Der Eingang zu der Laube sollte nicht gegenüber einer der Kanten liegen. Die Pflanzen brauchen mäßig gute, aber nicht unbedingt direkte Sonneneinwirkung; erwarten Sie aber keine volle Blüte, wenn Sie nur einen extrem schattigen Platz haben.

Die Einfriedung besteht aus sieben Teilen vorgefertigten Gitterwerks, jeweils ein Meter sechzig breit, das in jedem Garten-Center zu haben ist. Stellen Sie acht quadratische Pfosten in einem Achteck auf, gießen Sie sie in Beton und lassen Sie diesen mindestens eine Nacht lang aushärten, bevor Sie die Einfriedung fertigstellen. Dann befestigen Sie die Gitter oben an den Pfählen und lassen Sie gegenüber der Ecke, in die die Laube soll, eine Öffnung. Sie können die Gitter von außen mit feinmaschigem Draht bedecken, da der Wein, der sich dort hochranken wird, Wespen und Bienen anzieht, was Ihre Einfriedung stören könnte.

Am Fuße der Pfosten pflanzen Sie eine Weinrebe der Sorte *Aurora*. Nach der römischen Göttin der Morgendämmerung benannt, deren Appetit auf hübsche junge Männer Legende war, reifen diese Trauben Anfang September. Der leichte Weißwein, den Sie aus dieser Frucht herstellen können, bildet die Grundlage für eine köstliche Maibowle im nächsten Jahr mit einem kleinen Strauß Waldmeister darin. Nach einigen Jahren werden die Weinranken die Gitter überwuchern und für Schatten und eine intime Atmosphäre sorgen. Ziehen Sie die Weinranken mit Draht oben über die Laube; dann haben Sie im Freien ein wunderschönes grünes Zimmer.

An eine Seite der Öffnung pflanzen Sie die winterharte Kletterrose *Kiss of Desire*. Sie ist eine der vollblühenden Kletterrosen und wird unermüdlich blühen, mit riesigen, rotgeränderten weißen Blüten zwischen den tiefgrünen ledrigen Blättern. Schneiden Sie die Rose immer ausreichend zurück, damit sie nicht die Besucher verletzt, wenn diese die Rose mit der Hand beiseiteschieben, um die Laube zu betreten.

Innerhalb der Einfriedung, direkt neben den Eingang, sollten Sie eine Statue der Aphrodite plazieren. In den meisten Städten gibt es Garten-Center, wo sich unter den Eseln und Cherubim-Brunnen hüfthohe Wiedergaben der Venus von Milo oder anderen klassischen Darstellungen der Göttin finden. Vielleicht finden Sie auch irgendwo eine Replik aus Terrakotta oder anderem Material. Damit Sie unter die Statue große Hosta pflanzen können, müssen Sie die Figur auf ein zwanzig Zentimeter hohes Podest stellen, das aus Beton sein kann; eine Säule oder eine umgedrehte Pflanzschale aus Porzellan tut es natürlich auch. An jeder Seite der Laube sollten Sie zwei Steinbänke plazieren; daneben pflanzen Sie die stark duftende Wildblume Labkraut; sie wurde im Mittelalter zum Füllen von Matratzen verwendet und gibt, gepreßt und getrocknet, einen betörenden Duft ab.

Um die Statue herum pflanzen Sie die Hosta, die nach der Göttin Aphrodite benannt ist. Egal, wie schattig auch immer Ihre Laube werden wird, wenn sich der Wein ausbreitet - diese, im Schatten gedeihende Pflanze, wird blühen und Sie im Spätsommer mit dem berauschenden Duft ihrer lang haltenden großen weißen Blüten verwöhnen, während ihre blaßgrünen Blätter das Innere Ihrer Laube mit Helligkeit erfüllen.

Einfaches Gras reicht für den Boden Ihrer Laube aus, wird jedoch zu Beginn des Sommers oft geschnitten werden müssen, und die Form Ihrer Laube wird denjenigen, der das Rasenmähen übernimmt, nicht unbedingt begeistern.

Ein guter Ersatz ist ein winterhartes duftendes Kraut, das, einmal gesetzt, einen wunderbaren Boden ergibt, der durchaus mit einem Polster zu vergleichen ist. Rasenkamille schafft einen lieblichen, nach Ananas duftenden Teppich. Eine niedrig wachsende Minze - ein Kraut, nach Mentha, einer jungfräulichen Göttin, benannt, ist eine gute Alternative. Die smaragdgrüne, nach Creme-de-Menthe duftende *Mentha corsica* ist besonders schön. *Penny Royal*, eine andere Minzsorte, würde außerdem noch Insekten abwehren. Wenn man über diesen Pflanzenteppich schreitet, werden die Pflanzen durch das Gewicht des Körpers niedergedrückt und geben einen betäubenden Duft ab, ohne dabei beschädigt zu werden.

Der Rasen oder Blumenteppich geht bis über die Öffnung der Laube hinaus und ermutigt Besucher, einzutreten und die wohlige Atmosphäre im grünen Inneren zu genießen. Bepflanzen Sie die Bereiche neben dem Pfad mit den traditionellen Lieblingen des Bauerngartens: dem Tränenden Herzen, dessen kleine rote Blüten in Form eines Herzens den Weg zu Ihrer Laube weisen; die Sorte *Luxuriant* breitet sich meist üppig aus, und außerdem ist ihr Name bereits Omen für Ihre Laube. Dahinter sollten Sie eine kurze Reihe mit winterharten Chrysanthemen der Sorte *Venus* setzen, die ihre Pracht spät im Jahr durch extravagante rosa blühende Blüten verschwenderisch zeigt.

Die äußere Bepflanzung

Die Grenzlinie Ihres Grundstücks oder der Zaun hinter der Laube wird mit Weiden in verschiedenen Rosé-Tönen bepflanzt. Ja, der Name deutet auf Aphrodites besondere Reize hin[1]. Außerdem wird die Weide symbolisch mit sexuellen Bedürfnissen in Verbindung gebracht, was vielleicht auch Grund für ihr zügelloses Wachstum ist. Die zartrosa Knospen der Weide werden Ihren heimischen Altar im Frühling schmücken und ihm eine verheißungsvollen Röte verleihen. Darunter pflanzen Sie bitte Asclepias, eine winterharte Staude mit kräftigen Stengeln, die Schmetterlinge anlockt. Daneben setzen Sie eine Reihe Pfingstrosen der Sorte *Cytherea*. Diese Blume symbolisierte für die Chinesen die Vulva, die weibliche Scham - eine Ähnlichkeit, die sich bei der Form des Gartens ohnehin nicht leugnen läßt; diese Sorte, die eine der Namen von Aphrodite trägt, bringt riesige, kelchförmige rosa Blüten hervor.

An jeder Ecke der Raute pflanzen Sie weiße Kiefern der Sorte *Venus*. Obwohl diese silberblaue Konifere nicht hoch wird, wächst sie in Form einer hübschen Pyramide und gilt als Symbol der weiblichen Fruchtbarkeit. Näher an die Laube heran sollten Sie zwei Azaleen *Aphrodite* pflanzen, deren rosafarbene Blüten im Frühling diese Ecke mit strahlendem Glanz erstrahlen läßt; wenn das Klima nicht so warm ist, können Sie diese mit rotknospigen, weißblütigen Schneebällen (Viburnum), nach der Göttin der Morgenröte Aurora benannt, ersetzen.

Bepflanzen Sie den restlichen Platz mit der dornenartigen rotblühenden Astilbe *Aphrodite*. Sie blüht lange, wächst schnell und lenkt mit ihrer attraktiven Laternenform die Aufmerksamkeit der Besucher auf die grüne Laube. Damit Sie auch in den ersten Frühjahrstagen an dieser Stelle etwas Blühendes haben, sollten Sie hier - wie auch zwischen den Chrysanthemen und Tränenden Herzen - eine Sorte der rosafarbenen, weißen und roten Tulpen und Narzissen pflanzen, deren Namen für sich selbst sprechen: *Love Call, Replete, Heart's Delight, Plaisir, Temple of Beauty, Beauty Queen, Angelique und Passionale*. Schließlich setzen Sie an die Ecke dieses Bereichs die kleine Hosta mit ihren herzförmigen Blättern, *Happy Hearts*, deren weiße Blüten spät in der Saison einen hübschen Kontrast zu den kräftigen Rispen der Astilbe bilden.

---

[1] Anm. d. Ü.: Englisches Wortspiel: Pussy willows, Pussy = (Weiden) – Kätzchen = Name für die weibliche Scham

Eine Laube für
Aphrodite

Zubehör:

- Acht behandelte Pfähle, 6 x 6 cm
- Sieben Gitter, 3 x 6 cm
- Beton
- Feiner Draht, wahlweise
- Statue der Aphrodite
- Betonstütze, Säule oder einen großen, weiß glasierten Topf/Kübel
- Zwei Steinbänke

Pflanzenliste:

1	6	Weinreben Aurora *(Riesling)*
2	1	Rose Kiss of Desire *(Ophelia)*
3	3	Hosta Aphrodite
4	4	Labkraut
5	6	Tränende Herzen Luxuriant
6	6	Chrysanthemen Venus *(Maria)*
7	5	verschiedene Weiden
8	10	Asclepias Soulmate *(Asclepia incavnata)*

9	6	Pfingstrosen Cythera *(Ballerina)*
10	2	weiße Kiefern Venus *(Betula)*
11	2	Azaleen Aphrodite *(Angels)* oder Schneebälle (Viburnum) Aurora *(Dawn)*
12	10	Astilben Aphrodite
13		Jeweils 5 - 10:

Tulpen:
- Temple of Beauty *(Tangerine Beauty)*
- Heart's Delight
- Plaisir
- Angelique

Narzissen:
- Love Call *(Little Beauty)*
- Replete *(Thalia)*
- Passionale

14	6	Hosta Happy Hearts *(Blue Angel)*
15		Für das Rasenpolster innen:

- Rasenkamille
- Römische Kamille
- Menha corsica
- Polei Minze (Flohkraut)

Ein Hain und ein Garten für Artemis

Die Göttin der Wildheit und der Wildnis, Artemis, ist in urwüchsigen Wäldern zu Hause. Stellen Sie sich Artemis vor, wie die Griechen sie sahen: Eine sehnige Jägerin, die in Begleitung ihrer ebenfalls athletischen jungfräulichen Gefährtinnen über das Land streift, durch die Wälder jagt, den Köcher auf dem geschmeidigen Rücken, barfüßig und zielsicher, wild kläffende, magere Hunde an ihrer Seite. Und sie hat ein wachsames Auge auf die Jäger, die nicht so treffsicher sind wie sie: Nie verletzen ihre Pfeile einen jungen Hirsch oder eine trächtige Hirschkuh, denn sie ist schnell und hart mit der Bestrafung jener, die Eigennutz vor den Erhalt der Natur setzen.

Oft jagt sie nachts im Schein des Mondes, der zu ihrem Reich gehört, stoppt manches Mal an einer kristallklaren Quelle und löscht mit großen Schlucken aus kelchförmigen Palmblättern ihren Durst. Und gelegentlich streift sie ihre einfache Kleidung ab und taucht in das kühle Wasser ein, und ihre Mädchen folgen ihr unmittelbar. Weh über die Menschen, die ihrer zufällig gewahr werden, nackt und verwundbar, denn man sagt, sie würde die Frechen und Lüsternen töten. Sie herrscht im Verborgen, nicht für die Augen der Öffentlichkeit bestimmt, nie gezähmt, nie gefesselt.

Wie kann man also einen Garten ihr zu Ehren anlegen?
Wer genügend Platz hat, kann ein Stück Wald neben dem eigentlichen Garten für die Göttin reservieren oder extra anpflanzen. Wer Artemis verehrt, aber in einer Stadt oder Vorstadt wohnt und nicht über soviel Platz verfügt, kann der Göttin der Jagd dennoch huldigen, indem er eine Lichtung anlegt und diese mit dem duftenden Kraut, das ihren Namen trägt, bepflanzt. In jedem Fall darf Boden, der Artemis geweiht ist, nicht übermäßig kultiviert oder in der üblichen Art und Weise bepflanzt werden. Am besten verehrt man die ungezähmte Göttin, indem man ihr eine wilde oder fast wilde Umgebung weiht.

Ein Hain für Artemis

Wenn Sie bereits in einer waldigen Gegend leben, sollten Sie sich mehr und mehr mit Ihrem Land vertraut machen. Zahlreich sind die Erd-Göttinnen und -götter; aber glauben Sie bitte nicht, daß jeder waldige Flecken *per sé* ein Jagdgebiet von Artemis ist. Halten Sie nach einem richtigen Hain Ausschau - einen, in dem viele Bäume derselben Gattung stehen und Sie an die Schar der Nymphen erinnert, die die Göttin begleiten. Noch besser geeignet ist eine Ecke des Waldes, in der ein Mutterbaum von seinen Abkömmlingen umgeben ist. Sollte es dort sogar einen Teich oder eine kleine Quelle geben, um so besser - das wird die von der wilden Jagd erschöpfte Jägerin anlocken.

Ein solcher Bereich sollte ungestört, unverändert bleiben. Stellen Sie dort bitte keine Marmorstatue der Göttin auf, denn die Natur selbst hat ein Szenario geschaffen, das Spiegel für ihre jungfräuliche Energie ist. Es reicht völlig aus, wenn Sie Unterholz und störende Pflanzen entfernen, die eine Gruppe spielender Nymphen in ihrer Bewegungsfreiheit behindert könnten.

Wenn Sie solch einen Hain besuchen, achten Sie auf die Vögel und Tiere, die dort nisten. Sehen Sie mit den Augen und hören Sie mit den Ohren der Göttin, lauschen Sie im Frühling dem Gesang der Vögel, achten Sie auf die Zeichen des Nestbaus und die winzigen Laute des neuen Lebens. Mit solch meditativer Betrachtung haben Sie wirklich den Tempel der Göttin betreten und die Fülle ihrer Energie erfahren.

Wenn Ihr Grundstück groß genug ist, Sie aber nicht genug Bäume haben, dann stehen Sie vor einer sehr viel größeren Aufgabe, denn einen Hain zu schaffen könnte länger dauern als Sie leben. Jahre werden ins Land gehen, bis Tannen hoch genug sind, um die ruhige Abgeschiedenheit zu schaffen, die die Göttin so liebt. Sollten Sie solch ein Projekt angehen wollen, machen Sie sich zuerst mit der natürlichen Baumfolge Ihrer Gegend vertraut. Importierte oder gezüchtete Pflanzen sind für diese Göttin ungeeignet, deren Hain aus den Bäumen bestehen sollte, die in dieser Gegend von Natur aus zu Hause sind. Wählen Sie eine Pflanzenfamilie, deren Sprößlinge von sich aus schon einen Hain bilden. Eiche ist die erste Wahl und erweckt Assoziationen zu der Göttin Artio, der Artemis der Druiden. In nördlicheren Breitengraden oder auf Hügeln könnte eine Fichte oder eine andere Konifere einen besonders schönen Hain für die Göttin bilden.

Besorgen Sie bei einer anerkannten Baumschule dreiundzwanzig Bäume. Wählen Sie die Stelle in Ihrem Hain aus, um die sich alles gruppieren soll, und setzen Sie dann einen Baum direkt daneben. Arrangieren Sie die restlichen Bäume um den Baum in der Mitte, wobei Sie diese so weit auseinandersetzen, daß sie, wenn sie ihre ursprüngliche Höhe erreicht haben, nicht zu eng stehen. Beginnen Sie mit dem Pflanzen erst dann, wenn Sie sich über die Anordnung des Hains im Klaren sind, und geben Sie nicht der Versuchung nach, die Bäume zu eng zu setzen, um schnell einen Effekt zu erzielen. Ungeduld würde das Leben oder die Gesundheit eines Baumes kosten, und das wäre kaum im Sinne der Göttin.

Nachdem Sie die Bäume gepflanzt haben, sorgen Sie bitte dafür, daß die Bäume in den ersten Jahren genügend Wasser und Dünger erhalten. Bei den meisten Bäumen ist nach zehn Jahren ein ausreichend großer Hain entstanden, um die Wirkung auf Artemis genießen zu können.

Wenn Sie auf Ihrem Stück Boden von Natur aus keine Bäume stehen haben, sollten Sie auf einen Artemis-Hain verzichten; künstlich können Sie diese Göttin nicht verehren. Dann erweisen Sie ihr besser die Ehre durch einen kleineren Garten, den Sie in ihrem Namen anlegen, wie das folgende Beispiel zeigt.

Ein Hain für
Artemis

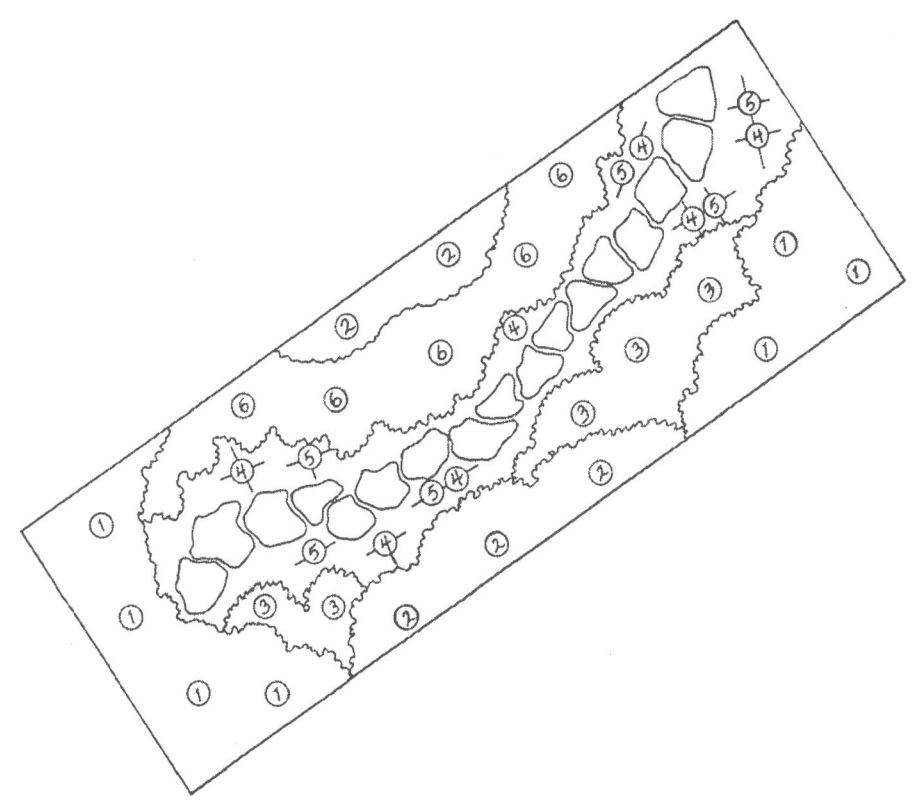

Zubehör:
- Bis zu 15 Trittsteine aus Beton oder Findlinge

Pflanzenliste:
1 5 - 7 Artemisia (Beifuß) Guizho
2 3 - 8 Artemisia Silver Queen
3 3 - 5 Artemisia tridentata
4 7 - 10 Artemisia Silver Mound (Valerie Finnis)
5 7 - 10 Artemisia Canescens
6 1 Artemisia (Stellaria Silver Brocade)

Ein Garten für Artemis

Für diejenigen unter Ihnen, die wenig Platz haben oder nicht in der Lage sind, einen Hain anzulegen, ist ein *Artemisia*[1]-Garten ein glücklicher Ersatz. Diese winterharte Pflanze soll die Göttin so entzückt haben, daß sie ihr ihren Namen gab; sie wird auch Wermut genannt,[2] vermutlich weil die Göttin die Pflanze als Wurmkur für ihre Jagdhunde verwendet hat. Die meisten Artemisia sind silbrig, weiß oder mattgrau, aber die Größe und die Form der Blätter variieren stark. Obwohl einige recht beachtliche Blüten haben, werden die meisten eher wegen der Form und der Farbe der Blätter gepflanzt. So stellt eine Gruppe Artemisia ein komlexes Gefüge in einer monotonen Palette dar. Die meisten passen sich jedem sonnigen Platz an und liefern in der sommerlichen Landschaft eine kühlende Note. Es sind haltbare und langlebige winterharte Gewächse. Wenn einmal gepflanzt, sollte Ihr Artemisia-Garten pflegeleicht sein: Die Vorliebe dieser Pflanze für trockene Hitze bedeutet, daß Sie sich nicht um das Gießen zu kümmern brauchen und ein einmaliger „Haarschnitt" ausreicht; ein ausgiebiges Nachschneiden ist nicht erforderlich.

Wenn man die Neigung der Göttin zur Wildheit berücksichtigt, sollte der Artemisia-Garten mit Pflanzen ausgestattet sein, die frei und natürlich gesetzt werden - keine wie mit dem Zirkel gezogenen Beete. Setzen Sie ähnliche Pflanzen in größeren Gruppen zusammen, sie werden sich ausbreiten und verwahrloste Stellen in Ihrem Garten mit neuem Glanz versehen. Maße von dreißig bis neunzig Zentimeter sind als Randbepflanzung perfekt oder als Ersatz für einen Wildkraut-Flecken im hinteren Teil Ihres Grundstücks. Die Maße können leicht verändert und dem Platz angepaßt werden, den Sie zur Verfügung haben; gleichermaßen kann der Artemisia-Garten an den Rand verlegt werden, indem man die Steine in der Mitte wegläßt.

---

[1] Beifuß
[2] Anm. d. Ü.: Im Englischen worm-wood, worm = Wurm

Als erstes muß der Weg angelegt werden. Verwenden Sie Findlinge oder Steine aus Beton, die in den meisten Garten-Centern erhältlich sind. Die Trittsteine aus Beton können, wenn sie flach sind, auf den Grund aufgelegt werden; Findlinge müssen in den Boden eingelassen werden, damit sie einen festen Weg abgeben. Wenn Sie den Garten um einen Hof anlegen, mit einem bereits bestehenden Weg aus Beton, sollten Sie den Beton mit Schlaghämmern aufhauen und einige Stücke entfernen, um die starre Form des Weges aufzulockern.

Als nächstes bepflanzen Sie die äußeren Grenzen des Gartens mit den größeren Artemisia. Diese Pflanzen werden kaum höher als etwa ein Meter zwanzig, so daß dieser Garten nicht als Abschirmung gegen die äußere Welt dienen kann; sollten Sie mehr Privatsphäre wünschen, können Sie an der äußeren Linie des Gartens einen Holzzaun setzen. Ein Zaun aus Pfählen oder anderem einfachen Material paßt besser zu der Energie dieser Göttin als ein kunstvoll ausgearbeiteter Zaun.

An den beiden schmalen Seiten des Gartens sollten Sie Beifuß der Sorte *Guizho* mit weißen Blütenköpfchen pflanzen. Diese drahtige Pflanze mit Blättern wie Silberfiligran wird bis zu ein Meter fünfzig hoch und schnell zum Mittelpunkt des Gartens. Während jede Milchsaft-führende Pflanze (wegen ihrer Rispen mit weißen Blüten) zu ersetzen ist, bildet diese chinesische Sorte mit ihren kastanienbraunen Stengeln einen Farbtupfer im Garten.

An den Längsseiten des Gartens sollten Sie Artemisia der Gattung *Silver Queen* pflanzen, eine Pflanze, die dem Garten einen plastischen Akzent gibt und deren duftende silbrige Blätter dem Garten eine weitere sinnliche Komponente verleihen. Bis zu ein Meter zwanzig hoch wachsend und beinah genauso breit werdend, verfügt diese Artemisia über spiralförmige, gedrehte Zweige, die eine immergrüne Hecke bilden.

Zu Füßen der Silver Queen setzen Sie eine Gruppe Artemisia der Sorte *California,* einen rispenbildenden Strauch, der sechzig Zentimeter hoch und ein Meter zwanzig breit wird. Er fällt anmutig in Kaskaden und gibt dem Garten eine feine Zeichnung. Auf der anderen Seite sollten Sie mehrere kleinere Gruppen *Artemisia trideutata* pflanzen, einen kleinen heimischen Strauch mit zarten, fedrigen Blättern. Schließlich füllen Sie die restlichen Bereiche in der Nähe des Wege mit Artemisia *Silver Mound* und *Canescens*, zwei kleinen winterharten Gewächsen, die nach einiger Zeit attraktive Kuppeln aus silbergrauen fedrigen Blättern bilden.

Artemisia-Pflanzen wachsen und breiten sich aus. Sie kennen vielleicht Gartenfreunde mit älteren Artemisia-Beeten, die bereit sind, Ihnen davon abzugeben; Sie können durchaus einige der obigen Vorschläge durch Pflanzen ähnlicher Höhe und Form, die Sie geschenkt bekommen, ersetzen. Mit Artemisia können Sie letztlich nichts falsch machen; die Pflanzenfamilie erfordert Pflege und örtliche Gegebenheiten, die einander ähneln, und die Vielfalt der miteinander verwandten Blätter wird Sie in jedem Fall erfreuen.

Bastets Katzengarten

Welcher Katzenliebhaber kennt Bastet, die Katzengöttin des alten Ägyptens, nicht? Tausende winziger katzenförmiger Mumienschreine wurden auf dem weitläufigen Tierfriedhof nahe ihrer Stadt Bubastis begraben. Ihre Schreine wurden mit wunderbaren gemeißelten Katzen verziert, einige mit Edelsteinen in der Stirn, andere mit winzigen Goldohrringen.

Bastet war nicht nur die Herrscherin über das Reich der Katzen - sie bedeutete für ihre Anhänger die heilende Lebenskraft. Bei den Festen ihr zu Ehren waren Musik und Tanz wichtige Bestandteile. Ihre Anhänger glaubten, wenn sie Bastet genügend Vergnügen bereiteten, würde sie ihnen ein langes und gesundes Leben gewähren.

Als Aspekt der Sonnengottheit Hathor repräsentierte Bastet die sanfte Sonne des afrikanischen Winters, im Gegensatz zu ihrem Gegenspieler, dem feurigen Löwen Sekhmet, Symbol für die sengende Sonne des Sommers. In gemäßigteren Breitengraden ist es angemessen, die sanfte Katzengöttin mit einem Garten zu ehren, in dem heimische Katzen herumklettern und spielen können - und Leckerbissen von Katzenminze finden, um ihre Lustbarkeit anzuregen. Solch ein Garten kann auch als Erinnerung an eine oder mehrere geliebte und verstorbene Katzengefährten dienen.

Die Gartenanlage

Bei diesem Garten handelt es sich nicht um einen traditionellen ägyptischen Garten, denn dieser würde sich auf Pflanzen beschränken, die nur in sehr warmen Regionen wachsen. Unser Katzengarten hier läßt sich durchaus den gemäßigten Klimazonen anpassen. In einer sonnigen Ecke eines eingezäunten Gartenes wachsen eine Reihe Taglilien, die viel Sonne brauchen, weshalb eine West- oder Süd-Lage am besten wäre.

Die Pflanzen

Bevor Sie anfangen, besorgen Sie sich mindestens vier Pflanzhölzer, die Sie auf Ihren Zaun (oder Ihre Mauer) setzen können. Aber Bastet ist eine launenhafte Göttin, weshalb Sie auch eine Reihe mehrfarbiger Pflanzhölzer unterschiedlicher Form nehmen können. Wenn Sie möchten, daß Ihre eigenen Katzen (und wahrscheinlich die all Ihrer Nachbarn) Zugang zum Futternapf Ihrer Katze/n haben, sollten Sie die Pflanzhölzer gut befestigen, in Abständen von etwa einem Katzensprung. Minze wächst gut, selbst wenn sie häufig geschnitten (oder abgenagt) wird, so daß Sie wahrscheinlich am Ende der Saison genügend haben, um sie zu trocknen und Spielzeugmäuse auszustopfen.

Füllen Sie die Pflanzhölzer mit einer oder mehr Sorten *Nepeta* (Katzenminze). Versuchen Sie *Dropmore* und *Six Hills Giant* als Leckerbissen für die Katzen. Die Pflanzen werden sich in Kaskaden über die Ränder ergießen und dieser Ecke des Gartens mit ihren blassen blauen Blüten einen sanften Glanz verleihen.

Ein wenig von der Ecke entfernt, pflanzen Sie einen Rhododendron *Luxor*, der nach der großen Pyramidenstadt benannt ist. Dieser elfenbeinfarbige, in der Mitte der Saison blühende Rhododendron wird bis zu zwei Meter hoch und etwa drei Meter breit und bildet einen wunderbaren Hintergrund für die anderen Pflanzen. Vor diesem Exemplar sollten Sie drei Pfingstrosen mit demselben Namen - *Luxor* - pflanzen. Sie blühen etwa zur selben Zeit wie der Rhododendron, und ihre riesigen weißen Blütenballen bilden einen starken Kontrast zu dem cremefarbenen Strauch.

Wenn Sie möchten, können Sie die Skulptur einer Katze oder auch zwei unter die Pfingstrosen setzen, wo sie das dunkle Blattgrün beinahe verstecken wird. Viele Museen haben Repliken von Bastet; schauen Sie, daß sie wasserfest sind und tragen Sie sie bei sehr schlechtem Wetter nach drinnen. Unbemalte Katzenskulpturen aus Metall gibt es auch. Natürlich können Sie diese Skulpturen auch dekorieren; Ihre eigenen Katzen oder die Strahlen der Sonne werden der Göttin die Verehrung zuteil werden lassen, die ihr gebürt.

Die Taglilien sollten Sie in Gruppen vor die Pfingstrosen pflanzen, wobei Erstgenannte entsprechende Namen haben sollten - zum Beispiel die kräftigen und blütenreichen Narzissen der Sorte *Nile*. - In diesem Garten gibt es viele Frühlingsblumen. Wenn Sie sonnige Farben wünschen, pflanzen Sie die reichhaltige bernsteinfarbige ägyptische Sorte *Spice* und die dunkelgoldene Taglilie *Ancient Egypt*. Wenn Ihr Spätsommergarten kontrastreicher sein soll, pflanzen Sie die violettfarbene Sorte *Nile Plum* und die rosafarbene *Rahotep*-Narzisse zusammen mit der *Nile Crane* Lilie in den Farben Lavendel und Chartreuse. Diese werden sich bogenartig über der Rasenkante ausbreiten und ein Gewirr von Blättern bilden – zum Entzücken Ihrer Katzen und denen der Nachbarn.

Bastets
Katzengarten

Zubehör:
- 4 - 8 Pflanzhölzer für Katzenminze plus fester Mauermontage
- Katzenplastik (wahlweise; in Garten-Centern zu haben)

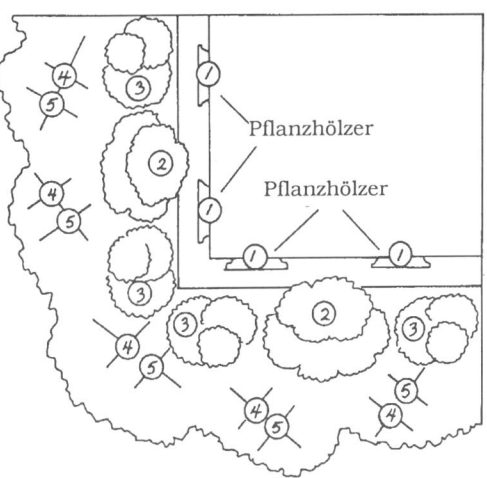

Version 1: Äußere Ecke

Pflanzenliste:

1   10 - 15 Echte Katzenminze in verschiedenen Sorten:
- Dropmore *(Blue Beauty)*
- Six Hills Giant
2   1 Rhododendron Luxor *(Silver Moon)*
3   3 Pfingstrosen Luxor *(White Wings)*
4   Taglilien, etwa jeweils 7 Stück:
Orange/gelb:
- Egyptian Spice *(Cat's Cradle)*
- Ancient Egypt *(Taffie Tot)*
Purpur/rot:
- Taglilie Nile Crane *(Super Purple)*
- Taglilie Nile Plum
- Taglilie Rahotep *(Purple Rain)*
5   10 Narzissen Nile *(Tutankhamun/payraceus/Ramses)*

Version 2: Innere Ecke

Ein Königsgarten: Camelot

Arthur, Guinevière, Lancelot. Merlin, der Magier. Die *Ladies of the Lake* und *Lady of Shalott*. Gawain und Parcival. Tristan und Isolde. Wie klingen diese Namen in Ihren Ohren - heute, nach mehr als fünfzehnhundert Jahren, seit diese Geschichten zum ersten Mal erzählt wurden?

Wahrscheinlich hat kein anderer Mythos so stark die Kunst, Literatur und Musik beeinflußt wie die Geschichten um den Runden Tisch und Camelot. *Le Morte d'Arthur* und *Sir Gawain and the Green Knight* in Mittelenglisch[1] und der komplexe Zyklus der Geschichten über Liebe, Verrat und Magie haben zahllose Künstler begeistert. Werke wie *Tristan und Isolde* von Chretien de Troyes, *Defense of Guinevière* von William Morris und *Das weite Land* von T. S. Eliot - sie alle basieren auf *Matter of Britain*, wie der Camelot-Zyklus heißt.

Und die Faszination ist nicht weniger geworden, wie die phänomenale Popularität von Marion Zimmer Bradleys *Die Nebel von Avalon* und Loreana McKinnetts melodische Umsetzung von Alfred Lord Tennysons Gedicht *The Lady of Shalott* beweisen. Filme wie *Excalibur* und *Der erste Ritter* erwecken die Legenden im Kino zu Leben. Und natürlich hat ein Musical (und später ein Film) die Kennedy-Ära in den Vereinigten Staaten geprägt: *Camelot.*

Obwohl ein Teil des Geheimnisses der nicht endenden Popularität dieser Geschichte in ihrer psychologischen Vielschichtigkeit liegt, fühlen wir uns wahrscheinlich deshalb so stark zu ihr hingezogen, weil wir diese Gestalten als Urbilder in uns tragen. Denn Camelot steht für den lebendigen Prozeß, in dem die Saat der Möglichkeiten in den Boden gegeben wird, wächst und blüht, um dann zu sterben, damit neues Leben entstehen kann. Es ist eine unausweichliche Geschichte, so unausweichlich wie der Jahreskreis im Garten - mit Blüte und Frucht, Tod und Wiedergeburt.

---

[1] Anm. d. Ü.: Etwa 1150 – 1400

Ein runder Garten für die Ritter der Tafelrunde

Dieser Garten erfordert eine Fläche von etwa sieben Meter fünfzig im Durchmesser. Da die meisten Pflanzen Sonne brauchen, sollten Sie diesen Garten als eine zentrale Insel auf Ihrem Rasen anlegen, weit weg von den schattenspendenden Bäumen drumherum.

Als Symbol für die Gleichheit untereinander hat König Arthur seine Ritter an einem runden Tisch um sich geschart, wo niemand am Kopf und niemand am Fuß sitzen konnte. So ist es also angebracht, Ihre eigene Camelot-Runde zu schaffen, wobei die äußere Umgrenzungslinie durch ein großzügig angelegtes, bogenförmiges Randbeet mit Rittersporn gebildet wird, die nach einigen der Hauptdarsteller des Dramas benannt sind - *King Arthur* (Pflaumenpurpur mit Weiß), *Guinevière* (Rosa/Lavendel), *Galahad* (Weiß). Diese üppigen hellgetönten winterharten Pflanzen bilden eine Hecke, da sie jedes Jahr bis zu etwa ein Meter achtzig hoch werden. Wenn Sie die größeren an einem Pfahl festbinden, wird sich das Gefühl der Intimität innerhalb des runden Gartens verstärken.

Der Garten ist für einen flachen Boden gedacht, aber wenn er einen kleinen Hügel hat - um so besser. Natürlich können Sie solch einen Hügel auch künstlich aus Mutterboden anlegen, bis zu neunzig Zentimeter hoch wäre wunderbar. Glastonbury Tor, der englische Hügel, auf dessen Spitze dieser einmalige Turm steht, wird von vielen für die Insel Avalon gehalten - die mystische Apfelinsel, zu der Arthurs Geist bei seinem Tod hinübergegangen sein soll. Diesen Garten auf einen künstlichen oder natürlichen Hügel anzulegen, würde ihm einen besonderen Reiz verleihen.

Der Kreis ist nicht die einzige geometrische Figur, die zu diesem Mythos paßt. Auch ein Dreieck - Symbol für König Arthur, Königin Guinevière und den einzigartigen Ritter Lanzelot - ist geeignet. Das heißt also, innerhalb des Kreises, der durch die Hecke aus Rittersporn gebildet wird, liegt ein Dreieck aus Sträuchern. Auf einer Seite des Pfades, der in den Garten und wieder hinaus führt, steht ein Holzapfelbaum der Sorte *Lanzelot*, aufgrund seiner Verbindung zu Avalon, der Apfelinsel, eine besonders günstige Wahl. Der kleine Baum trägt jeden Frühling schneeweiße Blüten, die zu reifen goldenen Früchten werden, die bis zum Winter halten und Vögel für ein Festmahl anlocken. Unter den Baum sollten Sie eine kleine Bank setzen, so daß Sie sich sozusagen in den Schutz von Camelot zurückziehen können, um über die Liebe und vielleicht auch Verlust und Verrat meditieren zu können.

Auf der anderen Seite des Weges sollten Sie, als Symbol für Arthur und Guinevière, zwei Rosen *Glastonbury* pflanzen - nach der englischen Stadt benannt, wo Arthur begraben sein soll. Von dem berühmten britischen Rosenspezialist David Austin gezüchtet, wird Glastonbury den ganzen Sommer lang blühen und seine bogenförmigen Zweige mit purpurfarbenem Rot zieren - stark duftende Blüten mit wunderbar goldenen Staubgefäßen.

Wählen Sie die Rose, die als Symbol für Arthur stehen soll, und setzen Sie einen großen Flußstein daneben, als Erinnerung an den Stein, in dem der einstige und künftige König sein berühmtes Schwert, Excalibur, gefunden hat. Hinter jenen Busch sollten Sie ein altes Holzscheit, einen toten Baum, ein großes Stück Treibholz oder einen ähnlichen Gegenstand plazieren - als Symbol für Merlin, der von seiner besitzergreifenden Geliebten Vivienne in einen Baum - oder, in anderen Legenden, in einen Stein - eingesperrt worden war. Legen Sie das Scheit als Symbol für Merlin so, daß es sich nahe bei dem Arthur-Strauch befindet, sozusagen als Schutz.

Zwischen den Holzapfel und die Rosen legen Sie einen Pfad an, der nach draußen führt und nicht nur einen Zugang zur Gartenmitte schafft, sondern auch den Fluß symbolisieren soll, der durch Arthurs Stadt mit den vielen Türmen, Camelot, floss und den die schöne Lady of Shalott singend hinunterfuhr, während sie an ihrer Liebe zu Lanzelot starb. Auch wenn sich ein Pfad aus Holzspänen oder Mulch durchaus eignet, sind Kieselsteine besser, da so der Eindruck eines trockenes Flußbettes entsteht.

Neben den Pfad setzen Sie Hosta der Sorte *Camelot*, die eine dunkelblaugrüne Grenze bilden und das Purpur des Rittersporns widerspiegeln. Hinter dieses Beet pflanzen Sie eine Mischung aus Narzissen, die der Ecke im Frühjahr Farbe verleihen werden: *Merlin* ist eine kecke Narzisse mit kleiner gelber Blüte und rotem Rand, *Avalon* eine großblütige kräftige Blume in Gelbweiß; und *Camelot* ein Langblüher aus hellem Gelb.

Hinter dem Holzapfel *Lanzelot* sollten Sie mehrere Flekken mit Hosta der Sorte Royalty pflanzen, die den Garten im Spätsommer mit ihren purpurfarbenen Blüten bereichern wird. Dahinter, ebenso wie auf die gegenüberliegende Seite des Gartens, sollten Sie in Rabatten das blaue Lungenkraut der Sorte *Excalibur*, nach Arthurs magischem Schwert benannt, pflanzen. Diese silbrigen Pflanzen mit ihren dunkelgrünen Rändern werden im Frühling blau-violett blühen.

Schließlich setzten Sie zwischen das Lungenkraut und den Rittersporn eine Mischung aus Taglilien, deren Namen mit dem Camelot-Zyklus verbunden sind und deren Farben mit den anderen Blüten des Gartens - Purpur, Blau und Dunkelrot - harmonieren. *Isolde* ist eine dunkelpurpurfarbene Taglilie mit einem grünen Kelch; der Name der Pflanze erinnert, ähnlich wie bei Arthur, an den Mythos der schicksalhaften Liebe zwischen Tristan und Isolde, die dem König Mark von Cornwall versprochen war. *Court Magician* ist eine Taglilie, die Arthurs magischem Berater Merlin die Ehre erweist; sie blüht in dunklem Purpur mit einer Knospe in Weiß-lavendelblau.

Wenn Sie in diesem Garten einen künstlichen Hügel anlegen oder eine natürlich Anhöhe verwenden möchten, drehen Sie die Anordnung des Lungenkrauts und der Taglilie um, damit die Lilien nicht im tiefen Schatten zwischen dem Hügel und dem Rittersporn stehen.

Ein Königsgarten:

Camelot

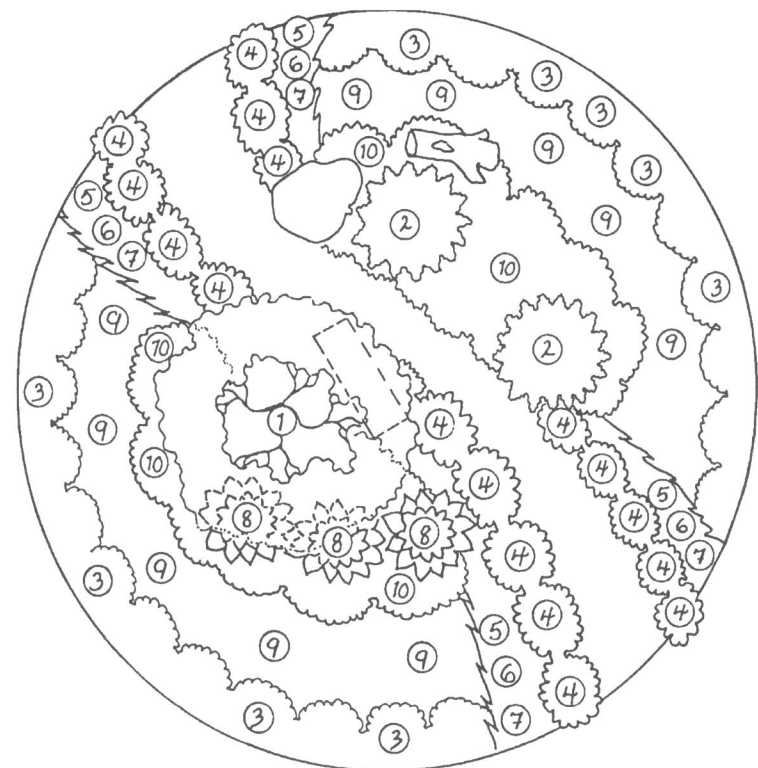

Zubehör:
- Eine Bank, vorzugsweise aus Stein
- Ein großer Stein, mindestens fünfzig Zentimeter im Durchmesser
- Ein Holzklotz, ein toter Baum oder ein Baumstumpf
- Flußkiesel für den Pfad

Pflanzenliste:

1	1	Holzapfelbaum Lanzelot *(Snowdrift)*
2	2	Rosen Glastonbury *(Loving Memory)*
3	40	gemischte Rittersporn:
		• King Arthur
		• Galahad
		• Guinevière
4	20	Hosta Camelot *(Blue Blush)*
5	24	Narzissen Camelot *(Kingscourt)*
6	24	Narzissen Avalon *(Bravore)*
7	24	Narzissen Merlin
8	3	Hosta Royalty *(Tall Boy)*
9	10	Taglilien Isolde *(Super Purple)*
	10	Taglilien Court Magician *(Super Purple)*
10	20	blaues Lungenkraut Excalibur *(Blue Ensign)*

Ein Grasgarten für Ceres

Die alten Römer verehrten nicht eine Erdgöttin, sie hatten zwei - Tellus Mater, „die Mutterseele", die reiche, nährende Erde, die dem Pflanzenleben Nahrung spendete. Die andere war Ceres, die Korngöttin, die den Pflanzen die Kraft spendete - eine Göttin, deren Name heute noch an einige der wichtigsten ihrer Gaben an uns, die Zerealien[1], erinnert.

Die Römer gedachten Ceres jedes Jahr während des Frühlingsfestes Ceralia, indem sie Füchse freiließen, an deren Schwänze sie brennende Fackeln banden und sie dann wie wild durch den Circus Maximus laufen ließen. Warum Füchse? Warum Fackeln? Die Bedeutung des Rituals wurde entweder nicht aufgezeichnet oder ist verloren gegangen, aber da Feuer oft für Vitalität steht und Füchse die Farbe des Feuers haben, läßt der damalige Brauch die Vermutung zu, daß die Lebenskräfte von Ceres geweckt werden sollten, um eine reiche Ernte herbeizuflehen.

Der große Poet Ovid nannte Ceres die „Mutter des Akkerbaus" und schrieb, die beste Möglichkeit, ihr Ehre zu erweisen, wäre, ihr eigenes Saatgrün mit Eingeweiden einer trächtigen Kuh zu mischen. Auf die heutige Gartenpraxis übertragen heißt das, einen Grasgarten anzulegen, dessen Boden durch einen gehaltvollen organischen Dünger angereichert ist. Wenn Sie die Göttin an ihr altes Ritual erinnern möchten, brauchen Sie sich nicht mit Füchsen oder Pechfackeln herumzuplagen. Verwenden Sie Wunderkerzen – die Sie um den 19. April herum, dem alten Festtag der Ceres, in Ihrem Garten abbrennen. Lassen Sie sich von der Wirkung auf die Göttin überraschen.

Die Gartenanlage

„Gras" bedeutet für die meisten Amerikaner Rasen - und das gilt für die Nordeuropäer sicher genauso. Langweilig, selbst wenn gut gepflegt, und „Wildkraut" und Schädlingen ausgesetzt, haben unsere Grünflächen inzwischen

---

[1] Getreide, Feldfrüchte

enorme Ausmaße angenommen - nicht zu vergessen die Rasenflächen der zahlreichen Freizeitanlagen. Riesige Sprenganlagen liefern Wasser; und Schädlinge (= unliebsame Tiere) werden regelmäßig durch Gift beseitigt, damit der ästhetische Anblick gewahrt bleibt.

Ceres würde sich im Grabe rumdrehen. Rasen sind sinnlos, würde sie denken. Und sie hätte recht - denn sie sind ein Kunstprodukt. Zu Zeiten, als selbst der kleinste fruchtbare Flecken dazu diente, Nahrung zu produzieren, war es ein Zeichen von Luxus, eine Fläche nur als Rasen zu benutzen. (Rasen, bitte denken Sie daran, ist etwas ganz anderes als Wiese; wenn düngerproduzierende, vierbeinige Säugetiere die „Platzhalter" sind, dann sprechen wir nicht von Rasen.)

Unsere Rasen sind Teppiche aus „frustrierten" Pflanzen. Der einzige Zweck einer Pflanze ist es, mehr Pflanzen zu erzeugen: Blüten hervorzubringen, Bienen zur Befruchtung, zum Besamen, anzuziehen. Und wann ist ein Rasen „schlecht gepflegt"? Wenn er vermoost und verwahrlost ist. Kein Wunder, daß Ceres beleidigt ist.

So ist ein kleiner Garten, wie wir ihn hier planen, ein Friedensangebot an die Korngöttin, denn das Gras soll Samen tragen. In der Tat kommt ein großer Teil der Schönheit des Grases durch die Samenköpfe, die mit ihren winzigen drahtähnlichen Ährchen und filigranen Schoten wie von der Hand eines Bildhauers gemeißelt wirken. Grasgärten wie diese sind immerwährende Schönheiten, die das ganze Jahr über ihre Pracht entfalten, weil die lohfarbenen, silbernen und grauen Stengel durch den Winter hindurchtrösten und den Gärtner an Frühling und Sommer, an Vergangenheit und Zukunft erinnern.

Gräser mögen keine nassen Füße, weshalb dieser Garten auf einem erhöhten Beet angelegt wird, das mit einer Mischung aus Kompost, Gartenboden und Sand gefüllt ist. Wenn Sie einen gut bewässerten Teil des Gartens haben, der voll in der Sonne liegt, brauchen Sie ein solches Beet nicht extra anzulegen, sondern können das Gras direkt in den Gartenboden setzen. Suchen Sie eine sonnige Stelle aus. Am besten ist es, wenn die Sonne früh am Morgen oder spät am Abend die zarte Form der Gräser wundervoll zur Geltung bringt. Auch eine windige Ecke eignet sich, nicht nur, weil die Gräser den Wind gut aushalten, sondern auch, weil die Bewegung ihrer Samenköpfe Teil ihres anmutigen Charmes ist.

Pflanzen Sie die Gräser in Büscheln, genügend weit voneinander entfernt, damit sich die einzelne Grassorten voneinander abheben. Sobald Sie die Pflanzen gesetzt haben, sollten Sie den Boden mit einer dicken Lage heller Flußkieselsteine als Mulch bedecken. Dadurch heben sich die einzelnen Gräser noch besser voneinander ab, und außerdem läßt sich das wuchernde Wildkraut so besser klein halten. Wenn Sie in Ihrem Garten Probleme mit Wildkraut haben sollten, können Sie ein Gartengewebe untermulchen; da die meisten dunkel sind, sollten Sie darauf achten, diese mit Kieselsteinen abzudecken, damit das grünlohfarbene Farbmuster im Garten nicht gestört wird.

Wenn erst einmal angelegt, braucht Gras wenig Pflege – und kaum Wasser außer dem Regen, der ohnehin fällt, es sei denn, das Klima wäre sehr trocken.

Vor dem neuen Wachstum in jedem Frühling sollten Sie die Grasbüschel auf etwa zwölf Zentimeter herunterschneiden. Alle drei Jahre trennen Sie die Grasbüschel und setzen sie auseinander, oder beschenken Sie Ihre Freunde. Sie können Blumensträußen frisches Gras hinzufügen; oder es trocknen und als wundervolles Gebinde, Arrangement oder als anderweitige Dekoration verwenden.

Gräser für Ceres

Für diesen Garten das richtige Gras zu finden, ist in den kälteren Klimazonen schwierig, aber es gibt so viele andere Gräser, daß Sie ohne große Probleme ein Gras finden sollten, das in Ihrer Gegend gedeiht. Dazu brauchen Sie sich nicht an die hier beschriebenen Vorschläge zu halten. Beachten Sie nur einige wenige Grundsätze: Nehmen Sie Gras unterschiedlicher Höhe und unterschiedlicher Form, aber passender Farbe (die meisten Gräser passen gut zueinander, so daß dies recht einfach ist), pflanzen Sie in Büscheln (nicht weniger als drei Pflanzen in einer natürlichen, nicht linearen Anordnung), nicht in geraden Reihen, und lassen Sie genügend Platz, damit sich diese winterharten Gräser ausbreiten können und nicht nach kurzer Zeit zu eng stehen.

Eine Alternative ist ein wilder Grasgarten, vor allem, wenn Sie an einem Ort leben, wo Fuchsschwanzgras, wilder Spargel und ähnliche Pflanzen gedeihen und schnell wachsen. Vielleicht finden Sie auf Ihrem Grundstück auch eine Stelle, wo bereits Gras wächst; das ist ein deutlicher Hinweis darauf, daß dort der richtige Boden und die richtige Sonneneinwirkung für einen Grasgarten vorhanden sind. In den nächsten Jahren sollten Sie zu eng stehende Pflanzen und Wildblumen herausziehen, bis Sie nur noch Büschel ursprünglichen Grases für Ceres' (und Ihr) Vergnügen haben. Falls in Ihrem Garten Gras nicht von selbst gewachsen ist, können Sie im Herbst Samen sammeln und diese unmittelbar auf dem vorbereiteten Boden verteilen. Auch hier sollten Sie die grundlegenden Richtlinien für die allgemeine Anlage des Gartens berücksichtigen.

In unserem Mustergarten steht in der Ecke hohe, naturgewachsene Hirse, deren metallblaue Samenköpfe beinahe einen Meter fünfzig hochragen und den Winter gut überstehen. Auf der anderen Seite des Gartens hängt gebogenes Brunnengras seine rosigen Rispen über die niedrigen Gartenmauern; es stammt aus Asien und macht sich ganz besonders schön in frischen oder getrockneten Sträußen. Darunter ahmt ein Büschel Miniaturbrunnengras die gebogene Form der größeren Sorte mit ihren schweren Blüten nach, die in der heißesten Zeit des Sommers blühen.

In der Mitte des Gartens liegt ein Dreieck aus bläulicher Quecke, die mit ihren sich selbst erneuernden Blättern die Aufmerksamkeit des Betrachters erweckt. Büschelweise wachsendes Moskitogras mit seinen kurzen Samenköpfen, die über dem dichten Blattgrün zu tanzen scheinen, in den Ecken verleiht dem Garten eine zarte, ständig wechselnde Leuchtkraft.

Ein Grasgarten
für Ceres

1 3 Hirsegräser
2 3 Brunnengräser
3 3 Quecken
4 3 Moskitogräser
5 5 Mini-Brunnengräser

Ersatzpflanzen:

Für Hirse: Jede der vielen größeren Varianten von Miscanthus Frauenfarn, einschließlich *Morning Light* Miscanthus, eine etwa ein Meter fünfzig hohe silbrig-weiße Sorte; oder Reitgras *Calamagrostis x acutiflora*.

Für Brunnengras: Eine der vielen Sorten *deschampsis* einschließlich *Bronzeschleier*, eine gold-bronzene Sorte; oder *Schottland* oder *Schottisches Straußgras* mit seinen ein Meter zwanzig hohen weichen Blütenständen.

Für kürzere Gräser: Viele Gräser können als Ersatz dienen, dazu gehören *Bowles Golden carex*, ein rundes, gelbes, kräftiges Gras; *Adagio miscanthus*, ein rosafarbener rispentragender Mini-Frauenfarn; *Nippon miscanthus*, ein rötlicher, sehr niedriger Frauenfarn; *Strahlenquelle Molinia*, ein kupferfarbenes aufrecht stehendes kräftiges Moorgras; oder

Muhlenbergia, ein dünnes, in Pfeilform blühendes mexikanisches Büschelgras, das gut trocknet.

Eine Alternative für die Hirse ist Frauenfarn - eine schimmernde, offene Fontäne silberner Anmut - oder Federgras, das bis zu zwei Meter hoch wird, mit federnartigen Spelzen, die beim leichtesten Wind zu tanzen beginnen. Brunnengras kann durch jede der mehr als fünfzig Sorten büscheligen Straußgrases ersetzt werden, mit seinen welligen Samenköpfen über kleinen blättrigen Hügeln. Als Ersatz für die kürzeren Gräser eignen sich Segge, Zwerg-Miscanthus, mexikanisches Büschelgras oder Sumpfstraußgras.

Zwei Drachengärten

Zentralafrika wurde durch den Mokele-Mbembe terrorisiert, Äthiopien durch den Drachen von Silene, Italien durch den Tatzelwurm, Frankreich durch Peluda und Tarask. In Skandinavien erfüllt Fafnir die Herzen der Menschen mit Furcht, während England durch den geflügelten Drachen Mordiford und den Wurm Lambton in Angst und Schrecken versetzt wurde.

Drachen- und Drachengottheiten finden sich in der Mythologie eines jeden Kontinents - von Australien (wo der Bunjil regiert) zum subarktischen Kanada (wo wir Erzählungen der Drachen-Wale finden). See-Echse, kleiner Drache, Basilisk, Amphiter, Pyrali, Sirrush - all dies sind Namen, die man diesen feurigen und furchterregenden Gestalten gegeben hat. Ihre Form ist genauso verschieden wie ihr Name, denn sie erscheint geflügelt und ungeflügelt, als Schlange und mit Füßen, mit einem riesigen Schwanz oder ohne. Wie auch immer die Form sein mag - der Drache ist in der ganzen Welt bekannt.

China jedoch ist das Land, in dem der Drache als Symbol die größte Bedeutung hat. Dort nahmen sich Kaiser früher das Recht, als der fünfzehige Drache dargestellt zu werden, wohingegen ihre Gefolgsleute nur den vierzehigen beanspruchen konnten.

Für die alten Chinesen war der Drache ein komplexes Geschöpf – er hatte den Kopf eines Kamels, die Augen eines Dämons, das Geweih eines Hirsches, die Ohren einer Kuh, den Hals einer Schlange und den Bauch einer Muschel. Seine Füße ähnelten denen eines Tigers, seine Klauen denen eines Adlers, und seine einhundertsiebzehn Schuppen einem Fisch - einundachtzig von ihnen gutartig und sechsunddreißig bösartig. Als Geschöpf der Erde, des Wassers und des Himmels spielte der Drachen die Rolle eines Vermittlers zwischen diesen beiden Ebenen des Kosmos.

Ein chinesischer Drache lebte unvorstellbar lange. Vielleicht dreitausend Jahre dauerte es, bis er dem vielfarbigen Ei entschlüpfte und seine eindrucksvolle Reife erreichte.

Der Drache mußte viele Stadien durchwandern; als junger Drache lebte er als Wasserschlange, dann wuchs ihm ein Karpfenkopf, und für etwa tausend Jahre wurde er zum Fisch. Es dauerte weitere fünfhundert Jahre, bis ihm das Geweih des Hirsches wuchs. Schließlich streckte er sein breiten Flügel aus - und das dauerte noch einmal mehr als tausend Jahre.

Einmal erwachsen, konnte ein Drache viele Aufgaben übernehmen: Der Ti-Lung schützte Ströme und Flüsse, der Fu-Ts'ang-Lung den Schatz. Der Yu-Lung half den Sterblichen, Prüfungen zu bestehen. Einige Drachen übernahmen besonders wichtige Aufgaben, so der Gelbe Drache des Flusses Lo, der den Menschen die Trigramme des I Ging enthüllte.

In Europa präsentiert sich der Drache als kraftvolles Geschöpf, und der Kampf mit ihm war für einen Helden die entscheidende Prüfung. Während einige im Drachen das Symbol des Bösen sehen, haben andere die mythische Rolle des Drachen als den „Hüter der Tore" bezeichnet, der spirituelle Geheimnisse vor denen verbirgt, die nicht stark genug sind - oder noch nicht bereit -, sie zu verstehen. So wird der Heilige Georg, als er den Drachen erschlägt, zum Bild eines Helden, der seine eigene Schwachheit und seine eigenen Ängste besiegt, um in eine größere spirituelle Einweihung zu gehen; somit steht der Heilige Georg nicht als Symbol für Recht und Macht.

Warum einen Drachengarten? Warum diese feurige Wesen auf die Schwelle Ihres Heimes einladen?

Dafür gibt es zwei Gründe: Zum einen hat der Drache zu den Kräften der Unterwelt eine Verbindung, vor allem zum Grundwasser. Zum anderen hat die Arbeit eines Gärtners durchaus etwas mit den Kräften zu tun, die beim Umgang mit einem Drachen förderlich sind, denn wer bewußt die Wege seines Gartens beschreitet, begegnet den Lektionen seines Geiste, die er lernen muß. Jeder Gärtner ist in gewisser Weise der Heilige Georg, der die Dämonen des Stolzes und der Großspurigkeit, der Sorglosigkeit und der

Kontrolle erschlägt. Ein Drachengarten macht somit den Kampf der Seele mit sich selbst sichtbar - die Essenz der bewußten Gartenarbeit.

Wenn wir den Drachen in unserem Garten willkommenheißen, ehren wir all die Generationen von Gärtnern, die mit den Energien der Erde gekämpft und die Lektionen dieses Kampfes gelernt haben.

Modell I: Ein Lindwurm aus Bäumen

Es ist sehr sinnvoll, einen Drachengarten aus Bäumen zu schaffen, denn diese langlebigen hölzernen Pflanzen haben eine symbolische Bedeutung, die dem Drachen selbst ähnelt; der Baum, wie auch der Drache, ist ein sehr vielschichtiges Wesen. Seine versteckten Wurzeln sind tief in der Erde vergraben, während sein Stamm hoch in den Himmel hinaufragt. Der Baum, wie der Drache, ist ein Teil von drei Ebenen: Unter der Erde, auf der Erde und in den Himmel hinein.

Angelegt in der Form einer Spirale, die bis zu dem Baum in der Mitte, einer Kiefer *Dragon's-Eye* geht, sollte dieser Garten an einem sonnigen offenen Platz liegen. Wenn die Sträucher und Bäume größer werden, werden sie Schatten bieten, aber auch einen intimen Meditationsort, an dem Sie Ihrer eigenen Drachenenergie begegnen können. Sie brauchen einen Platz von etwa ein Meter zwanzig bis ein Meter fünfzig im Durchmesser. Das wird die Bäume und den Gärtner glücklich machen. Wenn Sie geschickt sind, können Sie zum Beispiel eine so schöne Aussicht verbergen, ihre Privatsphäre schützen und sich an sehr heißen Tagen in den tiefen Schatten zurückziehen. Achten Sie darauf, daß, ähnlich wie bei den meisten Gärten in diesem Buch, ein warmes Klima bevorzugt wird; die meisten Bäume sind jenseits der gemäßigten Klimazonen nicht winterhart.

Der Baum in der Mitte dieses spiralförmigen Gartens wird in zwanzig Jahren etwa ein Meter achtzig hoch werden. Die anderen Bäume und Sträucher werden immer niedriger bis hin zu kleinen Sträuchern am Beginn des

Gartenweges. Wenn Sie also dem kurzen Pfad in den Garten folgen, haben Sie das Gefühl, einen Wald zu betreten, der immer tiefer und geheimnisvoller wird. Im Zentrum der Spirale sollten Sie eine Bank oder einige rustikale Stühle als Anreiz für Meditation und Gespräch plazieren. Obwohl es etwa zehn Jahre dauern wird, bis dieser Garten seinen einzigartigen Charme ausstrahlt, wird er, wenn er seine volle Größe erreicht hat, zum bevorzugten Heim für seine Bewohner und Besucher werden.

Die Spiralform des Gartens ist ein Hinweis auf die spiralförmige Kundalini-Energie des Drachens und erinnert an die Form, die diese mythischen Geschöpfe oft in der asiatischen Kunst annehmen, indem sie ihren Schwanz von ihrem kreisrunden Körper ausstrecken. Das Zentrum des Gartens ist die nicht so bekannte Kiefer *Dragon's Eye*, nach den langen Nadeln benannt, die mit roten und grünen Ringen versehen sind. Daneben setzen Sie zwei große bläuliche Säulen der Fichte *Chinese Dragon* mit der ungewohnten purpur-gräulichen Rinde. In Spiralform um diese herum sollten Sie drei pyramidenförmige japanische Zedern *Black Dragon* pflanzen, deren hellgrün nachwachsende Spitzen sich von dem dunkleren älteren Blattwerk abheben.

Als nächstes kommen drei immergrüne Stechginster der Sorte *Black Dragon*; diese runden Sträucher tragen auf verzweigten spiralförmigen Zweigen dunkelgrüne büschelartige Blätter. Die drei Azaleen *Dragon* werden bis zu einem Meter fünfzig hoch und tragen mitten im Frühling leuchtend rote Blüten; ihr dichtes, immergrünes Blattwerk sorgt für eine einmalige Atmosphäre an der Stelle des Gartens, wo sich dieser öffnet. Schließlich bilden zwei kleine Stechginster des Typs *Green Dragon* den Schwanz des Drachens.

Um diese Baumspirale sollten Sie büschelweise die drei folgenden Pflanzen setzen: Efeu des Typs *Dragon Claw* und *Marbled Dragon*, wobei die erste Sorte wachsartige, tiefeingeschnittene Blätter und die zweite bunte weißgeäderte Blätter aufweist; und Liriope der Sorte *Silver Dragon*, ein wunderschöner buntgefärbter Bodendecker, dessen Ähren lavendelfarbener Blüten den Weg im Spätsommer erstrahlen lassen. Ziehen Sie den Bodendecker mindestens sechzig Zentimeter über den letzten Stechginsterbusch hinaus, damit der Drachenschwanz am Ende so spitz wie möglich wird.

Sobald die Pflanzen gesetzt sind, sollten Sie den Weg mit Holzspänen oder anderem natürlichen Material bedecken. Ein Weg aus Stein oder ein gepflasterter Weg ist für die Atmosphäre einer Waldlichtung, die Sie ja schaffen wollen, ungeeignet. Wenn die Kiefern und Fichten wachsen, werden sie ihre Nadeln und Früchte auf den Weg werfen und eine urtümliche Umgebung schaffen.

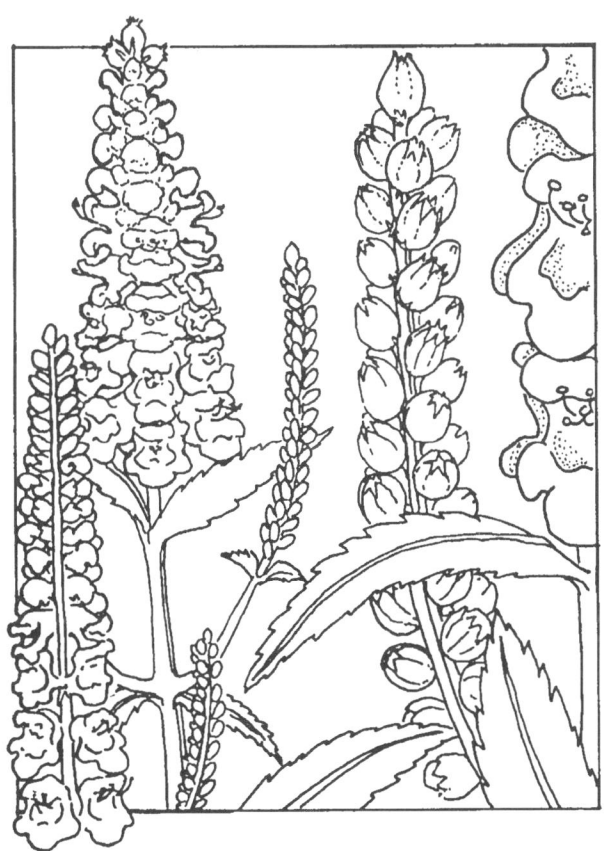

Ein Lindwurm
aus Bäumen:

Drachengarten I

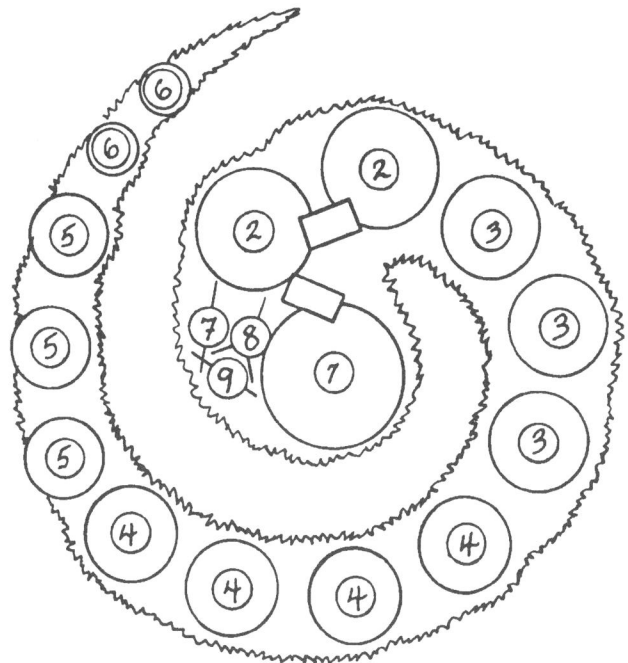

Ein Lindwurm aus Bäumen
Drachengarten-Modell I

Zubehör:
- Zedernspäne oder anderes natürliches Material als Grundlage für den Weg
- Bank oder rustikale Stühle

Pflanzenliste:

1	1	Kiefer Dragon-Eye *(Oculus draconis)*
2	2	Fichten Chinese dragon *(Picea asperata)*
3	3	Zedern Black Dragon
4	4	Stechginster Black Dragon *(Ulex gallii)*
5	3	Azaleen Dragon *(Rhododendrum neriiflorum)*
6	2	Japanische Stechginster Green Dragon *(Ulex europaeus)*
7	10	Efeu Dragon Claw
8	10	Efeu Marbled Dragon *(Adera helix glymii)*
9	20	Liriope Silver Dragon *(Silver Sunproof = Ariaka janshige)*

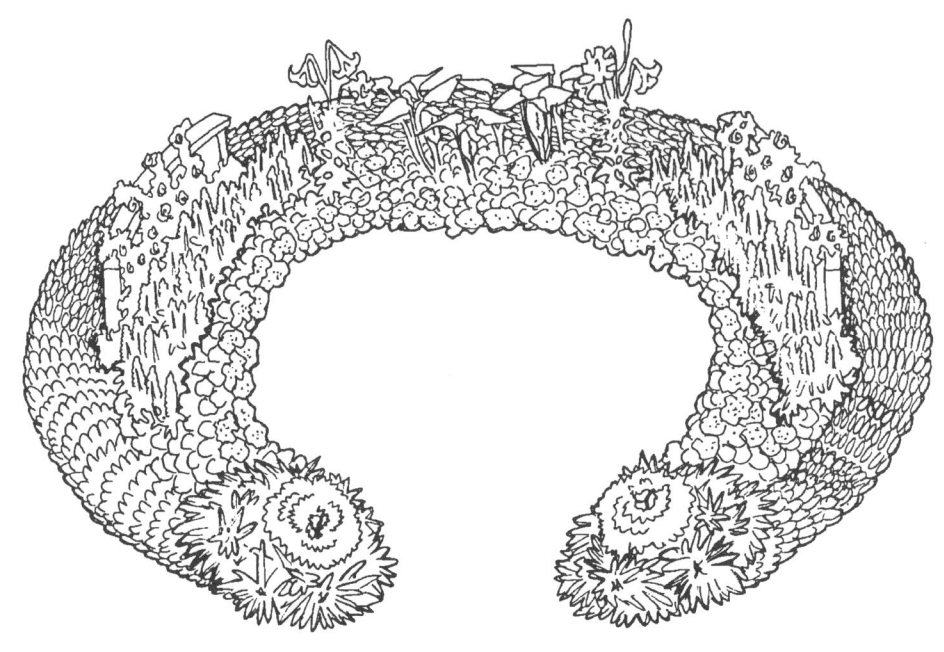

Ein zweiköpfiger
Drachengarten:
Drachengarten **II**

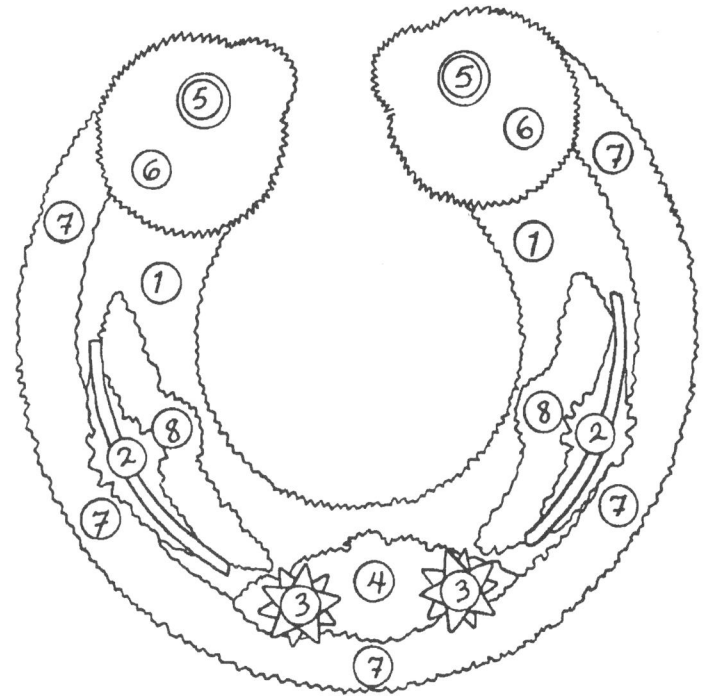

Ein zweiköpfiger Drachengarten
Drachengarten-Modell II

Zubehör:
- 2 Rosengitter
- 1 Bank
- Porzellan/Keramikblumentöpfe mit Drachenornamenten

Pflanzenliste:

1   8 Mauerpfeffer Dragon's Blood
2   2 Rosen Magic Dragon (*Deep Secret / Red Ace*)
3   2 Lilien Black Dragon
4   6 Arisaema Green Dragon *(Arisaema dracontium / Drachwenwurzel)*
5   2 japanische Stechginster Green Dragon *(Ulex europaeus)*
6 10 Liriope Silver Dragon (*Silver Sunproof*)
7 20 Wolfsmilch Jade Dragon *(Euphorbia wulfenii)*
8 20 Drachenköpfe

Modell II: Ein zweiköpfiger Drachengarten

Der zweite Garten hat die Form eines klassischen Wikkingerschmucks: Eine Halskette oder ein Halsband, dessen Ende jeweils einen Drachenkopf darstellt. Dies soll eine Schlange mit einem Kopf an jedem Ende symbolisieren, eine mythische Gestalt in der europäischen Sage. Der Garten ist also rund, mit einer Öffnung zwischen den beiden Drachenköpfen. Wenn man den kleinen Bereich in der Mitte des Gartens betreten möchte, muß man zwischen den Köpfen hindurchschreiten, was symbolisch an die Rolle des Drachens als Hüter zwischen den Welten erinnert; durch diesen Drachen beschützt, ist das Zentrum Ihres Gartens in der Tat ein kostbares Stück.

Die schuppigen Rücken des Drachens sind zwei Gitter, die mit Rosen der Sorte *Magic Dragon* bepflanzt sind, einer widerstandsfähigen kräftigen Pflanze, die die ganze Saison hindurch mit dunkelroten Pompoms, die wie Drachenschuppen aussehen, blüht. In diesem Gartenplan sind vorgefertigte Gitter sinnvoll, wenn man sie hinlegt und nicht aufstellt. Sollten Sie lieber ein solches Gitter selbst bauen wollen, sollte es ein Gitter mit einer Spitze in der Form eines Bogens sein, was den schlangenförmigen Sinn der Drachenform noch lebhafter wiedergeben würde.

Für diesen Garten werden nur relativ wenige Pflanzenarten benötigt, diese aber in großen Mengen. Da es sich um winterharte Pflanzen handelt, möchten Sie sich bei diesem Garten vielleicht Zeit nehmen und die Pflanzen jedes Jahr teilen und sich vermehren lassen. Natürlich können Sie mit genügend Pflanzen den Garten in einem Jahr anlegen. Wenn vollendet, wird er zu einer wogenden Fülle rosafarbener und rötlicher Blüten werden, die zwischen den grünen Blättern wie die Schuppen eines Drachens hervorschimmern.

Die Augen des Drachens werden durch zwei japanische Zwerg-Stechginster der Sorte *Green Dragon* gebildet. Mit ihren dunkelgrünen runden Blättern wird diese niedrigwachsende, immergrüne Pflanze Ihnen zublinzeln, selbst wenn im Winter der übrige Drache schläft. Um diese Stechginsterbüsche pflanzen Sie den farbigen Bodendecker Liriope der Sorte Silver Dragon. Dieses sich schnell ausbreitende, grasartige winterharte Gewächs wird ein zartes Haar bilden und die Augen des Drachens schützen. Ein Streifen des beliebten winterharten Bodendeckers Mauerpfeffer (Fetthenne) *Dragons Blood* bildet den Bauch des Drachens. Mit glänzenden Kaskaden rötlicher Blüten, die die ganze Saison leuchten, breitet sich diese winterharte Pflanze ebenfalls sehr schnell aus. Dahinter und vor die Gitter pflanzen Sie mehrere Gruppen Drachenköpfe, deren rosafarbene Blüten die Drachenköpfe des Garteneingangs im Kleinformat wiederholen. Diese langlebigen Gartenlieblinge, die bis zu sechzig Zentimeter groß werden, breiten sich schnell aus und geben ausgezeichnete Schnittblumen ab.

Zwischen die beiden Rosengitter könnten Sie, wenn Ihnen nach Extravaganz zumute ist, mehrere Lilien pflanzen. Nehmen Sie die phantastischen, wenn auch teuren Lilien der Sorte *Black Dragon*, ein Gartenfavorit seit mehr als drei Jahrzehnten. Ihre riesigen weißen Blüten sind an der äußeren Seite braun abgesetzt. Achten Sie darauf, daß Sie diese schnell wachsenden Pflanzen abstützen, da sie schnell mehr als einsachtzig hoch werden können, wenn Sie mit Lage und Pflege Glück haben. Am Fuß des Black Dragon, oder in dem ganzen Bereich, können Sie, wenn Sie keine Lilien möchten, grünblühende Arisaema der Sorte *Green Dragon* setzen, einem Frühlingsblüher, dessen rote Beeren den Garten in Herbst und Winter zieren.

Schließlich pflanzen Sie an die äußere Kante des Gartens die Wolfsmilch *Jade Dragon*, eine kompakte grünblühende Pflanze, deren schuppiges Aussehen an das mythische Tier erinnert, dessen Namen es trägt. Die Wolfsmilch ist eine relativ niedrige Pflanze und wird sich ausbreiten und ein Gegengewicht zu den strahlend roten und rosafarbenen Blüten des Gartens bilden.

Sollten Sie diesen Garten zum Gespräch oder zur Meditation nutzen wollen, können Sie zwischen die beiden Gitter eine Bank setzen. Vielleicht möchten Sie auch Blumentöpfe aus Porzellan oder Keramik mit Drachenornamenten neben die Bank stellen, um das Thema dieses Gartens noch zu betonen.

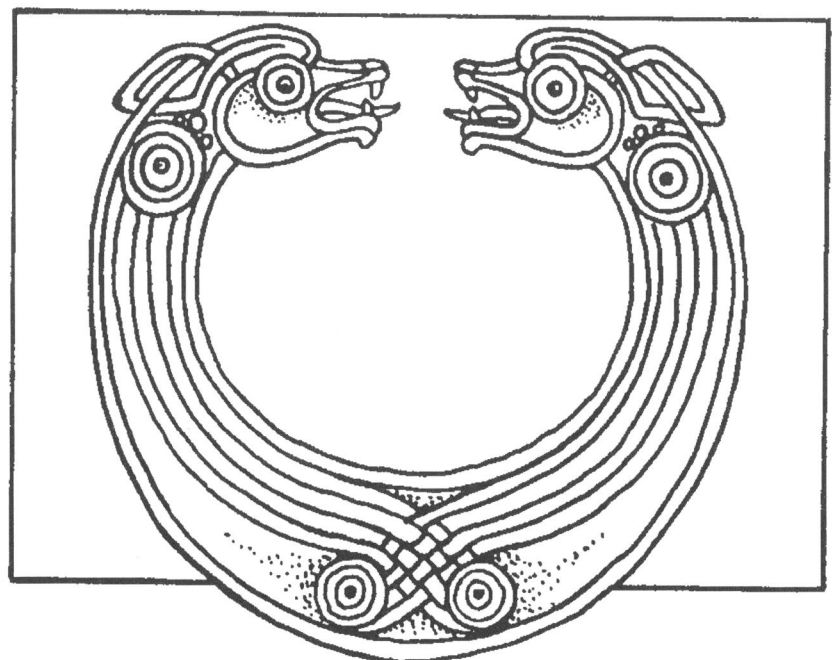

Ein Feengarten

Herrscht in einem Land Krieg, werden seine Gottheiten oft für die siegreichen Eindringlinge zu furchterregenden Monstern. So warnten griechische Mütter ihre Kinder vor Lamia, einem Schreckgespenst, das sie lebend verspeisen würde; semitische Völker fürchteten Succubus Lilith, die sie verführen und dann verzehren würde. Dennoch waren Lamia und Lilith für die Einheimischen kraftvolle Göttinnen; als sie ihre kosmische Macht verloren, lebten ihre Geschichten in den Alpträumen und Märchen der Menschen weiter.

Einige Gottheiten waren jedoch zu beliebt, um einfach zu Dämonen zu werden. Sie entmachtete man anders: Sie wurden „geschrumpft", zu Zwergen gemacht, oder anders verkleinert, weil man hoffte, so ihre Kraft zu schwächen. Die Feen und Elfen, die in so vielen Mythologien beschrieben werden, waren ursprünglich oft große Götter und blieben bei ihrem Volk, wenn auch in Miniaturform, um sich weiter um ihre Anhänger zu kümmern und ihre Gebete zu erhören.

Bei den Kelten in Irland, Britannien, Schottland, Wales, Cornwall und auf der Isle of Man ist – nach Aussage des großen Gelehrten W. Y. Evans Wentz - die Feenwelt ein besonders wichtiger „Aufenthaltsort" für Gottheiten, die durch das Aufkommen des Christentums aufgegeben werden mußten. Für diese Völker, für die der Feenglaube unvermindert stark geblieben ist, bedeutet das Land der Feen keine Welt, die von ihnen getrennt ist, sondern nur einen veränderten Bewußtseinszustand. Die Feen haben Teil an unserer Welt, sind aber normalerweise für uns unsichtbar. Sie leben in Bäumen, in Blumen, in Seen und auf den Hügeln, tanzen magische Tänze und singen ihre süßen Lieder. Vor allem wachen sie über die Fruchtbarkeit - der Menschen, des Viehs und des Landes. Man ehrt sie am besten, in dem man ihnen jeden Abend draußen ein wenig Nahrung, vor allem Weizen und/oder Milch, hinstellt.

Manchmal, so erzählt man sich, erscheinen Feen direkt in unserer menschlichen Welt. Oft bedeutet das für den Menschen, den sie besuchen, keine gute Nachricht: Sie stehlen vielleicht ein hübsches Baby und ersetzen es durch eines ihrer eigenen runzeligen kleinen Wesen. Oder sie verführen einen attraktiven Mann und halten ihn gefangen, bis sie genug von ihm haben; aber nie mehr wird den Zurückgewiesenen danach eine menschliche Liebe reizen, und so siecht er dahin, zerbrochen an seiner Liebe zum Feenreich. Und eine hübsche Frau kann es genauso treffen. Nur sehr wenige, wie der große Barde Thomas der Reimer, kehren zurück, um uns von den Schönheiten des Feenlandes und der Feen zu singen.

Wenn wir einen Garten schaffen wollen, der den Feen gewidmet ist, rufen wir große Kräfte herbei - Kräfte, mit denen man nicht sorglos umgehen sollte. Ein Feengarten lockt die Naturgeister an, Segen über unser Leben zu bringen - und bietet ihnen einen schönen Platz, auf dem sie spielen können und uns in Ruhe lassen!

Kübelpflanzen für Patio, Dachterrasse, Veranda oder Balkon

Nicht jeder verfügt über genügend Platz, um einen Rasen zum Tanzen oder eine Einhornwiese anzulegen. Aber jeder besitzt irgendwo eine schöne Ecke, die er den Feen weihen und mit Topfpflanzen, die nach ihnen benannt sind, schmücken kann. So ist dieser Feengarten für viele Orte geeignet. Und, um mit den Töpfen zu beginnen: Dieser Garten läßt sich sehr schnell verändern und den örtlichen Gegebenheiten anpassen. Zum Beispiel auf den Stufen der Eingangstreppe, auf einem schmalen Balkon, selbst unter den Lampen als ausgefallener Blickfang am Eingang. Natürlich können Sie diese Pflanzen auch in einer Ecke des Gartens in den Boden geben und nicht in den Kübel; diese winterharten Pflanzen eignen sich gut für die gemäßigten Breitengrade.

Die meisten der Pflanzen, die Namen von Feen tragen, sind, was nicht überrascht, Minis. So werden Sie einen kleinen aber feinen Garten haben. Die Pflanzen sind in hellem Pink und blassem Weiß und ihre zarten Blätter und Blüten ähneln sich. Weil die größte Pflanze nur etwa neunzig Zentimeter hoch wird, sollten Sie einige der hinteren Pflanzen etwas erhöht setzen; ein großer Terrakottakübel auf den Kopf gestellt bildet eine ausreichende Stufe.

Dieser Plan sieht an einer Seite des Patios eine niedrige Bank vor - nicht unbedingt als Sitzgelegenheit für Menschen gedacht, sondern als Platz für die Feen selbst, damit diese sich dort nieder lassen können, wenn sie die Gaben verzehren, die Sie für sie hinausstellen (und wehe Ihnen, wenn Sie es vergessen!). Sie sitzen dort inmitten von lang blühenden, zart duftenden, winzigen Blumen und einer Vielfalt ähnlicher Farbtöne und Formen.

Weil Kübelgärten so flexibel sind, können Sie diesen Garten während des Sommers immer wieder verändern, um die Blüten bestmöglich zur Geltung zu bringen. Die meisten dieser Blumen sind auch ausgezeichnete Schnittblumen, weshalb Sie im Haus wunderbare Gebinde oder Gestecke dieser Mini-Pflanzen arrangieren können, die sich gut miteinander vertragen.

Weil sie winterhart sind, sollten Sie darauf achten, daß diese Pflanzen während ihrer Wachstumsphase genügend Nahrung erhalten, da die Erde in den Töpfen nicht ausreichend Nährstoffe bieten kann. Während des Winters sollten sie in einer unbeheizten Garage, einer Veranda oder im Keller aufbewahrt werden; lassen Sie sie nicht die ganze Zeit draußen stehen, denn Kübel bieten sehr viel weniger Schutz vor den Unbillen des Wetters als die Erde selbst. Einige Pflanzen blühen vielleicht sogar im Winter im Haus, aber die meisten brauchen eine Zeit der Ruhe und der Dunkelheit.

Das Thema dieses Gartens mag den Gärtner dazu verleiten, dem Kitsch zu frönen: kleine Feenornamente, mit Feen bemalte Blumentöpfe und ähnliches. Diese Gefahr läßt sich jedoch vermeiden, wenn die Zartheit der Pflanzen in diesem Garten durch starke, einfache Topfformen ausgeglichen wird. Vielleicht möchten Sie diesem grundsätzlich rosafarbenen Garten mehr Farbe verleihen - mit einem oder mehreren Kübeln in dunklem Grün, Weiß oder sogar braunglasierten, obwohl einfache Terrakotta völlig ausreicht.

Zwei relativ große blühende Sträucher bilden die Grundlage dieses Gartens, ihre Kübel sollten mindestens achtzehn Zentimeter im Durchmesser sein. Ein Strauch ist die berühmte antike Miniaturrose *The Fairy*, eine Heritage, deren gebogene Stiele viele Monate unzählige zartrosafarbene, gewellte Blüten tragen. Der Busch, der nicht gestutzt werden sollte, wird neunzig Zentimeter oder höher. Seine Zweige sind stark genug, um ohne Gitter zu wachsen, aber Sie können eins verwenden, um seinem blühenden Wachstum Halt zu geben.

In den zweiten Kübel kommt eine Clematis, *Fairys Petticoat*, deren mit Volants besetzte hellrosa Blüten ausgezeichnet mit *The Fairy* zu kombinieren sind. Eine Kletterpflanze wie die Clematis braucht unbedingt ein Gitter; stekken Sie sie gut in dem Kübel fest, wenn Sie die Waldrebe anbringen, und achten Sie darauf, daß Sie das Gitter nicht umwerfen und die Rebe herunterreißen, wenn Sie den Kübel bewegen. Obwohl die Clematis, wenn ausgewachsen, ein wenig kleiner ist als die Rose auf der anderen Seite, wird die Clematis in einigen Jahren beinahe neunzig Zentimeter hoch werden.

Eine kleinere Variante von *The Fairy* pflanzen Sie auf den Hof: *Fairy Tale Pink*, eine Variation aus hellerem Rosa, mit Eigenschaften wie einer kräftigen Blüte und schnellem Wachstum. Obwohl sie nicht so stark duftet, macht diese Miniaturrose diesen Mangel mit ihrer unerwarteten Fülle wett.

Als nächstes pflanzen Sie *Pink Fairy Babys Breath*, die ihre zarten Blüten in hellem Rosa wie Wolken den ganzen Sommer lang darbieten wird. In die Nähe setzen Sie Kübel mit der Astilbe *Sprite*, mit ihrem dunklen farnigen Blätterwerk und duftigen, verschwenderisch blühenden rosa Blüten. Zwei Kübel mit korallenfarbenen Taglilien *Fairy Jester* bilden einen Akzent und Gegensatz zu dem blassen Rosa in dieser Sammlung, ebenso wie das dunkle Pink der Miniaturrose *Fairy Moss*, deren halbgefüllte Blüten die ganze Saison hindurch blühen.

Ein
Feengarten

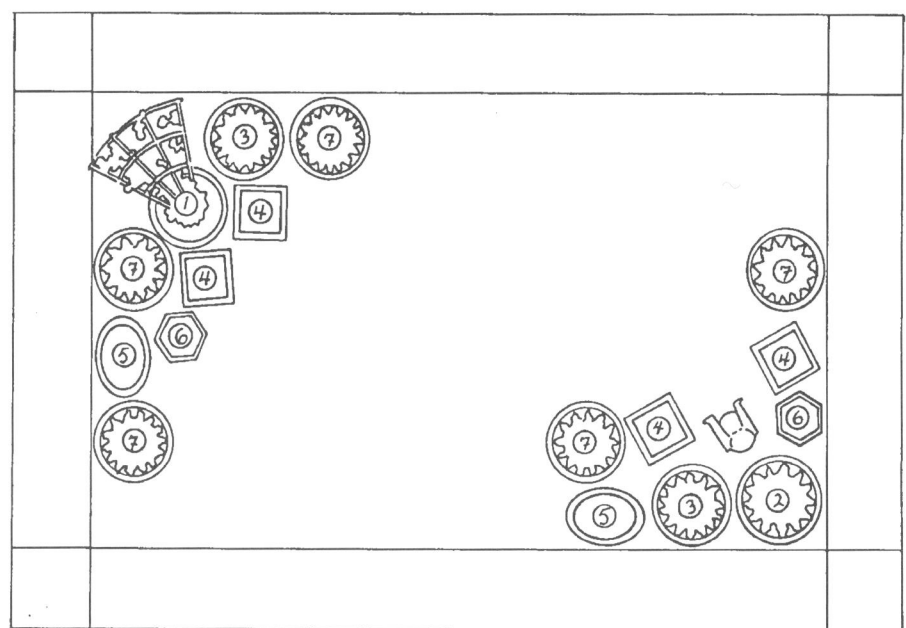

Zubehör:
- Eine kleine Bank oder ein kleiner Stuhl
- Mehrere unterschiedlich große Kübel
- Gitter (für die Clematis)

Pflanzenliste:
1   1 Clematis Fairy's Petticoat *(Etoile Rose)*
2   1 Rose The Fairy
3   2 Miniaturrosen Lovely Fairy *(Fairy Tale Pink)*
4   4 Astilben Sprite *(Gnom / Perkeo)*
5   2 Rosen-Pink Fairy Baby's Breath *(Maiden's Blush)*
6   2 Taglilien Fairy Jester *(Red Joy)*
7   5 Miniaturrosen Fairy Moss *(Angel Face)*

Kuan Yins
Garten der
Barmherzigkeit

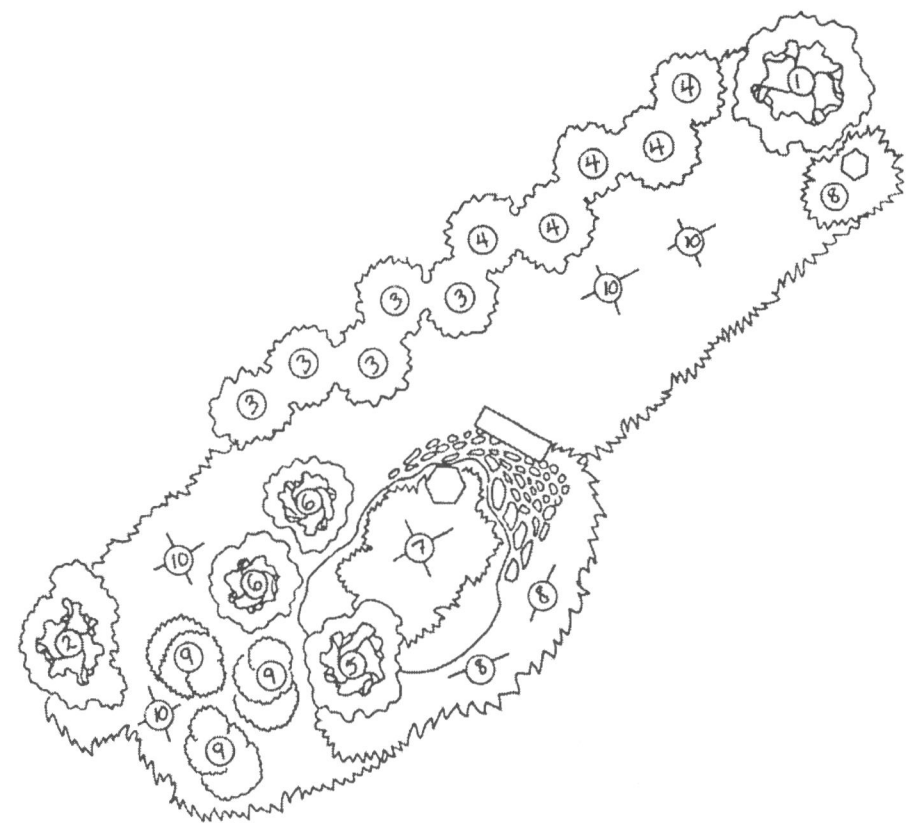

Zubehör:
- Kleine polierte Flußkiesel
- Statue von Kuan Yin
- Bank aus Stein/Beton oder Porzellanstuhl, wenn gewünscht
- Steinlaterne, wahlweise
- Wasserfester Lack

Pflanzenliste:

1	1	weiße Birke oder 1 Ahorn Golden Full Moon (*Acer japo-nicum Vitifolium*)
2	1	japanischer Ahorn Omarayama
3	5	japanische Weiden Fan-Tail (*Salix apoda*)
4	5	japanische Weiden (*Salix Sekka*)
5	1	Zwerg-Ahorn Oto-Hime
6	2	japanische Kirschblüten (Büsche)
7	20	veschiedenfarbige Segge Hime-kan-suge
8	7	Taglilien Kuan Yin (*Yellow Rainbow*)
9	3	Pfingstrosen Tracery of White Jade (*Godaishu*)
10	20	japanische Gräser Blood Grass Red Baron (Imperata cylindrica Rubra)

Kuan Yins Garten der Barmherzigkeit

Einst lebte in China ein kleines Mädchen namens Miao Shan. Von Kindheit an meditierte sie so beständig über das Göttliche, daß sie schließlich beschloß, Nonne zu werden und ihr Leben im Gebet zu verbringen. Ihr ehrgeiziger Vater hatte jedoch kein Verständnis für seine Tochter, die ein Wunder an Heiligkeit war. Er verlangte, sie solle einen reichen Mann heiraten, damit er selbst im Alter versorgt wäre.

Als sich das Mädchen weigerte, ließ der Vater sie von Soldaten in den Wald bringen, mit der Anweisung, sie zu töten. Bevor diese den Befehl ausführen konnten, kam ein riesiger Tiger und schnappte sich die junge Frau. Aber er fraß sie nicht auf, sondern schickte sie auf eine Reise in das Reich zwischen den Welten, wo sie Seelen im tiefen Leid sah, die gestorben waren, ohne die Aufgabe ihres Lebens erfüllt zu haben. Voller Mitleid kehrte die junge Frau zur Erde zurück, noch entschlossener als zuvor, in Frömmigkeit zu leben.

Und so geschah es; sie meditierte und betete ununterbrochen, bis sie so viel Erleuchtung erlangt hatte, daß sie zum Buddha wurde. Im allerletzten Augenblick, bevor sie das Nirwana erreichte, hielt sie jedoch an. Sie erinnerte sich an all jene, die immer noch litten - ob in diesem Leben oder im Jenseits -, und kehrte zurück, um ihnen zu helfen.

Und so wurde das kleine Mädchen Miao Shan die große Kuan Yin, was bedeutet: „Die, die die weinende Welt hört". Sie wurde eine der bekanntesten Gestalten in der chinesischen Religion und reiste auch ins nahe Japan, wo sie als Kwannon bekannt wurde.

Dieser chinesische Bodhisattva[1] verdient in Ihrem Garten eine besondere Ecke, denn wir alle haben unsere Kümmernisse, die wir gerne abgeben möchten. Dieser Garten ist als friedlicher Ort zur Meditation und Kontemplation bestimmt - ein Ort, an dem Sie sich vorstellen können, daß Kuan Yin Ihre Sorgen für eine gewisse Zeit erleichtert.

---

[1] Der Ausdruck bezeichnet einen künftigen Buddha, der aus Mitleid mit der unerlösten Menschheit auf das eigene Eingehen in das Nirwana verzichtet, um die Menschen auf den Pfad der Erkenntnis zu führen.

Wenn dieser Garten erst einmal angelegt ist, benötigt er wenig Pflege; Sie können dort ruhen, ohne den Ruf des Gartens nach Arbeit zu vernehmen. Und gießen brauchen Sie auch nur wenig.

Da Kuan Yin sowohl Japan wie auch China beeinflusst hat, enthält dieser Garten die stilistischen Züge eines Zen-Gartens und Pflanzen, die sich auch in japanischen Gärten finden. Einfachheit wird erreicht, indem nur einige wenige Pflanzen in großen Rabatten gepflanzt werden, und durch die anmutigen Linien der Randbeete. Obwohl es eine Reihe blühender Pflanzen gibt, steht immer nur eine Blume jeweils in Blüte. Dieser Garten zeichnet sich nicht durch eine Fülle von Blüten aus, sondern besticht durch eine Reihe blühender Flecken, die mit jeder Jahreszeit wechseln.

Die Gartenanlage

Dieser Garten ist etwa sieben Meter fünfzig lang und sollte an einem Zaun oder einer anderen Begrenzung liegen. Ein Rasenschlauch wird Ihnen helfen, den Garten in gebogener Form anzulegen, in der Mitte eine kleine Halbinsel, wo der Schrein plaziert wird. Graben Sie den Boden des Randbeets zweimal um, und zwar zwei Spatentief, und mischen Sie dann die Erde mit Kompost, bevor Sie sie in den Garten einbringen.

Wenn Sie über genügend Platz verfügen und Sie der Schatten eines Baumes nicht stört, der möglicherweise bis zu neun Metern hoch wird, können Sie am rechten Ende des Gartens eine weiße Birke setzen. Ihre cremefarbene Rinde wird Ihrem Garten eine elegante Linie geben und ihr intensives Gelb dem herbstlichen Garten Licht und Glanz verleihen. Wenn Sie die Pflanzen lieber niedriger haben möchten, nehmen Sie den japanischen Ahorn *Golden Full Moon*, der etwa vier Meter fünfzig hoch wird. Auch er hat wunderschöne Herbstfarben, in diesem Falle Rot/Orange, und eine abgerundete Form.

Am linken Ende des Randbeetes pflanzen Sie den kleinen japanischen Ahorn *Omurayama*. Seine kaskadenartig fallenden Zweige lassen ihn aussehen wie eine kleine Trauerweide und erinnern an Kuan Yins Versprechen, die Tränen der ganzen Welt zu tragen. Ein sanftes Grün im Sommer, im Herbst ein flammendes Rot und Gold. Etwas kürzer (bis zu drei Meter sechzig) als der Baum auf der anderen Seite des Randbeets, entsteht mit Hilfe dieses Ahorns in dem bepflanzten Bereich ein dynamisches Dreieck.

Zwischen den beiden Bäumen lassen Sie eine Öffnung von etwa drei Metern und pflanzen dann eine versetzt angeordnete Reihe von Weiden: Den kleinen (neunzig Zentimeter) japanischen Weidenstrauch *Fan-Tail* in der Mitte des Gartens, die größere (ein Meter achtzig) hohe japanische Weide zum Rand hin. Erstere weckt die Aufmerksamkeit durch ihre ungewöhnlich gedrehten Zweige; die zweite ist im Frühling mit riesigen silbrigen Kätzchen bedeckt und im Sommer mit graufarbenem Blattwerk.

Zweidrittel des Weges zwischen den beiden Befestigungsbäume, auf der Seite der in Kaskaden fallenden Weide, setzen Sie den Kuan Yin-Schrein. Dieser Teil der Bepflanzung wird besonders schön, wenn Sie ihn etwas höher setzen als den Rest des Gartens. Bevor Sie mit dem Pflanzen beginnen, bauen Sie einen Hügel aus Mutterboden, etwa sechzig Zentimeter hoch, der sanft zum restlichen Garten hinabfällt; er sollte etwa zwei Meter vierzig im Durchmesser sein. Dies läßt die Vorstellung eines kleinen, individuell angelegten Hügels entstehen, der mit Zwergbäumen und Sträuchern bepflanzt ist.

Sollten Sie nicht in der Lage sein, solch einen Hügel anzulegen, dann achten Sie bitte darauf, daß die ausgewählten Pflanzen so plaziert werden, daß sie den Schrein vor direkter Sicht abschirmen und einen ungestörten Ort zur Meditation schaffen.

Bevor Sie den Schrein bauen, sollten Sie den Sitzbereich anlegen. Am Fuß Ihres kleinen Hügels begradigen Sie den Boden und treten ihn fest. Dann pflastern Sie einen Bereich mit kleinen polierten Flußsteinen in Nierenform, die Sie in Gartenmärkten bekommen. Legen Sie von der Kante des Randbeetes bis zu dieser Stelle einen Pfad an, ebenfalls aus Flußkiesel. Wenn es Ihnen nichts ausmacht, auf dem Boden zu sitzen, ist das in Ordnung. Wenn Sie jedoch einen erhöhten Sitz vorziehen, suchen Sie eine schlichte Steinbank für diese Stelle oder einen chinesischen Stuhl aus Porzellan mit durchbrochenem Muster.

Schaffen Sie auf der Kuppe Ihres kleinen Hügels einen Bereich von etwa dreißig Zentimetern im Durchmesser und pflastern Sie ihn wie den Sitzbereich mit Flußkieseln. Auf diese Unterlage setzen Sie eine Statue von Kuan Yin. Chinesische Geschenkläden verkaufen viele Sorten, eine der schönsten ist die einfache weiße Porzellanstatue, bei der Kuan Yin ihrem Anhänger liebevoll die Hand reicht. Obwohl der Schrein durch die Pflanzen geschützt ist, sollten Sie die Porzellangegenstände bei sehr schlechtem Wetter entfernen. Oder Sie besorgen sich eine Kuan Yin-Statue aus Stein, auf Bronze-Antik gemacht, die Kuan Yin in sitzender Pose auf ihrer Lotusblüte darstellt; sorgen Sie dafür, daß die Statue wasserfest ist, bevor Sie sie den Elementen aussetzen.

Hinter den Schrein pflanzen Sie auf jeder Seite des Hügels die japanische Kirschblüte. Dieser Busch gehört zu den Frühblühern und seine Knospen brechen in verschwenderischen Blüten in zartem Weiß auf. Die japanische Kultur hat die Kirschblüte lange als Symbol der Kraft von Kami[1] oder des „Spirit"[1] verehrt. Wenn Sie früh im Frühjahr auf diesen wunderbaren kleinen Baum schauen, werden Sie den Frieden spüren, den die sich immer wieder erneuernden Jahreszeiten bringen.

Weiter unten am Hang, in Richtung des vorderen Teils des Randbeetes, pflanzen Sie ein Exemplar des hübschen kleinen Zwerg-Ahorns *Oto-Hime*, der japanischen Meeresgöttin zu Ehren. Von Natur aus zwergwüchsig, braucht dieser Baum keinen Beschnitt; er wird nur etwa sechzig Zentimeter groß, dafür breit und mit wunderschönen Herbstfarben. Seine verzweigten und dicht wachsenden Äste sind auch noch im Winter schön.

Weiter unten auf dem Hügel pflanzen Sie bunt gefärbte Segge *Hime-kansuge Snowline*. Die immergrünen, mit einem weißen Rand versehenen Blätter dieses winterharten

---

[1] Anm. d. Ü.: Schintoistische Gottheiten

Grases bilden kleine Hügel und bedecken Ihren Hang mit Grün. Pflanzen Sie die Segge in unterschiedlich großen Gruppen mitten in die anderen Pflanzen hinein. Zwischen die Segge und die Kante des Randbeets setzen Sie eine Gruppe der kleinen winterfesten Taglilien, die nach dem Bodhisattva *Kuan Yin* benannt sind. Ihre blaß rosafarbenen Blüten vertragen Trockenheit problemlos und werden den Garten im Spätsommer mit Farbe erfreuen.

Zwischen dem Abhang und dem „Trauer-Ahorn" pflanzen Sie mehrere Exemplare der Pfingstrose *Tracery of White Jade*. In China ist die Pfingstrose Symbol für die sanfte Stärke des weiblichen Prinzips, und ihre schneeweißen fransigen Blüten zeigen sich bald, nachdem die Kirschblüte vorbei ist. Darunter, bis hinüber zum äußeren Rand des Randbeets, pflanzen Sie in Gruppen das eindrucksvolle winterharte Gras *Blood Grass*, dessen spitze, rotgeräderte Ähren das Auge unter all den Pflanzen des Gartens angenehm erfreuen werden.

Schließlich können Sie unter den höheren der beiden Hauptbäume eine Steinlaterne setzen. Diese Laternen sind, wenn sie eine Kapuze aus Schnee tragen, besonders hübsch und dienen in japanischen Teegärten als Abendbeleuchtung. Eine Kerze in der Steinlaterne wirft ein flackerndes, geheimnisvolles Licht - eine Erinnerung an die immerwährende Gegenwart von *Kuan Yin*, die, wenn auch oft kaum spürbar, aber dennoch gnadenvoll in dieser Welt agiert. Setzen Sie um diese Laterne die Taglilie *Kuan Yin* – als zusätzlichen Kontrast zu der Umgebung.

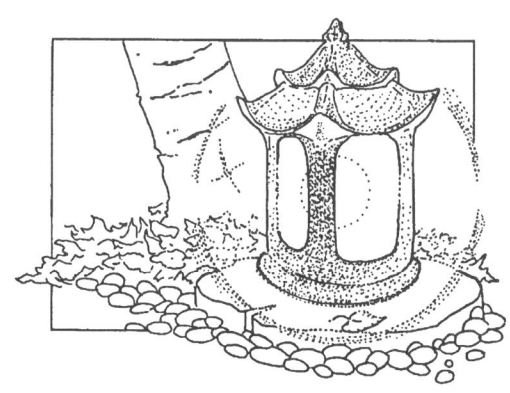

Zwei Sonnengärten

Seit der Renaissance haben westliche Wissenschaftler die Sonne in das Zentrum unseres Planetensystems gestellt. Und Tausende von Jahren zuvor war die Sonne das Zentrum der Religionen und Mythologien beinahe aller Menschen auf der Erde.

Und warum auch nicht? Ein Leben ohne die Sonne ist unvorstellbar. Die Sonne bringt uns mehr als angenehme Wärme und strahlend goldenes Licht. Pflanzen verdauen buchstäblich das Sonnenlicht und schaffen Nahrung durch Photosynthese; wir hingegen verzehren die Pflanzen, direkt oder indirekt, über das Tier. Das heißt: auch uns nährt und wärmt die Sonne. Außerdem braucht unser Körper das Sonnenlicht, um optimal zu funktionieren - die Krankheiten der dunklen Jahreszeit sind ein Beweis dafür.

Die Sonne ist oft als männlich verehrt worden. Der griechische Bogen- und Dichtergott Apollo ist uns heute vielleicht am besten bekannt. Die Musen waren seine Diener, denn alle Kunst braucht physisches Licht, um wahrgenommen, und das Licht der Inspiration, um geschaffen zu werden; Apollo war ebenfalls Herrscher der Wahrsage- und Weissagekunst, da der Sonne nichts verborgen bleibt.

Aber außer diesen Sonnengottheiten gibt es noch zahllose Sonnengöttinnen. Saule, die bedeutendste Göttin der Litauer und Letten, ritt mit ihren braunen Pferden jeden Tag über den Himmel und hielt an, um die Wälder mit ihrer goldenen Schere zu scheren, damit die Bäume ihrem Licht nicht im Wege waren. Sunna, die skandinavische Sonnengöttin, wurde von dem Wolf Fenris gejagt, der sie fangen und eines Tages bei lebendigem Leib verschlingen würde - aber nicht, bevor sie ihre Sonnentochter geboren hatte, die dann den Platz ihrer Mutter einnehmen würde.

Im Amerika der Indianer verehrten die Cherokesen die Sonne als die Göttin Unelanuhi, „die Teilerin“, oder „Zuteilerin“, da sie die Stunden zuteilte, während sie den Himmel durchquerte. Sie soll, so erzählt man sich, die Erdbeere geschaffen haben, um Mann und Frau in sinnlichem Vergnügen zusammenzuführen.

In Japan heißt die Sonnengöttin Amaterasu-omi-Kami. Sie tauchte einst die Erde in Dunkelheit, indem sie sich in einer dunklen Felsenhöhle zurückzog. Nur eine List der anderen Götter und Göttinnen - ein magischer Spiegel - lockte sie wieder heraus - und die schlüpfrigen Witze der Schamanengöttin Uzume.

Es ist somit angebracht, ihr und allen anderen Gottheiten der Sonne zu Ehren einen Garten anzulegen, denn die Sonne ist eine der engsten Verbündeten des Gärtners – neben dem Regen und dem Grundwasser, die beide die Pflanzen tränken, und der Boden, in dem sie wachsen und gedeihen. Selbst wenn der Himmel bewölkt ist, selbst in der Kälte des Winters schickt die Sonne ihr lebensnotwendiges Licht. Die beiden Gartenpläne – zwei Variationen desselben Themas - sind ein lebendiges Dankgebet an den Himmel.

Die Gartenanlage

Zwei Variationen zum selben Thema - ein kleines Sonnenmuster, aus Pflanzen mit Namen, die auf die Sonne hindeuten. Die meisten dieser Pflanzen haben, wen würde es überraschen, gelbe Blätter oder gelbe Blüten. Und somit ist es auch keine Überraschung, daß diese Pflanzen, um zu gedeihen, ausreichend Sonne brauchen. Somit ist der beste Platz für solch einen Garten eine Insel in der Mitte des Rasens. Der grüne Teppich drumherum wird die Form und Farbe des Sonnengartens verstärken.

Achten Sie darauf, daß Sie den Garten von einem Ihrer Fenster oder von der Terrasse aus sehen können, damit Sie wirklich etwas davon haben. In Augenhöhe setzen Sie Pflanzen und Blumen in lichtem Gold, aber um das Design dieses Gartens wirklich voll zur Wirkung kommen kann, benötigen Sie einen Hügel oberhalb der Pflanzen.

Modell I: Lilien in Hülle und Fülle

Die erste Variante dieses runden Gartens gibt die runde Form der Sonne wider, mit einem Meer aus Farben. Diese Variante ist etwas schwieriger umzusetzen als die zweite, aber die wunderbare Wirkung der gelben Taglilien und der anderen gelb blühenden Pflanzen, die sich gegen den dunklen Rand abheben, gleicht die zusätzliche Arbeit aus.

In vielen Gärten finden Sie die sonnigsten Stellen bereits mit Rasen bedeckt, so daß Sie möglicherweise den Rasen entfernen müssen, um überhaupt pflanzen zu können. Als erstes müssen Sie bei der Gartenplanung die Umrisse festlegen. Dafür verwenden Sie dunkle Flußkiesel (in Garten-Centern erhältlich), damit Sie mit den Steinen dort, wo der Garten sein soll, die Umrisse der Sonnenscheibe „zeichnen" können. Dazu bringen Sie kurze Pfähle am Ausgangspunkt der Strahlen und Spitzen eines jeden Strahlen-Dreiecks an und verbinden diese mit einem Bindfaden, um die Umrisse der Sonne festzulegen. Dann legen Sie innerhalb jedes „Strahls" spiralförmig eine Reihe von Flußsteinen; dann können Sie die Pfähle und den Bindfaden entfernen. Das hier angebotene Muster ist nur ein Vorschlag; Ihre eigene Gartenform wird sich in Ihrem eigenen Garten von selbst ergeben. Sie brauchen keine Angst zu haben, etwas falsch zu machen, denn die Flußkiesel lassen sich leicht entfernen und korrigieren, wenn die Linien nicht stimmen sollten. Vor dem Pflanzen sollten Sie dafür sorgen, daß Ihnen die Sonnen-„Strahlen" gefallen, indem Sie sich den Plan mehrere Tage lang zu unterschiedlichen Tageszeiten ansehen. Wenn Sie damit zufrieden sind, dehnen Sie den Rand der Strahlen auf etwa fünf Zentimeter aus, indem Sie mehr Steine an die äußere Seite der ursprünglichen Randsteine bringen.

Die wichtigste Pflanze auf diesem Flecken ist die Taglilie, die sich bereits zeitig im Frühjahr anmutig über die Flußkiesel beugen wird. In der Mitte stehen einige größere Pflanzen, die den „Körper" der Sonne bilden. Im Frühling verleihen die warmen, himbeerfarbig getönten halbgefüllten Blüten des Pfingstrosenbaums Helios, nach dem alten griechischen Sonnengott benannt, Ihrem Garten Glanz; später im Jahr bilden seine dunklen Blätter einen attraktiven Mittelpunkt der Anlage. Im frühen Sommer wird die weiße Apollolilie zwischen den Pfingstrosen blühen und den lebhaften Taglilien eine kühlende Note verleihen.

Bei den Taglilien haben Sie die Wahl; entweder Sie suchen sich eine einzige Sorte aus und pflanzen den ganzen Garten voll damit, oder Sie mischen die verschiedenen Taglilien, um einen blühenden Teppich aus Gold und Gelb zu schaffen. Hier einige Sorten, die dafür geeignet sind: *Hyperion*, nach einem anderen griechischen Sonnengott benannt, eine vielblühende und stark duftende hellgelbe Blume, die sich der Umgebung anpaßt, sich schnell ausbreitet und, mit einer Höhe von etwa sechzig Zentimetern, in die

Mitte des Beetes gepflanzt werden sollte; *Sun's Eye*, eine hellgelbe, frühblühende, große Blume mit etwa fünfzig Zentimeter hohen Stengeln; und *Solar Crest*, eine kürzere (etwa dreißig Zentimeter) Sorte, mit gelben, leicht gesägten Blüten.

Zwischen diese Taglilien setzen Sie Narzissen, die schon verschwenderisch blühen, bevor sich die Taglilien überhaupt gerührt haben; das Blattwerk der Taglilie wird die welkenden Blätter der Narzisse über den Sommer hinweg verdecken. Wählen Sie entweder *Orange Sun* (oder *Shining Light*), eine große Darwin-Sorte, die sich gut ausbreitet und anpaßt; oder *Sun Disc*, eine stark duftende kleine (zwölf bis vierundzwanzig Zentimeter hohe) Narzisse, die, wie ihr Name vermuten läßt, die Form einer flachen Scheibe hat; oder mischen Sie alle miteinander und lassen Sie sich von der Wirkung überraschen.

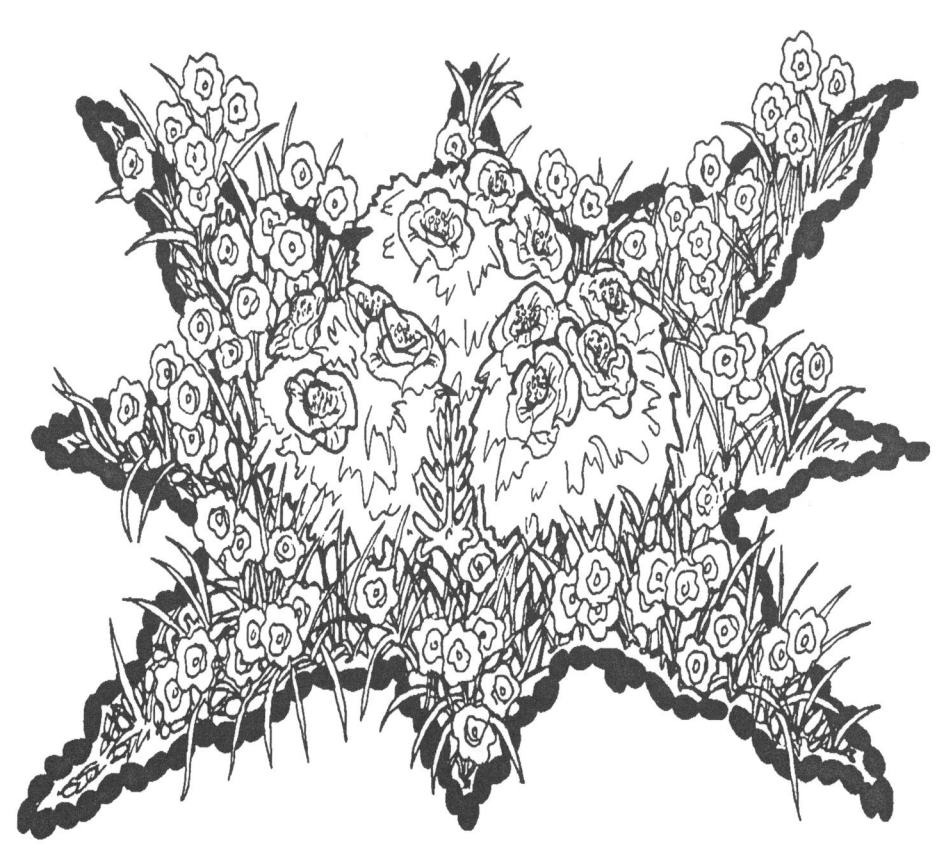

Lilien in Hülle
und Fülle

Sonnengarten *I*

Lilien in Hülle und Fülle
Sonnengarten Modell I

Zubehör:
• Dunkle Flußkiesel

Pflanzenliste:
1 3 Pfingstrosenbäume Helios *(Paeonia peregrina trollioides)*
2 3 Lilien Apollo *(Sun Ray)*
3 Gemischte Taglilien:
   • Hyperion
   • Sun's Eye *(Chicago Sunrise)*
   • Solar Crest *(Stella de Oro)*
4 Gemischte Narzissen:
   Orange Sun *(Grand soleil d' Or)*
   Sun Disc

Ringelblumen
und goldene Hosta

Sonnengarten **II**

Ringelblumen und goldene Hosta
Sonnengarten Modell II

Pflanzenliste:
1   1 Hosta Solar Flare *(September Sun)*
2   6 Hosta Sundance (*Sunpower)*
3   4 - 5 Sechserpackungen gelbe Zwerg-Ringelblumen

Modell II: Ringelblumen und goldene Hosta

Die Variante II ist ganz einfach vom Design her und leichter umzusetzen, muß jedoch jedes Frühjahr mit einjährigen Pflanzen neu angelegt werden. Eine einzelne große goldene Hosta, von sechs kleineren strahlenden Hostas umgeben, wird durch Ringelblumen, die in Dreiecken gepflanzt sind, umrundet. Leicht anzulegen und sehr eindrucksvoll in der Wirkung, ist dieser Garten eine Belohnung für die jährliche Neubepflanzung.

Die Pflanze in der Mitte ist die Hosta *Solar Flare*, eine Hosta der goldenen Sorte mit großen Blättern. Während sie heranwächst, wird sie beinahe so groß wie ein Strauch, auch wenn sie jedes Jahr wieder stirbt. Anders als die meisten Hosta, die Schatten bevorzugen, gedeiht diese Pflanze auch in der Sonne, die ihre blaßgelben Blätter strahlend zum Leuchten bringt und so zum auffallenden Zentrum des Gartens macht.

Um die *Solar Flare* setzen Sie einen Kreis aus *Sundance*, einer andere Hosta, die sich gut in der Sonne macht. Viel kleiner als ihre eindrucksvolle Verwandte *Solar Flare* hat diese Hosta dunkelgrüne Blätter mit goldenen Rändern und wird bis zu sechzig Zentimetern groß.

Schließlich pflanzen Sie um die Hosta Zwerg-Ringelblumen in Gelb (oder Gold, aber nicht Orange), die im Frühling leicht zu haben sind. Achten Sie sorgfältig darauf, daß die Strahlen symmetrisch verlaufen und pflanzen Sie Gruppen von jeweils zwei oder drei, gefolgt von einer einzigen Ringelblume als Strahlen-„Spitze". Diese herrlichen Langblüher werden an sonnigen, aber auch an bewölkten Tagen strahlen wie die Sonne, bis spät in den Herbst hinein.

Ein Zaubergarten

Was macht einen Garten, der mit einer Mauer umgeben ist, so besonders? Was finden wir so magisch an ihm? Wie alt auch immer wir sein mögen, wir bekommen feuchte Augen, wenn wir an die verwunschenen Gärten in Literatur, Film und Malerei denken. Solch ein Garten ist ein Ort der Sicherheit und Ruhe, ein sorgenfreier sehnsucht-erweckender Garten, der jeden von uns magisch anzieht. Wir mögen vielleicht nie solch einen geheimnisvollen Garten haben, aber tief in unserem Herzen sehnen wir uns nach ihm.

Der französische Philosoph Gaston Bachelard behauptet, wir würden alle eine Erfahrung innerer Grenzenlosigkeit machen, bei der sich unsere innere Weite in irdischen Formen wie dem Ozean oder einer Bergkette wiederfände. Das Gegenteil dazu, erklärt er, sei der uns angeborene Wunsch nach Geborgenheit, einem Ort, an dem unser Bedürfnis nach Sicherheit gestillt würde und wir, paradoxerweise, unserer wahren Wildheit begegnen würden, unserem animalischen Bedürfnis nach Nahrung und Schutz.

Der hinter einer Mauer verborgene Garten ist solch ein Ort. Dort, in sinnlicher Privatsphäre, fühlen wir uns sicher genug, uns die höchste Freiheit auszumalen; sicher genug, den Möglichkeiten, die das Leben uns bietet, zu begegnen. Dort, in der Stille, können wir die Worte unseres Herzens wahrnehmen.

Der ideale Zaubergarten liegt hinter einer alten Steinmauer, die mit alterslosem Efeu überwuchert ist. Wir entdecken ihn vielleicht eines Tages in einer Ecke unseres Besitzes, die wir bisher übersehen haben, erspähen seine verwitterte Tür mitten in den Kletterpflanzen. Seine einzige Tür läßt sich nur durch einen Dietrich öffnen, den wir unter einen nahegelegenen Stein finden und der in dieses alte verrostete Schloß paßt. Drinnen sind die Mauern hinter wild wuchernden Pflanzen verschwunden - das perfekte Bild einer gezähmten Wildheit.

Mag sein, daß Sie keinen großen Besitz haben, aber vielleicht finden Sie eine Ecke, die sich für solch einen magischen Garten eignet. Wahrscheinlich haben Sie auch keine Jahrhunderte alte Pflanzen, aber in wenigen Jahren können Sie einen Garten schaffen, der einen stark verwilderten Eindruck macht, indem Sie schnell wachsende Pflanzen und Einjährige in Gruppen zwischen die Winterharten setzen, die nach mehreren Jahren eine solche Unterstützung nicht mehr brauchen.

Dieser Garten wird noch geheimnisvoller und magischer, wenn Sie viele dunkel blühende Pflanzen verwenden. Er soll ein geheimnisvoller Ort der Ruhe für den städtischen Zauberer sein - ein Ort, der nur zum Himmel hin offen ist, ein Ort für Ihre Träume, ein Ort der Verzauberung. Vielleicht möchten Sie hier magisch arbeiten oder auch nur die Magie des Gartens auf sich wirken lassen.

Die Gartenanlage

Selbst auf einem kleinen Besitz wird es Platz für einen solchen Garten geben, der vielleicht vier Meter fünfzig im Quadrat benötigt. Idealerweise wäre es, ihn so zu plazieren, daß man ihn jedes Mal, wenn man ihn betritt, neu entdeckt. Natürlich könnte man in die Mitte eines Rasens vier Wände aufstellen - aber wo wäre da die Abgeschiedenheit? Nein, suchen Sie einen Ort, wo solch ein Platz bereits existiert: An der Rückseite oder neben einer Garage, oder in einer schattigen Ecke Ihres Grundstückes. Aber bitte achten Sie darauf, daß Sie einen Ort wählen, wo die Sonne im Laufe des Tages hinkommt; mit einem Ort in tiefem Schatten beschränken Sie Ihre Auswahl der Hosta und der anderen schattenliebenden Pflanzen, die ich weiter unten beschreiben werde.

Am besten ist natürlich eine Stelle, wo es bereits eine Hauswand oder einen Zaun gibt. Vielleicht finden Sie ja sogar einen Ort mit drei Mauern, zum Beispiel eine Ecke zwischen einem hohen Zaun und einem Gebäude. Aber Vorsicht: Eine Stelle zwischen zwei Gebäuden mag in vielerlei Hinsicht perfekt sein, nicht jedoch, wenn das Fenster eines Nachbarns direkt auf Ihren magischen Garten hinausgeht.

Das würde die Abgeschiedenheit, die den Zauber dieses Gartens ausmacht, zerstören.

Wenn Sie den Ort gefunden haben, beginnen Sie damit, die restlichen Mauern zu errichten. Die romantischsten Zaubergärten haben Mauern aus Ziegeln, aber tun Sie sich diese Mühe nur an, wenn Sie bereits Ziegelstein vorfinden. Sonst setzen Sie Zaunpaneelen, mindestes einen Meter achtzig hoch, die zu dem passen, was bereits vorhanden ist, oder sich der Umgebung anpassen. Die Mauern sollten mit schnell wachsenden Pflanzen bedeckt werden, da Stabilität und Stärke wichtiger als Aussehen sind. Vielleicht errichten Sie die fehlenden Wände selbst, indem Sie vorgefertigte Zaunpaneele verwenden; achten Sie darauf, daß Sie die Zaunpfosten richtig positionieren und befestigen, denn ein Zaun, der nach einigen Jahren umkippt, ist nicht unbedingt ein schöner Anblick. Einen Fachmann, der Ihnen den Zaun sachgemäß baut, anzuheuern, sollte für einen kleinen Garten nicht allzu teuer sein und gibt Ihren Pflanzen eine solide Grundlage.

Bringen Sie die Gartentür in einer der neuen Wände an, allerdings nicht direkt in die Mitte der Mauer, sondern nach rechts oder links versetzt, um eine geheimnisvolle Asymmetrie zu erreichen. Wenn Sie meinen, Ihr Garten würde geheimnisvoller werden, wenn Sie sich beim Eintreten bücken müssen, dann können Sie die Tür auf eine Höhe von ein Meter zwanzig bis ein Meter fünfunddreißig anbringen; sonst machen Sie das Tor ein Meter achtzig hoch, damit man leicht eintreten kann.

Bevor Sie mit dem Pflanzen beginnen, legen Sie die Spirale aus Kieselsteinen an, die den Gartenweg bildet. Wenn der Boden Ihres Gartens nicht ganz eben ist, nutzen Sie diese Laune der Natur, indem Sie die Kieselsteine den Krümmungen anpassen; aber achten Sie darauf, daß die Kieselsteine fest (und flach) liegen, damit Sie und Ihre Besucher nicht stolpern.

Wenn Sie irgendwo in der Nähe Moos haben, sammeln Sie es und füllen Sie es in einen Mixer, zusammen mit einem Becher Natur-Joghurt (achten Sie darauf, daß es sich dabei um aktive Joghurt-Kulturen handelt) und einem Viertel Liter Wasser. Benetzen und bemalen Sie damit Ihre Kieselsteine. Das Moos wird sich schnell ausbreiten, und Ihr Kieselsteinweg wird schön alt und romantisch aussehen.

Schließlich stellen Sie fast an das Ende der Stein-Spirale eine Bank. Da die Pflanzen und Blumen in diesem magischen Garten dunkle Farben haben, sollten Sie die Bank in dunklem Tannengrün anstreichen; auch eine dunkle Bank aus Holz oder Metall paßt sehr gut. Jetzt sind Sie bereit, den Garten mit Pflanzen, Sträuchern und Kletterpflanzen zu füllen, um einen verwunschenen Ort der Zuflucht zu schaffen.

Das Pflanzen

Beginnen Sie mit den Mauern. Innerhalb weniger Jahre werden Sie von den neuen Kletterpflanzen überwuchert sein. Mehr als andere Gärten braucht dieser Garten Zeit, um sich zu entwickeln; also haben Sie Geduld und erfreuen Sie sich an Ihrem Garten, während er sich langsam in ein grünes Kleid hüllt. Es gibt zahllose Kletterpflanzen, mit denen Sie Ihre Gartenmauern bedecken können, je nach dem Klima Ihres Gartens. Efeu paßt im allgemeinen gut und wird sehr kräftig; Zier-Kiwi, der keine Früchte trägt, ist eine andere Möglichkeit; oder Sie mischen mehrere Efeuarten zu einer Symphonie aus Grün.

Sobald die Kletterpflanzen gesetzt sind, kommen die restlichen winterharten Pflanzen, Sträucher und sich selbst aussäende Einjährige dran. Denken Sie daran: Dieser Garten ist so angelegt, daß in einer Ecke winterharte Pflanzen stehen, die die meiste Sonne benötigen; Sie können die Anordnung der Türen und die Richtung des Pfades ändern, aber bitte achten Sie bei Ihrer Planung und Pflanzung unbedingt auf das Bedürfnis der Pflanzen nach Sonne.

Hinter die Gartentür pflanzen Sie rechts und links vom Weg die schattenliebende Hosta *Edge of Night*. Während sie wächst, wird sich diese eindrucksvolle Riesenpflanze zu einem regelrechten Dschungel auswachsen. Daneben setzen Sie in Gruppen die Buntlippe *Solenostemon*, eine Einjährige, die immer wieder gepflanzt werden kann; zwicken Sie die Blütenstände ab, da sie ohne besser aussieht. An die Mauer auf der rechten Seite setzen Sie Iris in Gruppen, wobei Sie die kräftige lavendelfarbene *Augury* und die schwarz-dunkelbraune *Superstition* mischen. Links neben den Pfad pflanzen Sie eine Gruppe der nicht so bekannten Geraniensorte *Halloween* mit ihren dunklen Blütenblättern und Blüten mit dem Profil einer Hexe.

In die erste Ecke, und auch gegenüber, pflanzen Sie eine *Witch-Erle,* das ist ein niedriger Strauch, dessen frühe struppige Blüten den Garten mit Duft erfüllen. Unter die offenen Zweige setzen Sie das kleine einjährige Stiefmütterchen *Black Devil*, dessen dunkle Gesichter aus dem Blätterwerk heraus strahlen. Diese einjährigen Pflanzen sollten im Haus vorgezogen werden und erst dann ins Freie gebracht werden, wenn das Wetter es zuläßt; setzen Sie drei oder fünf (niemals eine gerade Zahl) dieser Schätzchen überall dorthin, wo sich winterharte Pflanzen noch nicht breit gemacht haben.

Während Sie immer näher an die sonnigste Ecke kommen, pflanzen Sie zwei sonnenliebende Taglilien - *Court Magician* (purpur, mit weißen Blütenrändern) und *Purple Magic* (purpur mit gelb). In die sonnige Ecke setzen Sie eine oder zwei Strauchrosen *Alchemist,* deren wogende, vielfarbige Blüten sich tatsächlich in Gold zu verwandeln scheinen.

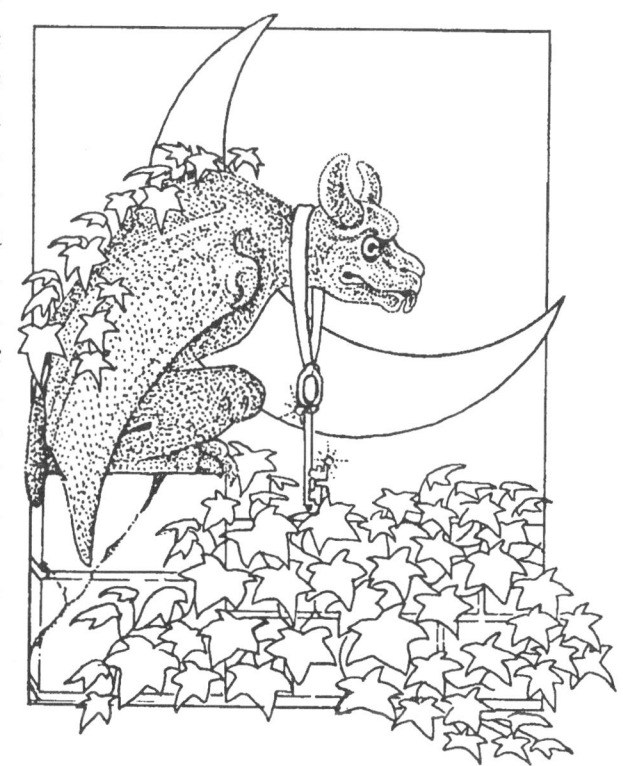

Eine große Rabatte der wenig bekannten Rudbeckia *Green Wizard* grüßt das Auge, wenn Sie sich auf dem spiralförmigen Weg umsehen. Diese Blume mit ihren grünen Blütenblättern und ihrer dunklen Mitte wird bis zu zwei Metern hoch, und ihre dunklen Zapfen halten lange in den Winter hinein (oder machen sich in Trockensträußen gut). Darunter setzen Sie eine kleinere Gruppe der Geraniensorte *Halloween*.

Unter die Bank sollten Sie die hübsche Nemophila *Total Eclipse* pflanzen. Obwohl nur einjährig, wird sich diese Pflanze immer wieder aussäen, so daß Sie Ihre Freude an ihren winzigen schwarzen Blüten mit weißen Rändern haben werden. Sie ist eine niedrig wachsende Pflanze und sollte auch unter den größeren winterharten Pflanzen in der Nähe gesät werden.

Ungefähr in die Mitte des Gartens, wo der spiralförmige Weg endet, setzen Sie eine Hosta der Sorte *Blue Seer* in Form eines Halbmondes, eine sich kräuselnde, tiefblaue Sorte dieser Blattpflanze, und daneben eine gebogene Reihe Alchemilla - das ist die Pflanze, die die Alchemisten im Mittelalter verwendet haben, um Tautropfen für ihre Arzneien zu sammeln. Diese Pflanze bildet hübsche Polster mit winzigen gelbgrünen Blüten. Schließlich pflanzen Sie ein Exemplar der kleinen Stechpalme der Sorte *Ilex Glabra*, die schwarze Beeren hervorbringt und langsam aber sicher bis zu ein Meter zwanzig hoch wird und kräftig und strahlend bleibt. Überall im Garten können Sie verschiedene Tulpensorten für die Frühlingsblüte mischen: Die große *Queen of Night* mit ihren samtartigen brauen Blüten; *Black Swan*, in mehr purpurfarbenem Braun; und die Spätblüherin *Black Pearl*. Außerdem können Sie ein paar kleineren, sich selbst aussäenden Einjährigen die Chance geben, sich zwischen den Kieselsteinen auszubreiten: Die bereits oben erwähnte Nemophilia und das Veilchen *Bowles Black*, eine sich schnell ausbreitende (einige würden sagen invasive) einjährige Pflanze mit dunklen, beinahe schwarzen Gesichtern und einem kleinen gelben Fleck im Zentrum.

Wenn Ihr Zaubergarten älter wird, werden sich die Pflanzen ausbreiten und einen wild romantischen Dschungel bilden. Vielleicht brauchen Sie dann nicht mehr alle Einjährigen neu zu pflanzen, oder Sie setzen an einigen Stellen jedes Jahr neue einjährige Pflanzen, um das Bild des Gartens immer wieder zu verändern.

Wie dem auch sei – eines ist gewiß: die traumhaften Stunden der Meditation, die Ihnen dieser Garten Jahr für Jahr beschert, wird Sie bald alle Mühe vergessen lassen.

Ein
Zaubergarten

Zubehör:

- Paneelen als Einzäunung
- Eine Tür oder ein Tor
- Etwa zwanzig große Kieselsteine
- Eine kleine, dunkel angestrichene Bank

Pflanzenliste:

1 Kletterpflanzen (unterschiedliche Sorten):
- Efeu
- Zier-Kiwi
2 2 Funkien (Hosta) Edge of Night *(Obscura Marginata)*
3 12 Buntlippen Wizard
4 10 Geranien Halloween
5 20 gemischte Iris
- Augury *(Black Magic / Black Knight)*
- Superstition

6	2 Erlen Witch *(Grünerle)*
7	12 - 30 Stiefmütterchen Black Devil *(Prince Henry)*
8	12 Taglilien:

- Court Magician (Black Beauty)
- Purple Magic (Lilium dauricum)

9	1 Strauchrose Alchemyst
10	10 Rudbeckia Green Wizard *(Herbstsonne)*
11	20 Nemophilia (Hainblume) Total Eclipse
12	2 Hosta Blue Seer *(Blue Blush)*
13	3 Alchemilla *(Frauenmantel)*
14	1 Stechpalme der Sorte Ilex Glabra *(Tintenbeere)*

Für die Frühlingsblüte:
Tulpen:
- Queen of Night
- Black Swan *(Tulpia oiolacea)*
- Black Pearl *(Arabian Mystery)*

Für die Wege:
- Nemophilia Total Eclipse
- Veilchen Bowles Black

Die Einhornwiese

Unter all den mystischen Tieren gibt es nur eines, das sich in unserem Garten heimisch fühlt. Greife, Basiliske, Werwölfe, Hydras - die feurigen Wesen machen es sich in Sümpfen und Wäldern, Canons und den dunklen Bergen gemütlich. Und wer in der Tat wollte sie aus solchen Schlupfwinkeln hervorlocken, würden sie doch ihre schrecklichen Kräfte der Zerstörung und Transformation mit sich bringen...

Aber mit dem Einhorn ist es etwas anderes, denn wer würde *nicht* solch ein Wesen in seinem Garten haben wollen, das ihn auf Schritt und Tritt mit seiner Anmut und Kraft beglückte?

Die Sage vom wilden Einhorn ist hinlänglich bekannt, aber ich erzähle Sie dennoch ...

Vor etwa eintausendfünfhundert Jahren tauchte das ziegenähnliche kleine Tier mit seinem einzigen spitzen weißen Horn auf der Braue zum ersten Mal in den Tiergeschichten Europas auf. Trotz seiner winzigen Größe war es schnell und feurig, und kein Jäger konnte es fangen, wie geschickt auch immer er sein mochte. Fand man jedoch eine Jungfrau mitten auf einer Wiese sitzen, von Einhörnern eingerahmt, dann durfte man sich ihr nähern und den Kopf des Einhorns in ihren Schoß legen. Sie würde es dann so lange streicheln, bis es in den Schlaf fiel ... und dann könnte der Jäger das Einhorn fangen und es zum Palast des Königs bringen.

Das ist die harmlose Version der Geschichte. In anderen Erzählungen wird das Einhorn von Soldaten, die sich in den Wäldern hinter der verlockenden Jungfrau verborgen haben, in einer blutigen Schlacht getötet.

Warum wollte man das wundersame Einhorn töten? Wegen seines magischen Horns, das selbst die stärksten Gifte abwehren sollte. Kaum einen Herrscher gab es im Mittelalter oder in der Renaissance, der nicht ein gedrehtes Horn aus Elfenbein bei sich trug; einige hielten sich sogar eigens Diener, die jedes Glas Bordeaux und jeden Teller Suppe mit dem Horn des Einhorns umrührten. Einige starben trotzdem – und dennoch schien ihr Tod die starke Magie des Horns nicht zu widerlegen; aber die meisten blieben am Leben - obwohl das „Horn des Einhorns" der Familie wahrscheinlich nicht mehr als der nachgebildete Hauer eines Walrosses war.

Da Vergiften heutzutage nicht mehr so populär ist wie in den letzten tausend Jahren, biete ich Ihnen diese Einhornwiese nur unter der Voraussetzung an, daß Sie diesen Garten nur dann anlegen, wenn Sie ein Einhorn fangen möchten, um es zu verehren. Aber vielleicht möchten Sie es ja überhaupt nicht einfangen, sondern nur ein ruhiges Plätzchen für all die Einhörner schaffen, die immer noch wild durch Ihre Stadt streifen - oder aber Sie suchen nur einen Ort, an dem Sie über die mystische Bedeutung dieses feurigen und dennoch zarten Geschöpfes der Legende meditieren können.

Die Gartenanlage

Die besten Orte, um Einhörner zu sehen, finden sich, ironischerweise, in einigen der größten Städte der Welt: In New York (im Metropolitan Museum of Art's Cloisters) und in Paris (im Kloster Cluny). Dort können Sie Darstellungen dieses Fabeltiers und der Jagd nach ihm sehen, auf dem das Einhorn an einem Fluß kniet und sein Horn hineinhält, um das Wasser zu reinigen. Darüber sitzt eine Jungfrau unter einem Baum, das Einhorn schaut in ihren Spiegel, seine Füße vertrauensvoll in ihrem Schoß. Auf Wandteppichen, die die sanftere, illustre Version der Geschichte darstellen, sehen wir das Einhorn in Gefangenschaft, innerhalb seines kreisrunden Geheges friedlich ruhend. Wandteppiche mit der blutigen Version zeigen das Einhorn, das kühn gegen ein Dutzend Jäger kämpft, Hunde und Ritter aufspießt und wie wild mit seinen Hufen tritt, um sich dann tapfer den erhobenen Speeren und seinem Schicksal zu ergeben.

Bei der Planung dieses Gartens habe ich mich an die Pflanzen gehalten, die auf diesen mittelalterlichen Teppichen zu sehen sind. Ihre gewebten Details sind so präzise, daß wir sogar die Pflanzen, die in der von Bäumen umsäumten Wiese blühen, auf der sich das Einhorn aufhält und gefangen wird, identifizieren können. Da es diese Pflanzen auch heute noch gibt, schaffen sie einen wandteppichähnlichen Effekt, wenn sie so gepflanzt werden, wie ich es Ihnen vorschlage. Der Garten wird ohne Zubehör oder Skulpturen angelegt; auch wenn die Versuchung groß ist, die Statue eines Einhorns an einem Strauch an die Kette zu legen. Aber das wäre Kitsch, macht es doch viel mehr Sinn, den Geist des Einhorns herbeizurufen, indem man einen vollkommen natürlichen Garten schafft.

Da der Garten als kleine runde Insel in der Mitte eines Rasens gedacht ist, von einem niedrigen Zaun umgeben, als Symbol für die Reinheit des Herzens (und der, man beachte, eine kleine Tür besitzt, damit das Einhorn hereinkann), ist es kein Problem, die Einhornwiese dem Platz, den Sie zur Verfügung haben, anzupassen. Sollte Ihr Grundstück groß genug sein, können Sie die ganze Szene des Wandteppichs nachempfinden, indem Sie einen Kreis aus Obstbäumen (auf dem Teppich gibt es Äpfel, Pflaumen und Birnen) pflanzen, in dessen Mitte Sie die blühenden Pflanzen setzen. Solch ein Kreis sollte, damit sich die Bäume wohl fühlen, einen Durchmesser von etwa vier Meter fünfzig haben. Wenn Ihr Platz ausreicht, setzen Sie unter die Bäume niedrig wachsende Bodendecker wie *Römische Kamille*.

Wählen Sie für den Garten einen sonnigen Platz; am schönsten wirkt er in der Mitte eines Rasens als Insel. Vielleicht lassen Sie sich einen Kubikmeter gute Muttererde liefern, die Sie in der Mitte des Gartens zu einer leichten Anhöhung formen; wenn Sie mit dem Torf beginnen, können Sie Mulch aus Zeitungspapier verwenden, damit das Ganze schneller geht.

Schaffen Sie einen Hintergrund aus dunkler Gartenplastik oder Bodenfolie; dann schneiden Sie Öffnungen für jede der Pflanzen. Achten Sie auch hier wieder darauf, daß Sie zwischen den einzelnen Pflanzen genügend Platz lassen, damit diese, wenn sie später ausgewachsen sind, einander nicht berühren; etwa dreißig Zentimeter zwischen den einzelnen Pflanzen sollten genügen. Schließlich pflanzen Sie gleichmäßig aber ungeordnet; Pflanzen, die wie Zinnsoldaten aufgereiht sind, zerstören die Illusion eines Wandteppichs. Und: setzen Sie die Pflanzen nicht in Gruppen zusammen; anders wie bei einem Bauerngarten, dessen Reiz in Gruppen wachsender Pflanzen derselben Sorte liegt, erfordert dieser Garten mehr Abwechslung.

Die größte Gefahr bei diesem Garten wird sein, die Wirkung eines Bauerngartens zu erreichen, indem Sie die Pflanzen zu dicht nebeneinander setzen. Wenn Sie sich die Wandteppiche anschauen, werden Sie sehen, daß die Pflanzen einzeln dastehen, umgeben von dunkler Erde, was die plastische Wirkung ihrer Blätter und Blüten betont.

Wenn der Garten fertig ist, bringen Sie außen herum einen niedrigen weißen Zaun an und lassen Sie eine Stelle offen, damit das Einhorn hereinkann. Nehmen Sie vorgefertigte Paneelen aus Kunststoff, sie sind nicht teuer. Ein Holzzaun, den Sie selber bauen, könnte allerdings mehr Einhörner anlocken.

Für diesen Garten habe ich nur winterharte Pflanzen ausgewählt, auch wenn auf den Wandteppichen einige Einjährige - wie die süß riechende Levkoje - zu sehen sind. Vielleicht möchten Sie in den ersten Jahren ein paar Levkojen setzen, bevor sich der Garten zu seiner vollen Blüte entwickelt hat. Sind die Pflanzen erst einmal gepflanzt, werden Sie sich einer anderen Herausforderung gegenübersehen, nämlich ihr unbändiges Wachstum unter Kontrolle zu halten. Einige dieser winterharten Pflanzen, wie Nelken, könnten, wenn Sie nicht aufpassen, den ihnen bestimmten Standort überwuchern. Wenn Sie die Pflanzen trennen, erhalten Sie zusätzliche Pflanzen, die sich anderswo oder für dankbare Freunde verwenden lassen.

Zu den Pflanzen dieses Gartens gehörten auch Nelken, die hübsche, duftende Gartennelke in Rosa; säen Sie die rote Nelke *Maltese Cross*, im Mittelalter Feuernelke genannt; das Heilkraut Alchemilla mit den bogenförmigen

Blättern, „die kleine Magische“, oder „Frauenmantel“; die stachelige Distel; den gefleckten Aronstab; die gänseblümchenartigen Arnika; duftenden Phlox wie *Sweet Rocket*; freundliche, vertraute Veilchen mit Stiefmütterchen-Gesichtern; und die heiß geliebte, altweiße Madonnenlilie.

Wenn dieser Garten einmal fertig ist, wird er nur wenig Pflege benötigen – aber Vorsicht: Stören Sie nicht die Einhörner, die Sie dort in der Dämmerung schlafend vorfinden.

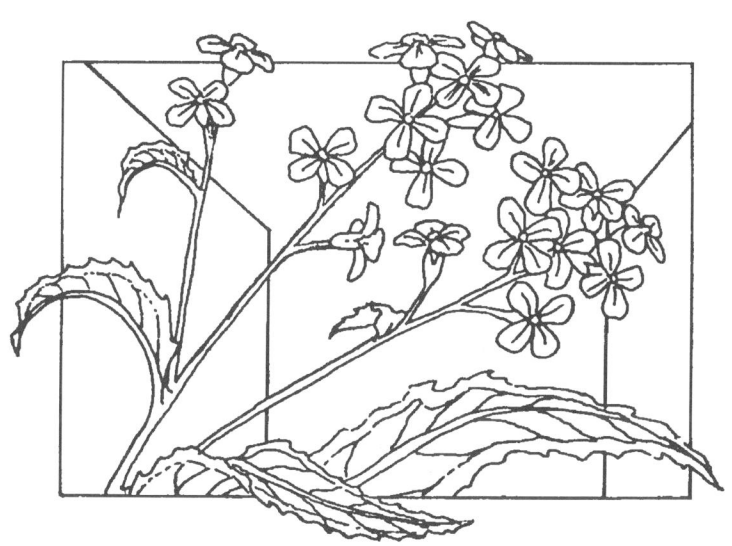

Die

Einhornwiese

Zubehör:
- Schwarzes, wildkrautresistentes gewebtes Material
- Weiße Paneelen aus Holz oder Kunststoff

Pflanzenliste:
1	5	Feuernelken Maltese Cross *(Ideal Serie: Cherry Pico-tee)*
2	5	Nelken
3	5	Disteln
4	10	Frauenmantel
5	6	Arnika
6	5	Gefleckter Aronstab
7	6	Phlox Sweet Rocket
8	10	gemischte Veilchen
9	4	Madonnenlilien

Ein Hexengarten

In den alten Märchen haben Hexen immer einen Garten.

Erinnern Sie sich noch an Gothel? Sie war die Zauberin in *Rapunzel*, das ist die mit dem Garten und der Mauer, voll wunderbarer Blumen und Kräuter.

Rapunzels Mutter pflegte, als sie schwanger war, aus ihrem Fenster über die Mauer in jenen Garten zu schauen, den niemand bisher aus Angst vor der Besitzerin betreten hatte. Eines Tages bemerkte die Frau einen grünen Streifen mit Rapunzel. Sie bekam eine unbändige Lust darauf. Sie würde nicht mehr schlafen können, bis sie etwas von diesem Kraut hätte! Und so stahl sich ihr Mann in den Garten und stahl den Rapunzel –

- und den Rest kennen Sie: Das Mädchen oben im Turm, das lange goldene Haar, der Prinz. Und das alles nur, weil eine Frau den sinnlichen Genüssen eines Hexengartens nicht widerstehen konnte.

Oder denken Sie an das Grimmsche Märchen *Krautesel*, in dem ein junger Mann den Kohl einer Hexe ißt und - Sie erraten es schon - in einen Esel verwandelt wird. Oder, an *Dornröschen*, wo die alte Hexe - die „böse Fee“, die das Mädchen verflucht, weil sie zur Taufe nicht eingeladen worden ist - die Rosenbüsche verzaubert und so hoch wachsen und so stark werden läßt, daß sie das ganze Schloß, in dem das Mädchen und alle anderen schlafen, überwuchern und zu einer riesigen Dornenhecke werden.

Wenn die Hexe, wie es immer wieder heißt, die unwürdige Form der weisen Frau ist, dann mögen die hier beschriebenen Hexen der Sage an die Dorfhebammen und Kräuterfrauen erinnern. Stellen Sie sich nur ihre kleine Hütte vor, beinahe zugedeckt mit den Rosenranken, die sie liebte, und den Kräutern, die sie zum Heilen benötigte. Stellen Sie sich vor, wie Sie beim Öffnen der Tür mit dem scharfen Geruch eines Hühnereintopfs und dem Duft von

Kräutern, die sie zum Trocknen aufgehängt hat, empfangen werden. Sie würde um Sie herumwuseln – und was sehen Sie? Eine energische Frau unbestimmten Alters, voller Saft und Kraft, die Sie mit ihren erstaunlich jungen Augen anschaut. Bevor es Ihnen überhaupt bewußt würde, hätte sie Sie bereits eingefangen mit dem Zauber ihres Wissens und ihres Witzes, ihrer Leidenschaft für das Leben und ihrer Sorge um das Gemeinwohl. Und wenn Sie sie verlassen hätten, ein winziges Päckchen geheimnisvoller Arzneien in der Hand, würde Ihnen das Leben außerhalb der Hütte nicht ein wenig oberflächlicher und fader vorkommen? Ist es da ein Wunder, daß die Menschen glaubten, verhext worden zu sein?

Und natürlich hätte solch eine Hexe einen Garten. Und natürlich wäre es ein verwunschener, und Mythen und Geschichten würden sich darum ranken. Eine Hexe braucht einen Garten wie ein Schmied seinen Amboß. Die Pflanzen sind Werkzeuge ihres Gewerbes - Quellen der Naturmedizin. Die Weiden dort draußen gaben ihr Salicylsäure für Kopfschmerzen - natürliches Aspirin; die Himbeeren, nicht nur süße Köstlichkeiten im Sommer, lieferten Blätter gegen Menstruationsprobleme; Fenchel für die Verdauung; Hopfen für den Schlaf. Selbst die Rose, die sich um ihre kleine Hütte herumrankte - sie wäre die Sorte mit den runden orangefarbenen Hagebutten, in denen sie Ascorbinsäure produzierte, ein einfaches Mittel gegen Skorbut und so viel anderes.

Und sie würde auch die Wälder kennen, weil sie dort wilde Pflanzen für Arzneien finden würde. Sie kannte alle Wildkräuterflecken in der Gegen und würde sich jedes Jahr erneut auf den Weg machen, um jedes Kraut zur besten Zeit zu sammeln. Vielleicht wäre sie eine, die Wildkräuter „zähmte", wie die wuchernde Minze und die süße Kamille. Diese Hexe, und es gab Tausende von ihnen, würde keine absolute Grenze ziehen zwischen „wild" und „zahm". Sie wäre mit allen Pflanzen vertraut. Vielleicht würden das fortschreitende Alter und die Arthritis sie davon abhalten, nicht mehr bis in ein anderes Land zu ziehen, um dort wilden Weißen Andorn als Hustenmittel zu sammeln, sondern lieber Zweige mitbringen und sie zu Hause an einem sonnigen Flecken hegen und pflegen.

Jahrhundertelang haben solche Frauen den Dorfgemeinschaften in Europa gedient. Dann wandte sich tragischerweise die Gemeinschaft gegen sie. Bei der Geburt der modernen Medizin sollen Männer, so sagt man, in den Städten versucht haben, die weisen Frauen in den Dörfern zu zerstören, deren alte Kraft und Macht ihre eigene, neue bedrohte. Andere behaupten, daß diese Kräuterheilerinnen die Keime alten Wissens in sich trugen, vielleicht sogar Dorfbewohner, wenn sie es wollten, in alte Rituale einweihten und daß die Inquisition sie als Ketzer beseitigte. Was auch immer die Gründe gewesen sein mögen - Millionen von Heilerinnen verloren in diesen schlimmen Zeiten ihr Leben. Wie das Feuer in der Bücherei von Alexandrien, so zerstörten die brennenden Scheiterhaufen das Wissen mit einer Tragweite, wie wir sie nur erahnen können.

Ein Pentagramm für einen Hexengarten

Jeder Garten kann ein Hexengarten sein, so lange er mit Liebe gesät und mit Liebe gepflegt wird. Aber warum nicht einen pflanzen, der vor allem die ehrt, die als Hexen gelebt haben (und gestorben sind)? Solch ein Garten ist nicht der wuchernde Garten hinter der Hütte einer mittelalterlichen Hexe, wo Kräuter üppig blühen. Er läßt sich weder planen noch entwerfen; er entsteht aus der langen Arbeit des Pflanzens und dem Anbau winterharter Kräuter.

Der Garten, den ich Ihnen hier vorstelle, ist viel eher ein moderner Hexengarten, eine Kollektion winterharter Kräuter, gemischt mit Blumen, wie sie heutzutage zum bekanntesten Symbol der Hexenkraft geworden ist. Der fünfzackige Stern (oder das Pentagramm) steht für die fünf Elemente: Erde, Luft, Feuer, Wasser und Äther = Geist. Der Kreis drumherum hält diese Lebensenergien zusammen. Es ist ein kleiner Garten, der einfach als Teil eines längeren Randbeets mit winterharten Pflanzen verwendet werden kann, entweder auf einem hügeligen Rasen oder als Zentrum für einen Gemüse- und Kräutergarten.

Der Entwurf ist französischen Küchengärten nachempfunden, in denen Blumen, Kräuter und Gemüsepflanzen in Mustern verbunden sind, die sowohl Auge wie Gaumen erfreuen. Solche Gärten bestehen typischerweise aus einjährigen Pflanzen. Dieser Garten hier enthält aber auch winterharte Pflanzen, die viele Jahre blühen.

Die winterharten Pflanzen

Die fünf Spitzen des zentralen Fünfecks werden markiert durch die Lilie *Magic Pink*, die den passenden Namen trägt. Spät im Jahr werden die Blumenstengel vom kargen Boden bis zu neunzig Zentimeter aufragen und sich zu duftenden Trompetenlilien öffnen. Die Blätter halten oft den ganzen Winter, und sterben dann weg, bevor die nächste Blüte kommt. Herrlich und überraschend zugleich, bilden diese Lilien einen kühnen Mittelpunkt dieses Entwurfs.

Der Rest des Fünfecks wird mit verschiedenen Arten von Taglilien gefüllt, oder, wenn Sie es vorziehen, einer oder zwei, die Ihren Farbvorlieben am nächsten kommen. Taglilien, die magische Namen haben, gibt es erstaunlich viele. Einige von ihnen sind: *Merry Witch*, pinkrosa mit einem fast weißen Inneren; *Wicked Witch*, dunkelbraun mit gezackten Rändern; *Witch's Thimble*, cremefarben mit purpurnen Punkten; *Purple Magic*, mittelpurpur mit strahlend gelbem Schlund; und *Moon Witch*, elfenbeinfarben mit gelben Streifen.

Bevor die Taglilien kommen, ist es Zeit für die Tulpenknospen aufzuplatzen; und so möchten Sie vielleicht die braun-schwarze *Queen of Night* - nach der Hexengottheit Diana oder der dreifachen Hekate benannt – als Sprenkel zwischen die Lilien setzen.

Die Arme des fünfzackigen Sterns bestehen aus einer sich wiederholenden Kombination von Kräutern: Niedrigwüchsige und duftende Kamille bilden eine hellgrüne Grenze um die Minze aus dunklerem Grün. Vielleicht möchten Sie in jeden Arm des Pentagramms eine unterschiedlich duftende Minze pflanzen, damit Sie eine Auswahl zwischen Pfefferminz, Grüner Minze und Zitronenminze haben, um nur einige zu nennen.

Ein
Hexengarten

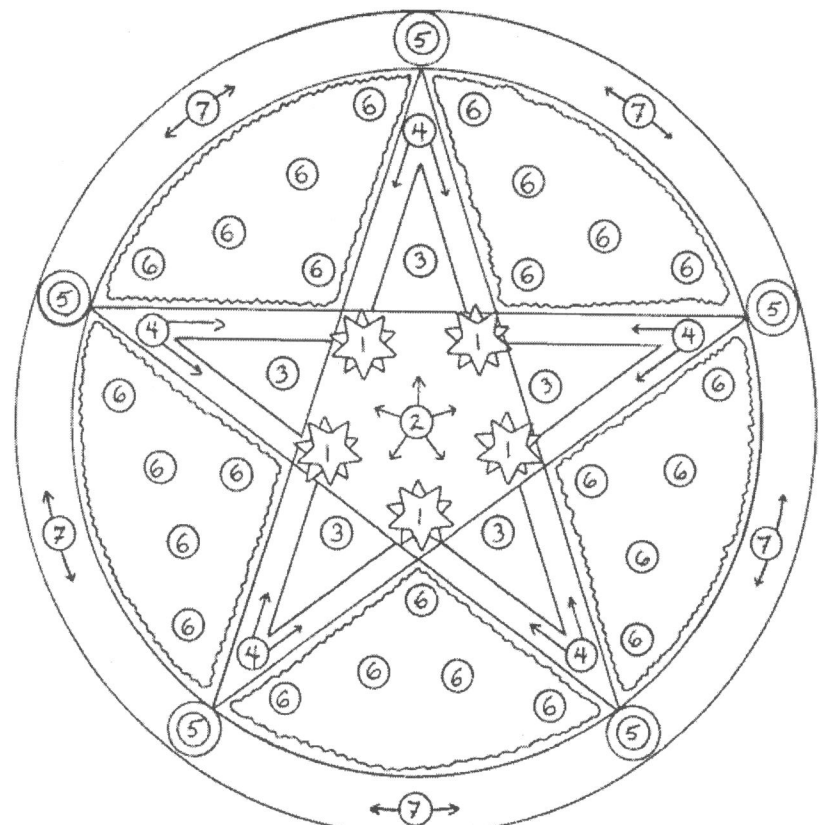

Pflanzenliste:

1   5 Lilien Magic Pink

2 10 Taglilien, eine Sorte oder gemischt:
- Merry Witch *(Mini Pearl)*
- Wicked Witch *(Chestnut Lane)*
- Witch's Thimble *(Pandora's Box)*
- Purple Magic *(Olive Bailey Langdon)*
- Moon Witch *(Super Purple)*
- Tulpen – Queen of Night

3 15 Minzen, eine einzelne Sorte oder gemischt

4 35 Kamille, eine einzelne Sorte oder gemischt

5   5 Essex Witch *(Earl of Essex)*

6 50 Steinkraut

7 35 Petersilie

Schließlich pflanzen Sie an jeder Spitze des Sterns runde Nelken *Essex Witch* in Gruppen, die sich zu duftenden Hügeln gezackter rosafarbener Blüten verwandeln. Damit solch ein Garten nicht seine Form verliert, werden Sie regelmäßig die winterharten Pflanzen teilen müssen; jedes zweite Jahr sollte genügen. (Oder, Sie lassen die Pflanzen einfach wachsen und das Pentagramm langsam zu einem wild wuchernden Hexengarten werden).

Die einjährigen Pflanzen

Nur eine der beiden Pflanzen, die den Rest dieses Gartenplans bilden, ist eine einjährige Pflanze; die andere ist eine zweijährige, wird jedoch wie eine einjährige behandelt, damit der Boden ausreichend bedeckt ist. Das Steinkraut, eine niedrig wachsende weiße Blume mit Punkten, die als Hintergrund für das Pentagramm dient, und Petersilie, die den grünen Kreis um das gesamte Muster bildet. Beide sind im Frühling beim Gartencenter um die Ecke leicht und relativ preiswert zu haben. Wenn Sie Ihre eigenen Setzlinge aussäen, wird dies zwar Geld sparen, aber Sie sollten es nur versuchen, wenn Sie eine gute Lichtquelle und die Geduld haben, die winzigen Setzlinge zu hegen und zu pflegen und sie entsprechend abzuhärten.

Beide Pflanzen wachsen sehr schnell und bilden das Pentagramm. Mit den mehrjährigen Pflanzen in der Mitte kombiniert, geben sie dem Ganzen mehr die Form und weniger die Farbe.

Gaia

Der weite blaue Himmel möchte die Erde durchdringen.
Und die Erde verzehrt sich nach der endgültigen Vereinigung.
Schau, er kommt näher.
Und während sich Himmel und Erde begegnen, fällt Regen.
Der Regen fällt, und die Erde vibriert vor Vitalität.
Leben springt aus dem dampfenden Boden:
Schäfchenwolken am Himmel, wogende Weizenfelder.
Gaben für die Kinder der Erde. Und eine noch mehr:
Frieden. Frieden, der in einem Meer aus Liebe erblüht.

Aeschylus, Danaiden

Kapitel 6

Im Namen von Gaia

*V*or langer langer Zeit, so erzählten sich die alten Griechen, *gab es weder Sonne noch Mond noch Sterne. Es gab kein Wasser, und auch kein Land. Es gab weder Luft noch Atem, kein Raum jenseits der Lufthülle unserer Erde. Es gab nichts, nur formloses Chaos.*

Hell und Dunkel, Erde und Meer und Himmel - alles tanzte durcheinander, in einem riesigen kosmischen Wirbel, ein formloser Nebel, eine graue Suppe. Nichts war vom anderen zu unterscheiden.

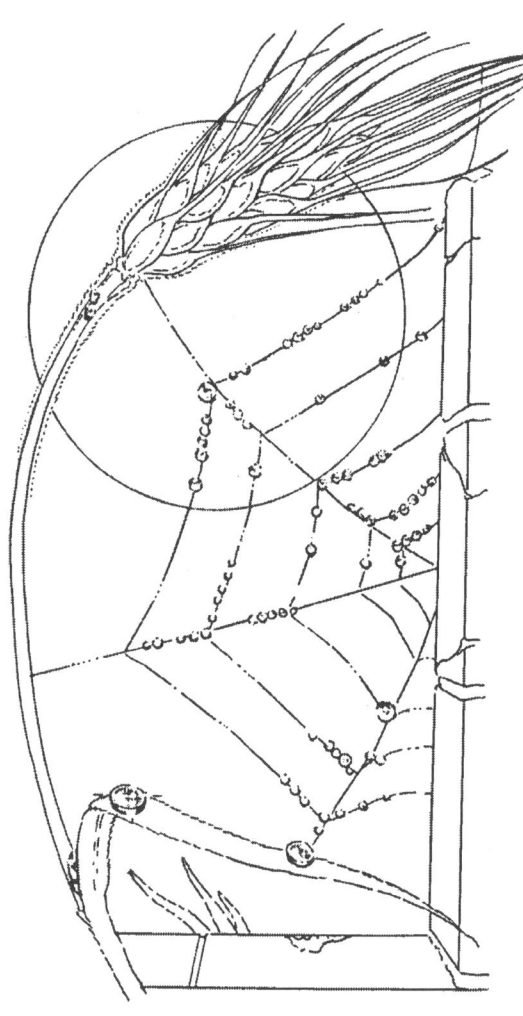

Dennoch lebte dieses Chaos – vielleicht noch nicht bewußt, aber es lebte - fruchtbar, sich ausdehnend, unermüdlich wachsend.

Nach endlosen Zeitaltern tauchte aus diesem ursprünglichen Chaos eine Form auf. Es war, als ob sich das Chaos zu einer Kugel verdichtet hätte. Und wie das Chaos um sie herum, besaß diese Form Bewußtsein, denn sie war zu der ersten aller Gottheiten geworden - der flachbrüstigen Gaia, unser aller Mutter.

Sie hatte nicht die Form einer menschlichen Frau. Vielleicht dürfen wir sie nicht einmal Göttin nennen, denn sie besaß keine Brüste, mit Ausnahme ihrer Berge, keinen Bauch, mit Ausnahme ihrer Täler, kein Blut, mit Ausnahme ihrer Lavaströme. Gaia trug in ihrem Inneren das männliche Prinzip, das sie später gebar, ebenso wie das weibliche. Später in dieser Geschichte würden sich die Geschlechter trennen, aber zu diesem Zeitpunkt war Gaia alles.

Diese Totalität des Seins, diese vollendete Göttlichkeit, die für ungezählte Äonen in der Ur-Suppe schwamm, war Gaia, die das chaotische Universum um sich herum anschaute; die sah, wie Sterne miteinander verschmolzen und Sonnen am dunklen Himmel erglühten - die sah, wie die ersten Meteoriten an den ersten Monden vorbeijagten.

Sie ruhte in sich selbst, länger als all die Zeitalter, seit die Menschheit zum ersten Mal ihren Fuß auf die Erde gesetzt hatte. Ungezählte Äonen lang war Gaia allein, aber sie war so fasziniert von dem, was aus dem Ur-Chaos an Ordnung emporstieg, daß sie sich nicht einen einzigen Augenblick lang einsam fühlte.

Langsam wich das Chaos zurück, und das Universum bewegte sich in geordneten Bahnen. Planeten drehten sich um ihre Sonnen und Monde um ihre Planeten. Das Licht verband sich mit der Hitze und breitete sich nicht länger im Universum aus; und auch die Dunkelheit trennte sich von allein, so daß ihre dunklen Schönheiten gegen das neue Licht sichtbar wurden. Wasser bildete sich, entsprang aus Fels und Boden.

Auch an ihrer eigenen Oberfläche nahm Gaia die Veränderungen wahr. Die Lavaströme kühlten ab, und frisches Wasser floß über die Oberfläche. Die Ozeane zogen sich in ihre Becken zurück, und Berge schoben sich über die Ebenen. Wolken bildeten sich, gleich weißen Tänzern vor der Sonne am beschienenen Firmament. Und Gaia sah, daß es gut war.

Dann begann sich Gaia einsam zu fühlen. Sich ihrer eigenen Schönheit und der des Universums um sie herum bewußt, beschloß sie, beides zu teilen. Und so begann sie zu gebären.

Und weil sie alles war - männlich und weiblich zugleich - brauchte sie keinen Partner, obwohl manche sagen, daß sie sich im letzten Rest des Chaos im Universum einen Schlangenliebhaber angelte. Nicht lange, und sie ward schwanger - und gebar. Und Nachkommen entsprangen ihrem großen und fruchtbaren Schoß.

Eines der ersten Kinder Gaias war Chronos, die „Zeit". Und als die Zeit geboren war, änderte sich alles. Hatte es vorher einen fließenden Ozean der Augenblicke gegeben, in dem ein Augenblick in den anderen überging, bekamen plötzlich alle Ereignisse eine Form. Es gab jetzt einen Anfang - und ein Ende. Und so kam der Tod in die Welt. Und nichts mehr war so wie je zuvor.

Und noch etwas veränderte sich: Gaia. Plötzlich fühlte sie sich so, wie sie sich nie zuvor gefühlt hatte. Es war eine Art Brennen, eine Art Hunger. Gaia spürte Verlangen. Diese Geschöpfe, ihre Kinder, waren wundervolle Schöpfungen. Aber jetzt, da die Zeit aus ihren Augenblicken der Einzigartigkeit eine Geschichte gemacht hatte, wurde Gaia bewußt, daß sie sich nach einem Gefährten sehnte. Und so schuf sie, aus ihrem eigenen, riesigen, wundervollen Leib den perfekten Liebhaber. Er war wunderschön, strahlend vor Licht. Und er war riesig, bedeckte jeden Teil von ihr, und war fähig, ihr ureigenstes Verlangen zu stillen. Er war Uranus, der Himmel, der sich für immer über den Hügeln und Tälern von Gaia wölbte. Und von dem Augenblick an, in dem sie ihn geschaffen hatte, liebte Gaia Uranus.

Aus ihrer Vereinigung entsprangen viele Geschöpfe, einige wunderbare, andere schreckliche. Gelegentlich kam es unter ihren Kindern zum Streit – sie kämpften – und tun sie das nicht heute immer noch? - aber selbst wenn sie sich bekämpften, liebte Mutter Gaia alle, alle ihre Kleinen. Und so tut sie es noch heute, heute, da sie immer noch gebiert, unbekümmert und voller Hingabe.

Jeden Frühling sehen wir die Früchte ihrer Fruchtbarkeit, wenn die Pflanzen durch den weicher werdenden Boden sprießen. Jeden Sommer spüren wir die Leidenschaft ihrer Vereinigung mit Uranus, der sie mit Licht und Wasser überschüttet, während sie unter ihm erblüht. Jeden Herbst spüren wir die Kraft der Erde, wenn wir sehen, wie sich die Geschichte des Gartens zu ihrem unausweichlichen Ende neigt. Und dann kommt das offensichtliche Chaos des Winters, ein Zwischenspiel, bevor die Form erneut in Gaias beständigem Zyklus die Oberhand gewinnt.

In den alten Zeiten opferte man Gaia Gerstenkuchen und Honig - ihre eigenen Schöpfungen, die man ihr als heilige Opfer zurückgab. Als Antwort darauf sprach Gaia zu ihren Kindern durch Risse in der Erde, wo Seherinnen ihre Botschaften zu erklären versuchten. Diese Botschaften ließen Gaias Volk wissen, wie es leben sollte, wie es entscheiden sollte, zu seinem eigenen Wohl und dem der Erde. Die Griechen feierten ihre Verbindung mit der Göttin in großen öffentlichen Festen, aber auch in privaten Ritualen, und ehrten die fruchtbare Mutterschaft der ersten und kraftvollsten Göttin des Kosmos.

Heute schweigen die großen Orakel von Gaia, und ihre Feste sind längst vergessen. Dennoch spricht sie immer noch zu uns - in der schweigsamen Stimme der Inspiration - zu jedem Gärtner, der bereit ist, zu hören. Und ihre Stimme kommt aus dem Garten wie das leise Rauschen einer Brise oder die sanfte Berührung eines Zweiges. Selbst im Schweigen spricht sie zu uns - im beinahe unhörbaren Summen der Insekten, die die vielen Blüten von Mutter Erde bestäubten.

Und welche Botschaften singt sie uns sanft wie ein Wiegenlied? Welche Orakel wispert sie in unsere lauschenden Ohren?

Sie kennen die Antwort, liebe Leserin und lieber Leser, denn sie hat auch zu Ihnen gesprochen. Sie haben sie gehört, während Sie in der Dämmerung im Garten standen und geschaut haben, wie der Tau auf den glänzenden Frühlingsblättern glitzerte. Sie haben ihre Gegenwart erkannt an einem strahlenden Tag, als Sie über ihre braune Haut gestolpert sind. Sie haben sie gehört an einem Abend, als Sie unter einer duftenden nachtblühenden Pflanze standen und sich ihre Essenz mit Ihrer eigenen vermischte.

Die Botschaft von Gaia ist nur mit dem ganzen Sein, also mit Körper, Geist und Seele, zu hören - oder, besser, zu verstehen. Worte allein können ihren Wunsch nicht befriedigen, sie in uns aufzunehmen und von ihr aufgenommen zu werden. Und dennoch verstehen wir ihre Botschaft, wenn wir uns den ureigensten Tätigkeiten der Gartenarbeit hingeben: Pflanzen, pflegen, ernten und wieder pflanzen.

Magische Gärten sind die letzten Orakel der Erde. Durch uns - durch *Sie* - spricht Gaia ihre Botschaften – wortlos, aber sehr kraftvoll. Während Sie im Garten arbeiten, sind Sie ein Kanal für Gaias Botschaften, um Zeugnis abzulegen von ihrer Kraft und Herrlichkeit. Und es gibt nichts Wichtigeres als das zu tun.

Über die Autorin

Patricia Monaghan gehört zu den Pionieren der spirituellen Frauenbewegung und ist Autorin einer Reihe von Büchern über Spiritualität, einschließlich der klassischen Enzyklopädie des *Lexikons der Göttinnen*. Sie lebt in Chicago, wo sie ihr Gemüse und ihren immergrünen Garten hegt und pflegt. Patricia ist Mitglied der *Resident Faculty of the School for New Learning* (Fakultät der Schule für Neues Lernen) an der DePaul Universität, wo sie Wissenschaft und Literatur lehrt.

Wenn Sie der Autorin schreiben möchten, wenden Sie sich bitte an den amerikanischen Verlag. Bitte fügen Sie einen internationalen Antwortschein bei.

Patricia Monaghan
c/o Llewellyn Worldwide
P.O.Box 64383, Dept. K466-9
St. Paul, MN 55164-0383, USA
E-Mail: MPMONAGHAN@aol.com

Bitte fordern Sie unser kostenloses Verlagsverzeichnis an:

Smaragd Verlag
In der Steubach 1
57614 Woldert (Ww.)
Tel.: 02684.978808
Fax: 02684.978805
E-Mail: info@smaragd-verlag.de
www.smaragd-verlag.de

Oder besuchen Sie uns im Internet unter der obigen Adresse.

Scott Cunningham
Magie in der Küche
Mit Liebe kochen

352 Seiten, gebunden, mit Leseband
ISBN 10: 3-926374-36-5
ISBN 13: 978-3-926374-36-3

Scott Cunningham beschreibt sehr anschaulich, wie man mit liebevollem Kochen positive Energie in die Nahrung gibt und diese Energien im positiven Sinne für sich nutzen und somit sein Leben neu entdecken und gezielt verbessern kann.

Er verrät uns Rezepte und Zaubersprüche, und lässt uns an dem uralten Wissen der Völker über die Magie der Nahrung teilhaben und öffnet so den Weg zu einem spirituellen Umgang mit der Nahrung und einem neuen Bewusst-Sein in der Küche. Für jeden ist es ein Unterschied, ob er/sie den Teig mit Wut im Bauch oder mit liebevollen Gedanken zubereitet, und so ist jeder in der Küche ein „Magier".

Mit zahlreichen Rezepten für Glück, Liebe und Gesundheit.

„Ein faszinierendes Buch für alle, die sich mit Ernährung, Magie, oder mit beidem beschäftigen."
Marion Zimmer-Bradley
(Die Nebel von Avalon)

Alte Rosenmärchen

Gesammelt und zusammengestellt von Gina Hellmann
144 Seiten, gebunden
ISBN 10: 3-934254-43-8
ISBN 13: 978-3-934254-43-5

Ein duftender Strauß der schönsten Rosenmärchen und -gedichte aus der Feder so bekannter Autoren wie Hans Christian Andersen, Novalis, Hermann Löns, Clemens Brentano, Friedrich Hölderlin, Wilhelm Busch, Heinrich Heine u.a.

Britta Lorenzen
Lisa und Yolanda
Der geheimnisvolle Garten

40 Seiten, Großformat, gebunden, vierfarbig, mit Lesebändchen
ISBN 10: 3-938489-16-2
ISBN 13: 978-3-938489-16-1
Mit wunderschönen vierfarbigen Illustrationen

Lisa wohnt in einem Haus mit einem herrlichen Garten. Doch wer da noch lebt, entdeckt sie erst, als sie einen toten Igel findet. Er scheint nicht allein zu sein, und mit Hilfe ihrer Mutter macht sie die Bekanntschaft von Yolanda, der Hüterin ihres Gartens, die sich, gemeinsam mit ihren Helfern, um jede einzelne Pflanze im Garten kümmert.

Wie Lisa schnell herausfindet, erfordert diese Aufgabe viel Fingerspitzengefühl, denn jeder Engel und jede Elfe hat ihre Eigenarten.

Und dann ist da ja auch noch der Weidenengel, der dringend ein neues Zuhause braucht...

Ausgewählt in Zusammenarbeit mit Kindern.
Für Kinder bis 10 Jahre.

Ava Minatti

Elfen, Feen und Zwerge -
Vom Umgang mit der Anderswelt

144 Seiten, broschiert
ISBN 10: 3-934254-45-4
ISBN 13: 978-3-934254-45-9

Ava Minatti schildert ihre Begegnungen mit der Fee Irina und weiterer Wesen aus der Anderswelt, die uns Menschen daran erinnern, wie wichtig es ist, wieder phantastisch und phantasievoll zu sein, um so unsere Schöpfungsmacht erneut nutzen und leben zu können. Irina spricht davon, dass die Zeit des Erwachens beider Reiche, der Menschen wie der Naturgeister, gekommen ist, was zu einer fließenden Kommunikation mit der Anderswelt und einem Sichtbarwerden der feinstofflichen Wesen für jeden Menschen führen wird.

Ein Kapitel ist der sagenumwobenen Insel Avalon gewidmet, in dem Merlin und Morgana le Fay selbst zu Wort kommen.

Dieses Buch richtet sich an alle Menschen, die ihren Umgang mit dem Feen- und Zwergenreich vertiefen möchten, als auch an jene, die an einem achtsameren und bewussteren Umgang mit Menschen, Tieren, Pflanzen und feinstofflichen Wesen interessiert sind.

Anjana Gill

Du und deine Engel – ein himmlisches Team

108 Seiten, Hardcover mit zahlreichen farbigen Abbildungen
ISBN 10: 3-934254-46-2
ISBN 13: 978-3-934254-46-6

Für Anjana Gill sind Engel keine heiligen fernen Wesen, sondern unsere Lebensbegleiter, die sich freuen, für uns da zu sein. Sie erklärt in leichten Schritten, wie Sie die Engel in Ihrem Leben integrieren können.

Lernen Sie mit Hilfe dieses wunderschön gestalteten Buches Ihre „himmlischen Mitarbeiter" kennen und verschmelzen Sie zu einem sensationellen Team! Lassen Sie sich beflügeln! It's time for an angel!

Ava Minatti

Engel helfen heilen
Lass deine Flügel wieder wachsen

400 Seiten, A 5, broschiert
ISBN 10: 3-938489-06-5
ISBN 13: 978-3-938489-06-2

Viele der uns vertrauten Engel sprechen zu den unterschiedlichsten Themen: So laden uns Raphael, Uriel, Gabriel und Michael in ihren Botschaften ein, uns mit den vier Elementen Erde, Feuer, Luft und Wasser auszusöhnen. Metatron spricht über die Liebe, und Melchisedek über die Weisheit, während uns Ariel hilft, unser inneres göttliches Licht zu erkennen und strahlen zu lassen. Chamuel befasst sich mit dem Thema „Partnerschaft in der Neuen Zeit" und Zadkiel mit der Kraft der Transformation und dem Licht der Gnade. Eine Begegnung mit unserem Schutzengel wartet auf uns ebenso wie unser Mond- und unser Sonnenengel. Wie immer, wenn wir sie darum bitten, helfen uns die Engel dabei, die momentanen Veränderungen zu verstehen und in unserer Mitte zu bleiben, was auch immer geschieht.

Mit wunderschönen Meditationen und Durchsagen von der Engelebene.

Regina Brauneis
Lebe deine Seele
Die Kraft der inneren Weisheit
200 Seiten, A 5, broschiert
ISBN 10: 3-938489-11-1
ISBN 13: 978-3-938489-11-6

Ein Arbeitsbuch, das Mut macht, sich selbst zu vertrauen und den eigenen Weg zu gehen.
In kleinen, klar umrissenen Themenabschnitten, veranschaulicht durch ihre eigenen Lebenserfahrungen, beschreibt die Autorin leicht verständlich, wie jeder von uns mit geringstem Aufwand und einfachsten Mitteln seinem Leben eine Ausrichtung geben kann, die die Verbindung zur eigenen inneren Weisheit stärkt und ihn dadurch in die Lage versetzt, ein glückliches, eigenverantwortliches Leben voller Liebe zu führen.
Folgen Sie Ihrer inneren Stimme, und Sie folgen dem Fluss des Lebens, der Sie bettet und Ihnen die Wunder des Lebens zum Geschenk macht!

Dion Fortune
Die Seepriesterin
256 Seiten, broschiert
ISBN 10: 3-926374-12-8
ISBN 13: 978-3-926374-12-7

Dieser phantastische Roman von Dion Fortune, der bekannten englischen Autorin, führt den Leser in die Mythologie der Kelten, das sagenhafte Atlantis und zu einer faszinierenden Frauengestalt: Vivien le Fay Morgan.
Die SEEPRIESTERIN gehört zu den klassischen spirituellen Werken der Literatur des 20. Jahrhunderts und gilt als einer der schönsten Romane, der je über Magie geschrieben wurde.

Dion Fortune
Mondmagie
Das Geheimnis der Seepriesterin
240 Seiten, broschiert
ISBN 10: 3-926374-21-7
ISBN 13: 978-3-926374-21-9

Mondmagie ist die in sich abgeschlossene Fortsetzung von Die Seepriesterin und führt die Leserin und den Leser tiefer in die Magie und die Geheimnisse des Tantra, praktiziert von einer geheimnisvollen Frauengestalt:
Morgan le Fay, hier verkörpert durch Lilith, die Ur-Frau, die genauso rätselhaft wieder auftaucht, wie sie verschwand.
Der faszinierende Folgeband für alle, die sich von der Seepriesterin und ihrem Geheimnis haben bezaubern lassen.